大学赤本シリーズ

250

群馬パース大学

JN071747

は　し　が　き

　おかげさまで，大学入試の「赤本」は，今年で創刊 70 周年を迎えました。

　これまで，入試問題や資料をご提供いただいた大学関係者各位，掲載許可をいただいた著作権者の皆様，各科目の解答や対策の執筆にあたられた先生方，そして，赤本を使用してくださったすべての読者の皆様に，厚く御礼を申し上げます。

　以下に，創刊初期の「赤本」のはしがきを引用します。これからも引き続き，受験生の目標の達成や，夢の実現を応援してまいります。

　本書を活用して，入試本番では持てる力を存分に発揮されることを心より願っています。

編者しるす

＊　　　＊　　　＊

　学問の塔にあこがれのまなざしをもって，それぞれの志望する大学の門をたたかんとしている受験生諸君！　人間として生まれてきた私たちは，自己の欲するままに，美しく，強く，そして何よりも人間らしく生きることをねがっている。しかし，一朝一夕にして，この純粋なのぞみが達せられることはない。私たちの行く手には，絶えずさまざまな試練がまちかまえている。この試練を克服していくところに，私たちのねがう真に人間的な世界がはじめて開かれてくるのである。

　人生最初の最大の試練として，諸君の眼前に大学入試がある。この大学入試は，精神的にも身体的にも，大きな苦痛を感ぜしめるであろう。あるスポーツに熟達するには，たゆみなき，はげしい練習を積み重ねることが必要であるように，私たちは，計画的・持続的な努力を払うことによって，この試練を克服し，次の一歩を踏みだすことができる。厳しい試練を経たのちに，はじめて満足すべき成果を獲得できるのである。

　本書は最近の入学試験の問題に，それぞれ解答を付し，さらに問題をふかく分析することによって，その大学独特の傾向や対策をさぐろうとした。本書を一般の参考書とあわせて使用し，まとはずれのない，効果的な受験勉強をされるよう期待したい。

（昭和 35 年版「赤本」はしがきより）

挑む人の、いちばんの味方

赤本創刊70周年

1954年に大学入試の過去問題集を刊行してから70年。赤本は大学に入りたいと思う受験生を応援しつづけてきました。これからも，苦しいとき落ち込むときにそばで支える存在でいたいと思います。

そして，勉強をすること，自分で道を決めること，努力が実ること，これらの喜びを読者の皆さんが感じることができるよう，伴走をつづけます。

そもそも赤本とは…

受験生のための大学入試の過去問題集！

70年の歴史を誇る赤本は，500点を超える刊行点数で全都道府県の370大学以上を網羅しており，過去問の代名詞として受験生の必須アイテムとなっています。

……………… なぜ受験に過去問が必要なのか？ ……………

大学入試は大学によって問題形式や頻出分野が大きく異なるからです。

記述式？ マーク式？ 問題のレベルは？ 時間配分は？ 自分に足りないのは？ 頻出分野は？ どんな対策が必要？ どんな問題が出るの？

みんなの疑問に答える赤本！

赤本で志望校を研究しよう！

赤本の掲載内容

傾向と対策

これまでの出題内容から，問題の「**傾向**」を分析し，来年度の入試に向けて
具体的な「**対策**」の方法を紹介しています。

問題編・解答編

- 年度ごとに問題とその解答を掲載しています。

- 「**問題編**」ではその年度の試験概要を確認したうえで，実際に出題された
  過去問に取り組むことができます。

- 「**解答編**」には高校・予備校の先生方による解答が載っています。

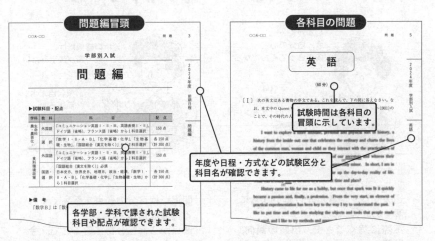

他にも，大学の基本情報や，先輩受験生の合格体験記，
在学生からのメッセージなどが載っていることがあります。

2024年度から
見やすい
デザインに！

● 掲載内容について ●

著作権上の理由やその他編集上の都合により問題や解答の一部を割愛している場合があります。
なお，指定校推薦入試，社会人入試，編入学試験，帰国生入試などの特別入試，英語以外の外国語
科目，商業・工業科目は，原則として掲載しておりません。また試験科目は変更される場合があり
ますので，あらかじめご了承ください。

受験勉強は

過去問に始まり,

STEP 1 〔なにはともあれ〕

まずは
解いてみる

しずかに…
今,自分の心と
向き合ってるんだから

それは
問題を解いて
からだホン!

ムーン

過去問は,**できるだけ早いうちに
解くのがオススメ!**
実際に解くことで,**出題の傾向,
問題のレベル,今の自分の実力が**
つかめます。

STEP 2 〔じっくり具体的に〕

弱点を
分析する

分析の結果だけど
英・数・国が苦手みたい

スリー

必須科目だホン
頑張るホン

間違いは自分の弱点を教えてくれ
る貴重な情報源。
弱点から自己分析することで,**今
の自分に足りない力や苦手な分野**
が見えてくるはず!

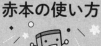

○ ✦ ★
合格者があかす
赤本の使い方

傾向と対策を熟読
(Fさん／国立大合格)

大学の出題傾向を調べる
ために,赤本に載ってい
る「傾向と対策」を熟読
しました。

繰り返し解く
(Tさん／国立大合格)

1周目は問題のレベル確認,2周
目は苦手や頻出分野の確認に,3
周目は合格点を目指して,と過去
問は繰り返し解くことが大切です。

過去問に終わる。

STEP 3 〔志望校にあわせて〕

苦手分野の重点対策

明日からはみんなで頑張るよ！
参考書も！ 問題集も！
よろしくね！

呼んだ？

なにを!?
どこから!?

グッ グッ

参考書や問題集を活用して，苦手分野の**重点対策**をしていきます。**過去問を指針**に，合格へ向けた具体的な学習計画を立てましょう！

STEP 1 ▶ 2 ▶ 3

実践を繰り返す

〔サイクルが大事！〕

やるのはボクだよ～

STEP 1 解く!!

対策!!

分析!!

STEP 3   STEP 2

STEP 1～3を繰り返し，実力アップにつなげましょう！
出題形式に慣れることや，**時間配分を考える**ことも大切です。

目標点を決める
(Yさん／私立大合格)

赤本によっては合格者最低点が載っているので，それを見て目標点を決めるのもよいです。

時間配分を確認
(Kさん／私立大学合格)

赤本は時間配分や解く順番を決めるために使いました。

添削してもらう
(Sさん／私立大学合格)

記述式の問題は先生に添削してもらうことで自分の弱点に気づけると思います。

新課程入試 Q&A

新課程も赤本でばっちり！

2022年度から新しい学習指導要領（新課程）での授業が始まり、2025年度の入試は、新課程に基づいて行われる最初の入試となります。ここでは、赤本での新課程入試の対策について、よくある疑問にお答えします。

使える？

Q1. 赤本は新課程入試の対策に使えますか？

A. もちろん使えます！

OK

旧課程入試の過去問が新課程入試の対策に役に立つのか疑問に思う人もいるかもしれませんが、心配することはありません。旧課程入試の過去問が役立つのには次のような理由があります。

● 学習する内容はそれほど変わらない

新課程は旧課程と比べて科目名を中心とした変更はありますが、学習する内容そのものはそれほど大きく変わっていません。また、多くの大学で、既卒生が不利にならないよう「経過措置」がとられます（Q3参照）。したがって、出題内容が大きく変更されることは少ないとみられます。

● 大学ごとに出題の特徴がある

これまでに課程が変わったときも、各大学の出題の特徴は大きく変わらないことがほとんどでした。入試問題は各大学のアドミッション・ポリシーに沿って出題されており、過去問にはその特徴がよく表れています。過去問を研究してその大学に特有の傾向をつかめば、最適な対策をとることができます。

出題の特徴の例	・英作文問題の出題の有無 ・論述問題の出題（字数制限の有無や長さ） ・計算過程の記述の有無

新課程入試の対策も、赤本で過去問に取り組むところから始めましょう。

Q2. 赤本を使う上での注意点はありますか？

A. 志望大学の入試科目を確認しましょう。

　過去問を解く前に，過去の出題科目（問題編冒頭の表）と 2025 年度の募集要項とを比べて，課される内容に変更がないかを確認しましょう。ポイントは以下のとおりです。科目名が変わっていても，実際は旧課程の内容とほとんど同様のものもあります。

英語・国語	科目名は変更されているが，実質的には変更なし。 ▶▶ ただし，リスニングや古文・漢文の有無は要確認。
地歴	科目名が変更され，「歴史総合」「地理総合」が新設。 ▶▶ 新設科目の有無に注意。ただし，「経過措置」(Q3参照)により内容は大きく変わらないことも多い。
公民	「現代社会」が廃止され，「公共」が新設。 ▶▶ 「公共」は実質的には「現代社会」と大きく変わらない。
数学	科目が再編され，「数学 C」が新設。 ▶▶ 「数学」全体としての内容は大きく変わらないが，出題科目と単元の変更に注意。
理科	科目名も学習内容も大きな変更なし。

　数学については，科目名だけでなく，どの単元が含まれているかも確認が必要です。例えば，出題科目が次のように変わったとします。

旧課程	「数学 I・数学 II・数学 A・数学 B（数列・ベクトル）」
新課程	「数学 I・数学 II・数学 A・**数学 B（数列）・数学 C（ベクトル）**」

　この場合，新課程では「数学 C」が増えていますが，単元は「ベクトル」のみのため，実質的には旧課程とほぼ同じであり，過去問をそのまま役立てることができます。

Q3. 「経過措置」とは何ですか？

A. 既卒の旧課程履修者への対応です。

　多くの大学では，既卒の旧課程履修者が不利にならないように，出題において「経過措置」が実施されます。措置の有無や内容は大学によって異なるので，募集要項や大学のウェブサイトなどで確認しておきましょう。

○旧課程履修者への経過措置の例

- ●旧課程履修者にも配慮した出題を行う。
- ●新・旧課程の共通の範囲から出題する。
- ●新課程と旧課程の共通の内容を出題し，共通範囲のみでの出題が困難な場合は，旧課程の範囲からの問題を用意し，選択解答とする。

　例えば，地歴の出題科目が次のように変わったとします。

旧課程	「日本史B」「世界史B」から1科目選択
新課程	「歴史総合，日本史探究」「歴史総合，世界史探究」から1科目選択※ ※旧課程履修者に不利益が生じることのないように配慮する。

　「歴史総合」は新課程で新設された科目で，旧課程履修者には見慣れないものですが，上記のような経過措置がとられた場合，新課程入試でも旧課程と同様の学習内容で受験することができます。

新課程の情報はWEBもチェック！
より詳しい解説が赤本ウェブサイトで見られます。
https://akahon.net/shinkatei/

科目名が変更される教科・科目

	旧 課 程	新 課 程
国 語	国語総合 国語表現 現代文A 現代文B 古典A 古典B	現代の国語 言語文化 論理国語 文学国語 国語表現 古典探究
地 歴	日本史A 日本史B 世界史A 世界史B 地理A 地理B	歴史総合 日本史探究 世界史探究 地理総合 地理探究
公 民	現代社会 倫理 政治・経済	公共 倫理 政治・経済
数 学	数学I 数学II 数学III 数学A 数学B 数学活用	数学I 数学II 数学III 数学A 数学B 数学C
外 国 語	コミュニケーション英語基礎 コミュニケーション英語I コミュニケーション英語II コミュニケーション英語III 英語表現I 英語表現II 英語会話	英語コミュニケーションI 英語コミュニケーションII 英語コミュニケーションIII 論理・表現I 論理・表現II 論理・表現III
情 報	社会と情報 情報の科学	情報I 情報II

大学のサイトも見よう

目　次

2022 年度
問題と解答

掲載内容についてのお断り

総合型選抜および一般選抜（後期）は掲載していません。

基 本 情 報

 学部・学科の構成

大　学

●**看護学部**
看護学科
※　4年次の選択制の課程として，助産師課程（定員6名），保健師課程（定員20名）が設置されている。選考は3年次に行われる。

●**リハビリテーション学部**
理学療法学科
作業療法学科
言語聴覚学科

●**医療技術学部**
検査技術学科
放射線学科
臨床工学科

大学院

保健科学研究科

 大学所在地

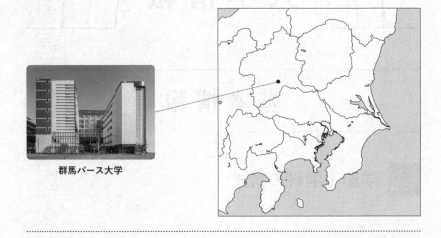

群馬パース大学

〒370-0006　群馬県高崎市問屋町 1-7-1

2 0 2 4 年 度 入 試 デ ー タ

 ## 入試状況（受験者数・競争率など）

○競争率は，受験者数÷合格者数で算出。

○一般選抜（前期・後期）の受験者数，合格者数は併願者を含む。

○合格者数には追加合格者を含む。

学　科	区　　分		募集人員	受験者数	合格者数	競争率
看　　護	総 合 型 選 抜 Ⅰ		10	19	9	2.1
	総 合 型 選 抜 Ⅱ			26	19	1.4
	学 校 推 薦 型 選 抜 Ⅰ		25	29	29	1.0
	学 校 推 薦 型 選 抜 Ⅱ			8	7	1.1
	一 般 選 抜	前期	35	153	83	1.8
		後期		11	0	―
	共 通 テ ス ト 利 用 選 抜	前期	10	63	37	1.7
		後期		5	2	2.5
理 学 療 法	総 合 型 選 抜 Ⅰ		10	24	12	2.0
	総 合 型 選 抜 Ⅱ			15	11	1.4
	学 校 推 薦 型 選 抜 Ⅰ		20	19	19	1.0
	学 校 推 薦 型 選 抜 Ⅱ			5	5	1.0
	一 般 選 抜	前期	25	133	46	2.9
		後期		10	0	―
	共 通 テ ス ト 利 用 選 抜	前期	5	41	18	2.3
		後期		0	0	―
作 業 療 法	総 合 型 選 抜 Ⅰ		5	10	10	1.0
	総 合 型 選 抜 Ⅱ			2	2	1.0
	学 校 推 薦 型 選 抜 Ⅰ		13	6	6	1.0
	学 校 推 薦 型 選 抜 Ⅱ			0	0	―
	一 般 選 抜	前期	10	51	24	2.1
		後期		3	3	1.0
	共 通 テ ス ト 利 用 選 抜	前期	2	6	6	1.0
		後期		1	1	1.0

（表つづく）

学　科	区　分		募集人員	受験者数	合格者数	競争率
言語聴覚	総合型選抜Ⅰ		5	5	4	1.3
	総合型選抜Ⅱ			2	2	1.0
	学校推薦型選抜Ⅰ		15	13	13	1.0
	学校推薦型選抜Ⅱ			0	0	—
	一般選抜	前期	8	74	13	5.7
		後期		4	4	1.0
	共通テスト利用選抜	前期	2	4	4	1.0
		後期		0	0	—
検査技術	総合型選抜Ⅰ		8	6	6	1.0
	総合型選抜Ⅱ			9	9	1.0
	学校推薦型選抜Ⅰ		15	10	10	1.0
	学校推薦型選抜Ⅱ			1	1	1.0
	一般選抜	前期	30	167	83	2.0
		後期		14	2	7.0
	共通テスト利用選抜	前期	7	55	31	1.8
		後期		4	3	1.3
放射線	総合型選抜Ⅰ		8	21	8	2.6
	総合型選抜Ⅱ			31	14	2.2
	学校推薦型選抜Ⅰ		20	26	26	1.0
	学校推薦型選抜Ⅱ			14	11	1.3
	一般選抜	前期	30	227	33	6.9
		後期		28	1	28.0
	共通テスト利用選抜	前期	12	79	20	4.0
		後期		14	1	14.0
臨床工	総合型選抜Ⅰ		10	7	7	1.0
	総合型選抜Ⅱ			1	1	1.0
	学校推薦型選抜Ⅰ		15	19	19	1.0
	学校推薦型選抜Ⅱ			1	1	1.0
	一般選抜	前期	20	137	52	2.6
		後期		9	3	3.0
	共通テスト利用選抜	前期	5	10	8	1.3
		後期		3	1	3.0

募集要項（出願書類）の入手方法

　インターネット出願が導入されています。募集要項は，大学ホームページで確認およびダウンロードが可能です。また，テレメールからは入試ガイドが請求でき，入試区分ごとに試験日程や特徴，試験科目等を確認することが可能です。

問い合わせ先

　群馬パース大学　入試広報課
　　〒370-0006　群馬県高崎市問屋町 1-7-1
　　TEL　027-365-3370
　　FAX　027-365-3367
　　URL　https://www.paz.ac.jp/

 群馬パース大学のテレメールによる資料請求方法

スマートフォンから QRコードからアクセスしガイダンスに従ってご請求ください。
パソコンから 教学社 赤本ウェブサイト(akahon.net)から請求できます。

TREND & STEPS

傾 向 と 対 策

科目ごとに問題の「傾向」を分析し，具体的にどのような「対策」をすればよいか紹介しています。まずは出題内容をまとめた分析表を見て，試験の概要を把握しましょう。

───── 注 意 ─────

「傾向と対策」で示している，出題科目・出題範囲・試験時間等については，2024年度までに実施された入試の内容に基づいています。2025年度入試の選抜方法については，各大学が発表する学生募集要項を必ずご確認ください。

基 礎 学 力 試 験

▶学校推薦型選抜Ⅱ（公募制）

年度	番号	項　目	内　容
2024 ●	〔1〕	国 語 常 識	対義語，類義語，読み，四字熟語
	〔2〕	国 語 常 識	書き取り
	〔3〕	国 語 常 識	語意
	〔4〕	国 語 常 識	読み
	〔5〕	国 語 常 識	書き取り
	〔6〕	文法・語彙， 会 話 文	空所補充
	〔7〕	読　　解	空所補充，内容真偽，欠文挿入箇所
	〔8〕	小 問 6 問	(1)対称式　(2)式の展開　(3)因数分解　(4)速さの計算　(5)流量の計算　(6)三平方の定理
2023 ●	〔1〕	国 語 常 識	読み
	〔2〕	国 語 常 識	書き取り
	〔3〕	国 語 常 識	四字熟語
	〔4〕	国 語 常 識	類義語
	〔5〕	文法・語彙， 会 話 文	空所補充
	〔6〕	読　　解	空所補充，内容説明
	〔7〕	小 問 7 問	(1)平方根を含む計算　(2)因数分解　(3)式の展開　(4)連立方程式の立式と解　(5)重複組合せ　(6)素因数分解　(7)余弦定理，三平方の定理
2022 ●	〔1〕	国 語 常 識	書き取り
	〔2〕	国 語 常 識	類義語
	〔3〕	国 語 常 識	対義語
	〔4〕	文法・語彙， 会 話 文	空所補充
	〔5〕	読　　解	空所補充，内容説明，内容真偽
	〔6〕	小 問 7 問	(1)式の計算　(2)式の展開　(3)整数問題　(4)平均流量の計算　(5)三角形の成立条件　(6)順列による場合の数　(7)2次関数のグラフの平行移動

（注）　●印は全問，◑印は一部マークシート式採用であることを表す。

基本問題を確実に解く力を

01　出題形式は？

　「基礎学力試験」として，国語，英語，数学が出題されている。2024年度は国語20問，英語15問，数学8問の3科目計8題であった。試験時間は60分。全問マークシート式で，数学は2022・2023年度は指定された桁数の数値をマークする方式であったが，2024年度は4つの選択肢から正答を選ぶ方式となった。

02　出題内容はどうか？

　出題内容は「日本語と英語の基礎的な語彙力（読み，書き，表現，読解，要約など）」と「基礎的な計算技能（高校1年程度までに習得する内容を中心に出題）」となっている。

　国語は，書き取り，読み，類義語，対義語，四字熟語などの国語常識問題が出題されている。

　英語は短文または短い会話文の空所補充と，短めの読解問題が出題され，読解問題では内容説明に関する空所補充や内容真偽，欠文挿入箇所が出題されている。

　数学は小問6〜7問からなり，式の展開，因数分解，平方根を含む計算，2次関数（2次方程式，2次不等式を含む），図形と計量，図形の性質，場合の数など，出題範囲の全分野にわたってまんべんなく出題されている。また，三平方の定理や速さに関する文章題など，中学分野からの出題も見られる。

03　難易度は？

　基本的・標準的な問題であるので，焦らず確実に解く力を身につけておくことが必要である。

01 国 語

　基礎的な語彙力を試す問題なので確実に得点したい。毎日短時間でも，基本的な漢字，熟語などを身につける学習を欠かさないようにするとよい。市販で入手しやすい漢字の問題集としては，漢字関係の知識を総合的に扱っている漢字検定の公式問題集がある。自分のレベルに合わせて，4級または3級くらいから始め，最終的には2級程度を目指すとよいだろう。また，『高校の漢字・語彙が1冊でしっかり身につく本』（かんき出版）で，意味とあわせて漢字を覚えていくのもおすすめである。

02 英 語

　基礎的な知識を問う問題で，文法・語彙の基本をしっかり押さえておけば十分に対応できるものである。読解問題も，先に設問を読んでから英文に取り組むと，ポイントとなる箇所を探しやすいだろう。

03 数 学

　出題範囲の中でも基礎の基礎が問われているので，過去問も含めてどの分野もしっかりと納得のいくまで演習を重ねておきたい。同じような問題に対しては，十分習熟していれば容易に解答できるだろう。

英　語

年度	番号	項　目	内　容
2024 ◑	〔1〕	文法・語彙	空所補充
	〔2〕	会　話　文	語句整序
	〔3〕	読　　　解	空所補充，内容説明，内容真偽，主題
	〔4〕	英　作　文	意見論述（100 語）
2023 ◑	〔1〕	文法・語彙	空所補充
	〔2〕	会　話　文	語句整序
	〔3〕	読　　　解	空所補充，主題，内容説明，内容真偽
	〔4〕	英　作　文	意見論述（100 語）
2022 ◑	〔1〕	文法・語彙	空所補充
	〔2〕	会　話　文	語句整序
	〔3〕	読　　　解，英　作　文	空所補充，内容説明，同意表現，内容真偽，テーマ英作文（100 語）

(注)　●印は全問，◑印は一部マークシート式採用であることを表す。

文法・語彙，会話文，読解，英作文
すべてが試される出題

01　出題形式は？

　2022 年度までは大問 3 題の構成であったが，2023 年度からは英作文が独立した大問として出題され，計 4 題となった。試験時間は 60 分。

02　出題内容はどうか？

　文法・語彙，会話文，読解，英作文が出題されている。
　文法・語彙問題は空所補充で，文法の知識および語法的に適切な選択肢

を選ぶ問題が多く出題されている。会話文は語句整序の問題で，こちらも文法・語法の知識を問う出題が中心となっている。読解問題は内容説明に関する空所補充が中心で，2022 年度は 80 〜 100 語のテーマ英作文，2023 年度からは 80 〜 100 語の意見論述の英作文といった記述式問題が出題されている。長文のテーマは，生活・文化・環境に関するものである。身近なことがらであり，比較的読みやすい内容である。

03 難易度は？

　標準的な出題が多く，文法・語法に関しても難問は少ない。時間的にも余裕はあると思われるが，記述式問題が英作文なので，60 分の試験時間が短いと感じた受験生も多かったかもしれない。

対 策

01 文法・語彙

　動詞の語法，時制，分詞および比較に関する知識は，一通り仕上げておくことが必要である。特徴的な構文も，教科書レベルのものは完全にマスターしておきたい。空所補充なので，前置詞との結びつきや主語を正確に把握したうえで述語部分を考えるということを意識して，学習を積み重ねていくとよいだろう。

02 会話文

　短いやりとりの中で，状況や場面設定を想像することが必要である。会話文独特の表現にも慣れておかなければならない。テキストや問題集で，会話文形式の問題を一通り学習することをおすすめする。語句整序では，文法・語法を重視した出題も見受けられる。助動詞と動詞，動詞と前置詞などの小さなまとまりをまず作る練習が大切である。

03　読解問題

　語彙は基本的なものが多いので内容は読みやすく，段落ごとに読み進めながら内容説明の選択肢を選んでいくことができる。本文と選択肢で異なる単語を用いて同じ内容を述べていることもあるので，的確な内容理解が求められている。

04　英作文問題

　2022年度はテーマ英作文，2023年度からは意見論述が出題されている。英検準2級や2級のライティングを参考にして，まずは50語前後で賛成意見だけでなく，反対意見も書いてみるといったトレーニングが有効になるだろう。普段から身近なテーマで英作文（2〜3文程度）の練習を心がけたい。

数　学

年度	番号	項　目	内　容
2024 ◑	〔1〕	数 と 式	因数分解
	〔2〕	データの分析	共分散，相関係数
	〔3〕	2 次関数	2次関数のグラフの頂点・切片，2変数関数の最小値
	〔4〕	場 合 の 数	重複組合せ
	〔5〕	確　率	確率，条件付き確率
	〔6〕	図形の性質	三角形の辺の長さと角の大きさの大小関係　⊘証明
2023 ◑	〔1〕	数 と 式	平方根を含む計算，循環小数の計算
	〔2〕	2 次関数	2次関数の頂点，対称移動
	〔3〕	図形と計量	三角比の等式から三角比の式の値の計算
	〔4〕	確　率	4人のじゃんけんによる確率，条件付き確率
	〔5〕	データの分析	四分位数，平均値，散布図
	〔6〕	図形の性質	角の二等分線，内角，外角　⊘証明
2022 ◑	〔1〕	数 と 式	平方根を含む計算
	〔2〕	2 次関数	2次関数の軸，最大・最小，x軸との共有点
	〔3〕	図形と計量	2つの内角の和，三平方の定理，三角比の基本性質
	〔4〕	場 合 の 数，確　率	重複順列，重複組合せ，3人が取り出す玉の色の組に関する確率
	〔5〕	整数の性質	整数に関する命題の真偽と証明　⊘証明

（注）　●印は全問，◑印は一部マークシート式採用であることを表す。

出題範囲の変更

　2025 年度入試より，数学は新教育課程での実施となります。詳細については，大学から発表される募集要項等で必ずご確認ください（以下は本書編集時点の情報）。

2024 年度（旧教育課程）	2025 年度（新教育課程）
数学Ⅰ・Ａ	数学Ⅰ・Ａ

旧教育課程履修者への経過措置

　2025 年度は，旧教育課程履修者に不利にならないよう配慮して出題する。

基本問題が中心
繰り返し演習して実力養成を

01 出題形式は？

　大問数は 5 〜 6 題の出題となっている。試験時間は 60 分。指定された桁数の数値をマークする方式を含め，解や条件などについて選択するマークシート式中心であるが，「思考力・判断力・表現力」を評価するために，一部記述式問題が出題されている。

02 出題内容はどうか？

　よく出題されているのは，数と式，2 次関数（2 次方程式，2 次不等式を含む），確率の分野である。また，証明問題など表現力・論証力を必要とする記述式問題が，大問または大問の中の小問として出題されている。

03 難易度は？

　特別なテクニックを必要とするような問題は出題されず，標準的または基本的な問題が多いので，公式，基本事項などをしっかりマスターしておくのがベストである。ただ，確率に関する問題はやや思考力を必要とすることがあるので，過去問を通して考え方，解き方に十分，精通しておきたい。

対 策

01 教科書・問題集の基本問題を繰り返し解く

　高難度の問題にチャレンジするよりも，教科書・傍用問題集を素早く，間違いなく解答できるように，繰り返し解き直しておくのが最短で最良の方法だろう。典型的な基本問題が多いので，このようにして繰り返し解い

ておけば，試験場でも自信をもって問題に冷静に取り組むことができ，高
得点が期待できるものと思われる。

02 記述式問題の演習

　募集要項に「『思考力・判断力・表現力』を評価するために，一部記述
式問題を出題する」とあるので，普段から記述式問題の演習時には，自分
の解答と模範解答を比較しながら解答プロセスをたどる習慣をつけたい。
自分の思考したことを文章にして採点者にわかるように表現することは
思ったより難しく，この記述式問題で得点に差がつくだろう。教科書・問
題集の証明問題に出合ったら，模範解答の文をしっかりと理解し，味わう
ようなつもりで熟読して自分のものとしていこう。

物　　理

年度	区分	番号	項　目	内　　容
2024 ●	物理基礎	〔1〕	力　　学	鉛直投射
		〔2〕	電　磁　気	合成抵抗，変圧器
		〔3〕	波　　動	波の合成
		〔4〕	エネルギー	エネルギーとその利用
	物理	〔1〕	力　　学	斜方投射
		〔2〕	力　　学	単振動
		〔3〕	波　　動	正弦波
		〔4〕	電　磁　気	抵抗の接続，半導体，磁場
		〔5〕	原　　子	光電効果，原子核崩壊，半減期
2023 ●	物理基礎	〔1〕	力　　学	水平面を移動する物体
		〔2〕	熱　力　学	熱量保存の法則と比熱
		〔3〕	波　　動	縦波の横波表示
		〔4〕	電　磁　気	抵抗の接続
	物理	〔1〕	力　　学	剛体のつり合い
		〔2〕	力　　学	円錐振り子
		〔3〕	波　　動	見かけの深さ
		〔4〕	電　磁　気	ホイートストンブリッジ
		〔5〕	原　　子	水素原子模型
2022 ●	物理基礎	〔1〕	力　　学	斜面上の物体の仕事とエネルギー
		〔2〕	電　磁　気	抵抗の合成
		〔3〕	波　　動	弦の振動
	物理	〔1〕	力　　学	斜方投射
		〔2〕	力　　学	剛体のつり合い
		〔3〕	総　　合	小問集合
		〔4〕	電　磁　気	荷電粒子の円運動
		〔5〕	熱　力　学	理想気体の状態変化

（注）　●印は全問，◗印は一部マークシート式採用であることを表す。

教科書レベルの基本的な出題

01 出題形式は？

「物理基礎」は大問 3 〜 4 題，「物理」は大問 5 題の出題で，試験時間は「物理基礎」は 2 科目 60 分，「物理」は 1 科目 60 分。すべてマークシート式である。

02 出題内容はどうか？

2023 年度の「物理基礎」は，力学，熱力学，波動，電磁気の各分野から出題されていたが，2024 年度は熱力学からの出題はなく，かわりにエネルギー分野から出題された。「物理」は，上記分野以外に原子からも出題されている。

03 難易度は？

教科書レベルの基本問題が中心である。数値計算のミスは命取りになるので要注意。

対 策

01 教科書中心の学習を

教科書の例題や練習問題を確実に解いて，法則や考え方をよく理解しておきたい。実際に手を動かして計算を行ってみることが大切である。

02 幅広い分野を学習する

問題レベルは基本的であるが，幅広い分野から出題されている。教科書

傍用問題集を完全に仕上げよう。

03　時間配分に注意

　解答にかけられる時間は1題あたり約10分で，余裕があるが，数値計算が多く出題される年度もあり，計算に時間がかかるものもある。模擬テストなどを通じて，どの問題から解答していけばよいかを判断する力も身につけておきたい。

化　学

年度	区分	番号	項　目	内　容
2024 ●	化学基礎	〔1〕	構造，変化	原子の構造，化学結合，物質量，反応式と量的関係，pH，イオン化傾向，電池　⊘計算
	化学	〔1〕	構　造	化学結合，物質量，原子の構造　⊘計算
		〔2〕	構　造	水溶液の濃度　⊘計算
		〔3〕	変　化	イオン化傾向，電気分解，鉛蓄電池　⊘計算
		〔4〕	変　化	化学平衡
		〔5〕	無　機	気体の発生と性質，金属の性質，陽イオンの沈殿反応　⊘計算
		〔6〕	有　機	油脂　⊘計算
		〔7〕	有　機	芳香族化合物の構造
2023 ●	化学基礎	〔1〕	理論，無機	元素の性質，熱運動，同位体の割合，イオン，分子の電子式，水溶液の濃度，反応式と量的関係，中和の量的関係，酸化剤と還元剤，電池の分類　⊘計算
	化学	〔1〕	構　造	混合物の分離
		〔2〕	構　造	結晶格子　⊘計算
		〔3〕	変　化	電離平衡　⊘計算
		〔4〕	無　機	カルシウム化合物
		〔5〕	無　機	合金　⊘計算
		〔6〕	有　機	C_8H_8O で表される化合物の構造
		〔7〕	有　機	サリチル酸の反応
		〔8〕	高分子	高分子化合物
2022 ●	化学基礎	〔1〕	理　論	生活と物質，混合物の分離，価電子，イオン，固体の溶解度，反応式と量的関係，中和の量的関係，酸化数，空気の密度，アルコール　⊘計算
	化学	〔1〕	構　造	周期表
		〔2〕	変　化	熱化学方程式　⊘計算
		〔3〕	状　態	気体の状態方程式　⊘計算
		〔4〕	状　態	固体の溶解度　⊘計算
		〔5〕	無　機	炭素とケイ素の性質
		〔6〕	無　機	金属イオンの沈殿反応
		〔7〕	有　機	有機化合物の元素分析　⊘計算
		〔8〕	有　機	ベンゼン，芳香族化合物の異性体
		〔9〕	高分子	合成高分子化合物

（注）　●印は全問，◑印は一部マークシート式採用であることを表す。

基礎・基本を重視
理論化学分野からの出題がやや多い

01　出題形式は？

「化学基礎」は 10 問の小問集合が 1 題で，試験時間は 2 科目 60 分である。「化学」は小問〜中問で構成される大問が 7 〜 9 題出題されており，試験時間は 1 科目 60 分である。いずれも全問マークシート式である。

02　出題内容はどうか？

「化学基礎」では物質の構成と化学結合，物質の変化から広く出題されている。設問数では，物質の構成と化学結合に関する内容が比較的多い。「化学」では，「化学基礎」の範囲を含めた理論化学分野からの出題が多く，無機化学からの出題はやや少ない。

03　難易度は？

基本問題が大半を占めている。一部に詳細な知識が必要な問題も見受けられるが，全体として基本的な知識や理解が問われている。計算問題も典型的なものばかりで取り組みやすい。試験時間にも余裕がある。

対　策

01　理　論

広範囲からまんべんなく出題されているが，特に「化学基礎」の物質の構成と化学結合は詳しく整理しておくこと。各章の典型的な計算問題は，学校で使われている問題集の例題を中心に演習しておこう。

02 無　機

　気体の性質と発生法（使用する薬品や器具，捕集法），金属の性質（反応性，沈殿反応，呈色反応など），触媒を用いた化合物の工業的製法は整理しておきたい。

03 有　機

　炭化水素，脂肪族，芳香族とも，中心となる有機化合物の反応系統図をつくり，構造式，名称，性質について整理しておきたい。また，糖類やタンパク質，合成樹脂，合成繊維など高分子化合物は手薄になりがちだが，教科書に出ている代表的な物質について基礎的な内容を押さえておくこと。

04 その他

　合金や繊維，ゴム，過去には洗剤など，身の回りの化学についても出題されている。「化学基礎」の教科書の序章などもチェックし見聞を広げておこう。

生　物

年度	区分	番号	項　目	内　容	
2024 ●	生物基礎	〔1〕	細　　胞	体細胞分裂の観察	✓計算
		〔2〕	遺 伝 情 報	唾腺染色体とパフ	
		〔3〕	体 内 環 境	動物の心臓と血管系	
		〔4〕	生　　態	日本のバイオームと暖かさの指数	✓計算
	生物	〔1〕	遺 伝 情 報	PCR 法，電気泳動法	✓計算
		〔2〕	代　　謝	同化と異化	✓計算
		〔3〕	動物の反応	視細胞の種類とはたらき	
		〔4〕	生　　態	個体群の分布，標識再捕法	✓計算
		〔5〕	進化・系統	進化論と変異	
2023 ●	生物基礎	〔1〕	代　　謝	代謝とエネルギー	
		〔2〕	遺 伝 情 報	タンパク質の構造，遺伝情報の発現	
		〔3〕	体 内 環 境	恒常性と体液の循環	
		〔4〕	生　　態	森林の構造	
	生物	〔1〕	体 内 環 境	アポトーシス	
		〔2〕	動物の反応	耳の構造とはたらき	
		〔3〕	生　　態	生態系と生物多様性	
		〔4〕	代　　謝	酵素	
		〔5〕	生殖・発生	減数分裂	✓計算
2022 ●	生物基礎	〔1〕	代　　謝	呼吸の反応，光合成の反応	
		〔2〕	遺 伝 情 報	ハーシーとチェイスの実験	
		〔3〕	体 内 環 境	免疫のしくみ，一次応答と二次応答，エイズ	
		〔4〕	生　　態	バイオームと気候，垂直分布	✓計算
	生物	〔1〕	細　　胞	生体物質，細胞膜における輸送	
		〔2〕	遺 伝 情 報	PCR 法	✓計算
		〔3〕	植物の反応	オーキシンの輸送とはたらき	
		〔4〕	生　　態	個体の分布，標識再捕法，密度効果	✓計算
		〔5〕	進化・系統	遺伝子の機能的制約，ハーディ・ワインベルグの法則	✓計算

（注）　●印は全問，◗印は一部マークシート式採用であることを表す。

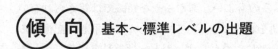

傾 向　基本〜標準レベルの出題

01 出題形式は？

　試験時間は，「生物基礎」は 2 科目で 60 分，「生物」は 1 科目で 60 分である。「生物基礎」は大問 4 題，「生物」は大問 5 題で，各大問に 4 〜 5 問の小問がある。マークシート式の出題であり，空所補充問題，表やグラフの読み取りを前提にする問題，文章の正誤選択や該当するものの選択問題が中心。また，計算問題も出題されている。

02 出題内容はどうか？

　「生物基礎」「生物」ともほぼすべての分野から出題されており，幅広い内容となっている。特に生態，遺伝情報，体内環境からの出題率が高めである。実験の方法や，実験結果などから考察する問題も出されている。

03 難易度は？

　ほとんどの問題が基本〜標準的なレベルである。ただし，特に「生物」では頻出とは言えない分野からも細かい知識や深めの思考を要求する出題があるため，すべての分野において，知識を正しく理解していることが必要である。文章の正誤選択問題では，細かい部分をきちんと読まないと判断を誤るような問題も出題されているので注意しよう。

対 策

01 教科書学習の徹底を

　まず基本事項をきちんと押さえておく必要がある。教科書を徹底的に読んで，太字で示されている生物用語を覚えることから始めるとよいだろう。

「巻末の索引」を調べてみるのもよい。あやふやな知識では答えられない問題もあるので，その用語を説明できるくらいきちんと理解して記憶するようにしたい。特に頻出分野にこだわらず，たとえば教科書に載っている図表ならどれでも出題される可能性があるので，それらにもまんべんなく目を通すことを心がけよう。

02　問題演習に取り組もう

「生物基礎」なら共通テスト「生物基礎」の過去問，「生物」なら『らくらくマスター 生物基礎・生物』（河合出版）などを利用し，演習を重点的に行うとよいだろう。また，出題形式に独特なところがあるので，過去問の演習は必須である。本書の過去問を一通りやって形式に慣れておくと，本番で落ち着いて取り組むことができるだろう。

国　　語

年度	番号	種類	類別	内　容	出　典
2024 ◑	〔1〕	国語常識		書き取り，四字熟語，誤字指摘	
	〔2〕	現代文	評論	空所補充，内容説明（50字他）	「自由とは何か」 　　　佐伯啓思
	〔3〕	現代文	小説	空所補充，語意，内容説明，主旨	「エイジ」 　　　重松清
2023 ◑	〔1〕	国語常識		書き取り，四字熟語，誤字指摘	
	〔2〕	現代文	小説	内容説明（50字他）	「雨あがる」 　　　山本周五郎
	〔3〕	現代文	評論	内容説明	「死ねない時代 の哲学」 　　　村上陽一郎
2022 ◑	〔1〕	国語常識		書き取り，ことわざ，誤字指摘	
	〔2〕	現代文	小説	内容説明（50字他）	「俘虜記」 　　　大岡昇平
	〔3〕	現代文	評論	内容説明	「『普通がいい』 という病」 　　　泉谷閑示

（注）　●印は全問，◑印は一部マークシート式採用であることを表す。

 現代文2題と国語常識問題1題

01 出題形式は？

　現代文2題と国語常識問題1題の出題で，試験時間は60分。マークシート式と記述式が併用されている。現代文は小説と評論から出題されている。

02 出題内容はどうか？

　国語常識問題は，書き取り，ことわざ，四字熟語，誤字指摘問題などが出題されている。いずれも基本的な設問である。

　現代文の2題は小説と評論から1題ずつ出題されている。本文はやや長めで，小説は，教科書にもよく採用されている著名な作家の作品から出題されている。大問2題を通して50字の字数制限のついた説明問題が1問だけ出題されている。そのほかは選択式の内容説明や空所補充，語意などの問題が出題されている。

03 難易度は？

　小説・評論ともに本文が長めで，内容もやや難しい。選択肢も長く紛らわしいものがあり，試験時間が60分であることを考えるとかなり難しい。迷う問題で時間を使いすぎないようなペース配分が大切である。〔1〕の国語常識問題は基本的な内容なので，ここを確実に得点源としたい。全体を通しての難易度はやや難である。

対策

01 読解力養成

　評論・小説など，教科書レベルの文章に数多くふれて読解力を養おう。難しい内容の評論が出題されているので，新書を何冊か読んでおくのもよいであろう。小説は，登場人物の心理を追って丁寧に読み進める習慣を身につけておくとよい。

　問題演習の際には，大きく文章構造をつかんだうえで，細部を丁寧に読むことを心がけたい。内容説明問題の選択肢には紛らわしいものもあるので，解答の根拠となる語句に注意して本文を読んでいこう。マークシート式が多く，長文に慣れるという意味でも，共通テスト対策向けの現代文の問題集を何冊か解いておこう。

　また，50字の字数制限のついた説明問題が出題されている。例年，1問だけではあるが，50字程度にまとめる練習は必ずしておこう。

　文章を読み解くための語彙力については，『読み解くための現代文単語［評論・小説］』（文英堂）などの用語を扱った参考書で繰り返し学習し，しっかりと自分のものにしておこう。

02　国語常識問題対策

　〔1〕で国語常識問題が出題されており，比重が大きい。この問題の成否が合否を左右すると言っても過言ではない。特に書き取りと，熟語やことわざ，言葉の意味を中心に学習しておくこと。市販で入手しやすい漢字の問題集としては，漢字関係の知識を総合的に扱っている漢字検定の公式問題集がある。自分のレベルに合わせて4級または3級くらいから始め，最終的には2級程度をめざすとよいだろう。

2024
年度

問題と解答

学校推薦型選抜 II（公募制）

問 題 編

▶試験科目・配点

試験科目	内　　　　　容	配　点
基礎学力試験	・日本語と英語の基礎的な語彙力（読み，書き，表現，読解，要約など） ・基礎的な計算技能（高校1年程度までに習得する内容を中心に出題）	100 点
面　　　接	個別面接（10 分程度）	100 点
調　査　書	「基礎学力」「基本的生活態度」「主体性等」について記載内容を評価	30 点

▶備　考

• 試験結果を，各学部・学科のアドミッション・ポリシーに基づいて多面的・総合的に評価して，合否を決定する。

• 面接は受験生 1 名に対して評価者 2～3 名。出願者数により，集団面接になる場合がある。推薦書・志望理由書は面接の参考資料とする。

基礎学力試験

（60分）

【問題1】（1）～（4）の問いに答えよ。

（1）対義語の組み合わせとして**誤っているもの**を①～④のうちから一つ選べ。 　1

① 必然 ⇔ 偶然 　② 思考 ⇔ 考慮 　③ 軽薄 ⇔ 重厚 　④ 排斥 ⇔ 内包

（2）類義語の組み合わせとして**誤っているもの**を①～④のうちから一つ選べ。 　2

① 興味 ― 関心 　② 不安 ― 動揺 　③ 奨励 ― 禁止 　④ 領域 ― 範囲

（3）漢字とその読み方として最も適切なものを①～④のうちから一つ選べ。 　3

① 太刀魚（サンマ） 　② 無花果（イチジク） 　③ 不如帰（ウグイス） 　④ 向日葵（コスモス）

（4）「一定の考えを持たず，むやみに他人の説に賛成すること」を表す四字熟語として最も適切な
　　ものを①～④のうちから一つ選べ。 　4

① 薄志弱行 　　② 優柔不断 　　③ 付和雷同 　　④ 無味乾燥

【問題2】（1）～（2）について，下線を引いた漢字とカタカナ部分に同じ漢字を含むものとして最も
　　　　適切なものをそれぞれ①～④のうちから一つずつ選べ。

（1）移植 　5

① 現状をイジする。 　　　　　② 業務を外部にイタクする。

③ イダイな業績をあげる。 　　④ 土地をイジョウする。

（2）演奏 　6

① エンシュウ問題を解答する。 　② 関節にエンショウが生じる。

③ エンカツに事が運ぶ。 　　　　④ エンカク医療が発展する。

【問題3】（1）〜（5）について，文章の意味に該当する熟語として最も適切なものをそれぞれ①〜④
のうちから一つずつ選べ。

（1）自分の心をよく理解してくれる人　　　　　　　　　　　　　7
　　① 知己　　　　　② 傲慢　　　　　③ 思惑　　　　　④ 無垢

（2）ためらうこと　　　　　　　　　　　　　　　　　　　　　8
　　① 辛辣　　　　　② 貪欲　　　　　③ 刹那　　　　　④ 躊躇

（3）しつこい様子　　　　　　　　　　　　　　　　　　　　　9
　　① 律義　　　　　② 遭遇　　　　　③ 執拗　　　　　④ 脆弱

（4）努力すること　　　　　　　　　　　　　　　　　　　　　10
　　① 啓蒙　　　　　② 寡聞　　　　　③ 凋落　　　　　④ 精進

（5）発達しきること　　　　　　　　　　　　　　　　　　　　11
　　① 爛熟　　　　　② 名残　　　　　③ 露呈　　　　　④ 背馳

【問題4】（1）〜（5）について，漢字とその読み方として**誤っているもの**をそれぞれ①〜④のうちから一つずつ選べ。

（1）12
　　① 撤廃（てっぱい）　② 希薄（きはく）　③ 享受（きょうじゅ）　④ 眉間（びかん）

（2）13
　　① 風情（ふぜい）　② 定款（ていこく）　③ 叱責（しっせき）　④ 招聘（しょうへい）

（3）14
　　① 愕然（がくぜん）　② 恰好（かっこう）　③ 憎悪（ぞうお）　④ 尋常（いじょう）

（4）15
　　① 捏造（みつぞう）　② 衣装（いしょう）　③ 畏敬（いけい）　④ 満喫（まんきつ）

（5）16
　　① 怠惰（たいだ）　② 対峙（たいじ）　③ 眺望（ちょうぼう）　④ 呵責（かさい）

【問題5】（1）～（4）の空欄 17 ～ 20 に入る最も適切な漢字をそれぞれ①～④のうちから一
　　　　つずつ選べ。

（1）医療事故による損害を補 17 する。
　　① 償　　　　　② 証　　　　　③ 障　　　　　④ 衝

（2）完 18 な治療を施す。
　　① 壁　　　　　② 僻　　　　　③ 碧　　　　　④ 璧

（3）膝に 19 和感を生じる。
　　① 異　　　　　② 違　　　　　③ 偉　　　　　④ 為

（4）患者の 20 孔を調べる。
　　① 動　　　　　② 洞　　　　　③ 瞳　　　　　④ 同

【問題6】（1）～（9）の空欄 21 ～ 29 に入る最も適切な語，または語句をそれぞれ①～④の
　　　　うちから一つずつ選べ。

（1）When my parents 21 to the city, I picked them up at the station.
　　① got　　　　　② arrived　　　　③ reached　　　　④ visited

（2）Kathy will 22 when she hears of the news that her son won the chess game.
　　① excite　　　　② be exciting　　　③ be excited　　　④ get to excite

（3）I will have a 23 of pizza, and drink some soda for lunch.
　　① cup　　　　　② slice　　　　　③ bowl　　　　　④ spoonful

（4）The annual baseball tournament was 24 until next Monday because of the heavy rain.
　　① set in　　　　② put off　　　　③ called out　　　④ pulled over

（5）My father is recovering slowly 25 steadily from the injury.
　　① because　　　② due to　　　　③ as of　　　　　④ but

（6）A:　What time will you come to the party?
　　B:　 26 don't we meet at six?

① Why　　　　② What　　　　③ How　　　　④ Who

（7）A:　You look happy.　What happened?

B:　I found a good Italian restaurant near the station.　It has a 27 atmosphere.

① highly　　　　② fully　　　　③ friendly　　　　④ nicely

（8）A:　How often do you do that after school?

B:　 28

① No, I haven't.　　② Sometimes.　　③ I will.　Thanks.　④ Maybe tomorrow.

（9）A:　Do you want to go to a movie tonight?

B:　 29 I have to go home early tonight.

① Yes, I am!　　　　　　　　　　② No, not yet.

③ Let me know.　　　　　　　　　④ I'd love to, but I can't.

【問題7】次の英文を読んで，（1）～（3）に答えよ。

　　　Nowadays, video game consoles like the Switch, the PlayStation, and the Xbox let us play realistic sports, space, and adventure games at home.　－[ア]－Players can also play with other people online by connecting to the Internet.　A young girl in Tokyo can enter a virtual dance contest with a grandmother in Mexico City.　But how did video games begin?

　　　The first home video games were invented in America in the 1970s.　－[イ]－The first video game sold to the public was called *Computer Space* in 1970.　In 1972, the first home console was sold, called the *Magnavox Odyssey*.　Then a very simple sports game, *Pong*, a table tennis game, was created and was hugely popular.　Instead of realistic graphics, these games used dots and lines to show what was happening.　They were only in black and white, but people could spend hours playing them.

　　　In 1977 in Japan, Tomohiro Nishikado had the idea for a game called *Space Invaders*. Nishikado thought it was wrong to shoot people in his game, so players had to shoot aliens from another planet.　－[ウ]－*Space Invaders* was so 30 that lots of other companies copied the game.

　　　Arcade games became very popular in the 1980s, and people could see many games in shopping malls, restaurants, and convenience stores.　 31 this, many people say the 1980s was the golden age of video games.　－[エ]－The Nintendo company started in 1983, and control of the market shifted from America to Japan.　Anyone who grew up in the 1980s and 1990s has played, or at least has heard of, *Super Mario Brothers*.

　　　In the 1990s, home video games started to look like they do today.　People could buy more powerful machines with three-dimensional graphics and better sound.　The special game controllers let players fight, dance, drive cars, play sports, and even play music in games.

31 this, amazing video game consoles like the Switch, the PlayStation, and the Xbox have become popular all over the world.

(Patricia Ackert, Linda Lee, Eric Hawkins, Jessica Beck, *Reading and Vocabulary Development 2*, fourth edition,

Cengage Learning Asia Pte Ltd, Singapore, 2020, p.23-24. から抜粋)

（1）本文中の 30 ～ 31 に入る最も適切なものをそれぞれ①～④のうちから一つずつ選べ。
　　なお，本文中に 31 は 2 か所あり同じ語句が入る。

　　　（ i ） 30
　　　　　① successful　　　　② succeed　　　　③ successfully　　　　④ success

　　　（ii） 31
　　　　　① Because　　　　② Despite　　　　③ Because of　　　　④ As if

（2）次の（ i ）～（iii）の文章が本文の内容と一致する場合は①，一致しない場合は②をそれぞれ
　　選べ。

　　　（ i ） In the 1970s, the games which were in black and white were created using dots and
　　　　　　lines.　　　　　　　　　　　　　　　　　　　　　　　　　　　　　　　32

　　　（ii） In the 1980s, The Nintendo company was founded and bought the right to
　　　　　　Space Invaders.　　　　　　　　　　　　　　　　　　　　　　　　33

　　　（iii） In the 1990s, high-performance machines with realistic graphics and better
　　　　　　sound were sold.　　　　　　　　　　　　　　　　　　　　　　　34

（3）本文中の ［ ア ］ ～ ［ エ ］ のうち，次の一文を入れるのに最も適切な位置はどれか。①～④の
　　うちから一つ選べ。　　　　　　　　　　　　　　　　　　　　　　　　　　35

　　　"Many different companies entered the video game market."

　　　① ［ ア ］　　　　② ［ イ ］　　　　③ ［ ウ ］　　　　④ ［ エ ］

2
0
2
4
年
度

学
校
推
薦
型

基
礎
学
力
試
験

【問題8】(1)～(6)の問いに答えよ。

(1) $\boxed{36}$ ～ $\boxed{38}$ の空欄に当てはまる最も適切なものをそれぞれ①～④のうちから一つずつ選べ。

$a = \dfrac{\sqrt{6}+\sqrt{2}}{2}$, $b = \dfrac{\sqrt{6}-\sqrt{2}}{2}$ のとき,

$a+b = \boxed{36}$, $ab = \boxed{37}$, $a^2+b^2 = \boxed{38}$ である。

(i) $\boxed{36}$

① $\dfrac{\sqrt{4}}{2}$ ② $\dfrac{\sqrt{6}}{2}$ ③ $\sqrt{3}$ ④ $\sqrt{6}$

(ii) $\boxed{37}$

① $\dfrac{1}{4}$ ② 1 ③ 2 ④ 4

(iii) $\boxed{38}$

① $\dfrac{5}{2}$ ② 3 ③ $\dfrac{15}{4}$ ④ 4

(2) $\boxed{39}$ の空欄に当てはまる最も適切なものを①～④のうちから一つ選べ。

$(x+2y)^3 = \boxed{39}$

① $x^3 + 3x^2y + 3xy^2 + y^3$ ② $x^3 + 6x^2y + 12xy^2 + 8y^3$

③ $x^3 + 10x^2y + 8xy^2 + 8y^3$ ④ $x^3 + 12x^2y + 6xy^2 + 8y^3$

(3) $\boxed{40}$ の空欄に当てはまる最も適切なものを①～④のうちから一つ選べ。

$a(b-c) + b(a-c) + c(a-b) = \boxed{40}$

① $2a(b-c)$ ② $2a(c-b)$ ③ $2b(a-c)$ ④ $2c(a-b)$

(4) $\boxed{41}$ の空欄に当てはまる最も適切なものを①～④のうちから一つ選べ。

各駅停車のみ停車する駅のホームを，快速列車が 90 km/h で通過する。
ホームの長さが 330 m，快速列車の長さが 220 m であるとき，この快速列車がホームにさしか
かってから，通り過ぎるのに $\boxed{41}$ 秒かかる。

  ① 22   ② 25   ③ 55   ④ 61

（5）   42   の空欄に当てはまる最も適切なものを①～④のうちから一つ選べ。

ある空の水槽の中に，吐水口 A で水を入れると 15 分，吐水口 B で水を入れると 30 分で満水になる。また，この水槽が満水のとき排水口から水を抜くと 6 分で水槽が空になる。この水槽が満水のとき，吐水口 A と吐水口 B で水を入れながら排水口から水を抜くと 42 分後に水槽が空になる。

  ① 10   ② 15   ③ 20   ④ 25

（6）   43   の空欄に当てはまる最も適切なものを①～④のうちから一つ選べ。

正方形 ABCD の 4 つの辺にそれぞれの角が接する小さな正方形 EFGH がある。正方形 ABCD の面積が 196 のとき，正方形 EFGH の面積は 43 である。ただし，全ての辺の長さは整数とする。

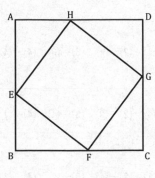

  ① 64   ② 81   ③ 100   ④ 121

解 答 編

基礎学力試験

① 解答 (1)—② (2)—③ (3)—② (4)—③

② 解答 (1)—④ (2)—①

③ 解答 (1)—① (2)—④ (3)—③ (4)—④ (5)—①

④ 解答 (1)—④ (2)—② (3)—④ (4)—① (5)—④

⑤ 解答 (1)—① (2)—④ (3)—② (4)—③

⑥ 解答 (1)—① (2)—③ (3)—② (4)—② (5)—④ (6)—①
(7)—③ (8)—② (9)—④

⑦ 解答 《テレビゲームの始まり》

(1) (i)—① (ii)—③ (2) (i)—① (ii)—② (iii)—① (3)—④

2024年度 学校推薦型 基礎学力試験

8 ── 解 答 《小問6問》

(1) (ⅰ)─④ (ⅱ)─② (ⅲ)─④ (2)─② (3)─③ (4)─① (5)─② (6)─③

一般選抜（前期）

問 題 編

▶試験科目・配点

教　科		科　　　　目	配　点
選択①※	外国語・数学・国語	「コミュニケーション英語Ⅰ・Ⅱ，英語表現Ⅰ」「数学Ⅰ・Ａ」「国語総合（古文・漢文を除く）」から１科目選択	100点
選択②	理　科	「物理基礎」「化学基礎」「生物基礎」から２科目選択，または「物理」「化学」「生物」から１科目選択	100点

▶備　考

※志願者の「思考力・判断力・表現力」を評価するために，一部記述式問題を出題する。

• 試験結果を総合して合否を決定する。ただし，合格ライン上の同点者の合否を決める場合に限り，下記書類を活用して合否を決定する。
　①調査書（調査書が発行されない志願者については，「主体性評価に関する経験」を出願時に提出することにより調査書の代替とする。）
　②志望理由書（提出任意）

• 英語外部検定試験の活用：出願時点で選択①の試験科目において外国語（英語）を選択し，大学が対象とする英語外部試験の基準を満たしている場合，外国語（英語）の得点とみなす。また，大学独自の外国語（英語）も受験した場合は，いずれか高得点の方を採用する。

英 語

（60分）

【問題1】 下の問い（問1〜問12）の空欄 1 〜 12 に入るものとして最も適切なものをそ
れぞれ①〜④のうちから一つずつ選べ。

問1 This physics question is really hard to figure 1 .

① away   ② down

③ in   ④ out

問2 He had to find a police station as soon as possible because his bag 2 .

① had been stealing   ② had been stolen

③ had stolen   ④ had being stolen

問3 I heard her 3 a song in the bathroom.

① singing   ② having sung

③ to sing   ④ to be singing

問4 She is 4 than clever.

① more wise   ② wiser

③ wise   ④ the most wise

問5 "Have you ever seen a panda?"
"Yes, I saw 5 in Ueno Zoo two years ago."

① it   ② that

③ one   ④ him

問6　The mountain ☐ 6 ☐ you climbed last summer is the second highest mountain in Gunma prefecture.

① what　　　　　　　　② whom
③ which　　　　　　　④ where

問7　I can't speak Spanish, ☐ 7 ☐ can I read it.

① but　　　　　　　　② also
③ nor　　　　　　　　④ although

問8　We went skiing ☐ 8 ☐ Mt. Naeba last weekend.

① until　　　　　　　② at
③ to　　　　　　　　④ for

問9　Two weeks ☐ 9 ☐ time to prepare for the entrance exam.

① are too a short　　　② are too short a
③ is too short a　　　④ is too a short

問10　" ☐ 10 ☐ do you eat out? "
"Twice a week."

① What time　　　　　② Where
③ How often　　　　　④ How come

問11　I have no doubt ☐ 11 ☐ about his skill.

① nothing　　　　　　② quite
③ whatever　　　　　④ least

問12　Everyone in my classroom agreed ☐ 12 ☐ my proposal.

① to　　　　　　　　② down
③ for　　　　　　　　④ into

【問題２】　下の問い（問1〜問3）において，対話が成り立つように与えられた単語を並びかえたとき，空欄　13　〜　18　に入るものとして最も適切なものをそれぞれ①〜⑤のうちから一つずつ選べ。なお、文頭に来る単語も小文字で表している。

問1　Ellie:　I like these jackets.　I'm just ＿＿＿ 13 ＿＿＿ 14 ＿＿＿ the black one or the blue one.

　　　 Sue:　I'd get the black one if I were you.

　　　① get　　　　② sure　　　　③ to　　　　④ not　　　　⑤ whether

問2　Bill:　I don't like my car.

　　Adrian:　Why?　＿＿＿ ＿＿＿ 15 ＿＿＿ 16 car?　I think it's nice!

　　　① matter　　② what's　　③ your　　④ with　　⑤ the

問3　Clair：　It's an important meeting so 17 ＿＿＿ 18 ＿＿＿ ＿＿＿ late.

　　 Ashly：　OK.　I'll make sure to get there early.

　　　① be　　　　② better　　　③ you　　　④ had　　　⑤ not

【問題３】　次の英文を読んで，下の問い（問1〜問7）に答えよ。

　　Before cooking food in a pan, you or the cook will need to test the pan to see how hot it is.　This can be (　1　) with a few drops of water.　If you test a pan's heat in this way, you may notice that sometimes the water just boils away.　Other times, though, the water drops seem to jump across the pan and do not go away immediately.　This is called the Leidenfrost effect, named after Johann Gottlob Leidenfrost, (　2　) studied the effect in the 1700s.

　　The Leidenfrost effect occurs when something, like a pan, is heated up.　The pan has to become extremely hot.　Then, when a drop of water makes contact with the hot pan, the bottom of the drop gets very hot and turns into steam.　The rest of the water drop sits on top of this steam.　Because it is sitting on top of the steam, the water drop does not turn into a (　3　) right away.　It can stay around for a long time.　The water drop usually moves quickly around the pan.　However, if the pan is hot but not hot enough, the water will just boil away.　Also, if the pan is too hot, the water drop will boil away immediately.　So, when exactly does the Leidenfrost effect occur?　The Leidenfrost effect happens at the Leidenfrost point, which is different for (　4　) situations.　However, it does depend on a few things, such as the size of the water drop and the pressure of the air around it.

　　While the Leidenfrost effect sounds (　5　), what can it be used for?　Some scientists did a special experiment.　They wanted to show that they could move water around using the Leidenfrost effect.   They cut lines into a piece of flat material.   Then the scientists heated the material.   They made it extremely hot before putting the water drops on it.   Then, when they put the water drops on it, the drops moved around.   It almost seemed like they were alive!   The water drops could even go up parts of the material like they were going up steps.   This experiment showed that water could be made to move around on something hot (　6　) boiling away.   The scientists thought that water like this might be useful for cooling off computer chips.   Computer chips get hot and can get damaged easily.   Maybe the Leidenfrost effect could be used to build better, cooler computers.

(Paul Nation / Casey Malarcher. *Timed Reading for Fluency 4*. Seed Learning, Inc., USA, 2017, p. 41.)

問 1　本文中の空欄（　1　）に入る語として最も適切なものを次の①〜④のうちから一つ選べ。

　　　　　　　　　　　　　　　　　　　　　　　　　　　　　　　 19

　　① ended　　　　　② repeated　　　　③ done　　　　　④ worked

問 2　本文中の空欄（　2　）に入る語として最も適切なものを次の①〜④のうちから一つ選べ。

　　　　　　　　　　　　　　　　　　　　　　　　　　　　　　　 20

　　① who　　　　　　② which　　　　　③ what　　　　　④ whose

問 3　本文中の空欄（　3　）に入る語として最も適切なものを次の①〜④のうちから一つ選べ。

　　　　　　　　　　　　　　　　　　　　　　　　　　　　　　　 21

　　① solid　　　　　② liquid　　　　　③ air　　　　　　④ gas

問 4　本文中の空欄（　4　）に入る語として最も適切なものを次の①〜④のうちから一つ選べ。

　　　　　　　　　　　　　　　　　　　　　　　　　　　　　　　 22

　　① difficult　　　　② different　　　　③ drastic　　　　④ distinguished

問 5　本文中の空欄（　5　）に入る語として最も適切なものを次の①〜④のうちから一つ選べ。

　　　　　　　　　　　　　　　　　　　　　　　　　　　　　　　 23

　　① confusing　　　② easy　　　　　③ reasonable　　　④ interesting

問 6　本文中の空欄（　6　）に入る語として最も適切なものを次の①〜④のうちから一つ選べ。

　　　　　　　　　　　　　　　　　　　　　　　　　　　　　　　 24

　　① without　　　　② after　　　　　③ with　　　　　④ except

問7　次の1～6の文章を本文の内容に合った英文にするために，□25□～□30□に入る最も
　　　適切なものを①～④のうちからそれぞれ一つずつ選べ。

1. The Leidenfrost effect is a phenomenon in which □25□ .

　① water drops are heated to a really high temperature

　② water drops stay on a surface for a while even though the surface is hot

　③ water drops boil away immediately

　④ water is put into a pan before cooking food

2. A water drop does not boil away immediately because □26□ .

　① the pan is not very hot

　② it keeps moving around the pan

　③ the pan is too hot

　④ steam keeps it from contacting the pan

3. The Leidenfrost point □27□ .

　① changes depending on different factors

　② is constant regardless of the conditions

　③ changes according to the water pressure

　④ was set by Johann Gottlob Leidenfrost

4. Scientists thought that the Leidenfrost effect could be used to □28□ .

　① make water boil and disappear

　② create steam

　③ cool computers

　④ heat the surface of a pan

5. According to the passage, which of the following is NOT true? □29□

　① The Leidenfrost effect was described as early as the 1700s.

　② The Leidenfrost effect was studied using a piece of flat material with lines cut in it.

　③ According to the Leidenfrost effect, water drops can move around on something.

　④ The Leidenfrost effect is thought not to be very useful.

6. The main point of the passage is to inform the reader about ☐ 30 ☐ .

① how the Leidenfrost effect will be used in computers someday in the future

② a phenomenon in which water seems to float over a heated surface

③ how Johann Gottlob Leidenfrost first discovered the Leidenfrost effect

④ what happens when objects are put into an extremely hot pan

【問題4】 以下の TOPIC について，あなたの意見とその理由（2つ）を 80～100 ワードの英語で述べ
よ。

TOPIC

Some people think people should learn a foreign language.　Do you agree with this
opinion?　Why or why not?

※1 マスにつき 1 語を使用すること。なお，コンマやピリオドは語数としてカウントしない。
また、行替えは不要。

(例)　Tomorrow,｜　I'll　｜　go　｜shopping.｜　I'll　｜　buy　｜　shoes.｜

$$\boxed{\text{数　学}}$$

(60分)

【問題1】　下の問い（問1～問4）の中の $\boxed{1}$ ～ $\boxed{23}$ に当てはまる数字を答えよ。なお，問題文中

の $\boxed{1}$, $\boxed{2}$, $\boxed{3}$, などにはそれぞれ数字（0～9）が一つ入る。

解答例： $\boxed{1}\, x^2 - \boxed{2}\, x + \boxed{3}$ の答えが $x^2 - 2x + 3$ のときは，$\boxed{1}$ に「①」，$\boxed{2}$ に「②」，$\boxed{3}$ に

「③」をマークする。

問1　$a^3b - 9a^2 - 9ab + 81 = (\boxed{1}\, a + \boxed{2}\,)(\boxed{3}\, a - \boxed{4}\,)(\boxed{5}\, ab - \boxed{6}\,)$

問2　$81x^4 - y^4 = (\boxed{7}\, x + \boxed{8}\, y)(\boxed{9}\, x - \boxed{10}\, y)(\boxed{11}\, x^2 + \boxed{12}\, y^2)$

問3　$-yz + 2xz - 3xy + 6x^2 = (\boxed{13}\, x - \boxed{14}\, y)(\boxed{15}\, x + \boxed{16}\, z)$

問4　$24x^2 - 54y^2 - 14x + 141y - 90 = (\boxed{17}\, x + \boxed{18}\, y - \boxed{19}\,)(\boxed{20}\, x - \boxed{21}\, y + \boxed{22}\boxed{23}\,)$

【問題2】 変量 x の平均を $\overline{x}$ とするとき，2つの変量 x, y の3組のデータ $(x_1,\ y_1)$, $(x_2,\ y_2)$, $(x_3,\ y_3)$ があり，$\overline{x} = 1$, $\overline{y} = 2$, $\overline{x^2} = 3$, $\overline{y^2} = 10$, $\overline{xy} = 5$ である。下の問い（問1～問3）に答えよ。ただし，$\sqrt{3} = 1.73$ とし，相関係数は小数第3位を四捨五入するものとする。

問1 x と y の共分散はどれか。最も適切なものを①～⑤のうちから一つ選べ。   24

① 1　　　　　　② 2　　　　　　③ 3　　　　　　④ 4　　　　　　⑤ 5

問2 x と y の相関係数はどれか。最も適切なものを①～⑤のうちから一つ選べ。   25

① 0.36　　　　② 0.49　　　　③ 0.71　　　　④ 0.87　　　　⑤ 0.92

問3 変量 z を $z = 2x + 1$ とするとき，y と z の相関係数はどれか。最も適切なものを①～⑤のうちから一つ選べ。   26

① 0.36　　　　② 0.49　　　　③ 0.71　　　　④ 0.87　　　　⑤ 0.92

【問題3】 下の問い（問1～問4）に答えよ。

問1 2次関数 $y = \dfrac{1}{2}x^2 - 3x - \dfrac{7}{2}$ における説明として，最も適切なものを①～⑤のうちから一つ選べ。   27

① 　与式を変形すると $y = \dfrac{1}{2}(x + 3)^2 - 8$ になる。

② 　頂点の x 座標は -3 である。

③ 　頂点の y 座標は 8 である。

④ 　y 軸との交点は $-\dfrac{1}{2}$ である。

⑤ 　x 軸との交点は -1，7 である。

問2 2次関数 $y = -x^2 + 5x - 2$ における説明として，適切なものを①～⑤のうちから**二つ選べ**。

ただし，解答の順序は問わないものとする。　　　　28　29

① 与式を変形すると $y = -2\left(x - \dfrac{5}{4}\right)^2 + \dfrac{5}{4}$ になる。

② 頂点の x 座標は 2.5 である。

③ 頂点の y 座標は -1.25 である。

④ y 軸との交点は -2 である。

⑤ x 軸との交点は $-\dfrac{9}{8}$，2 である。

問3 x，y の関数 $R = 2x^2 + y^2 - 4x + 10y - 3$ における最小値と，最小値における x と y の値の組み合わせで，最も適切なものを①～⑤のうちから一つ選べ。　　　30

① $x = 1$，$y = -5$ のとき最小値は -30
② $x = 1$，$y = 5$ のとき最小値は 4
③ $x = 2$，$y = 2$ のとき最小値は -10
④ $x = 2$，$y = 3$ のとき最小値は 12
⑤ $x = 3$，$y = 2$ のとき最小値は -11

問4 x，y の関数 $S = x^2 - 6xy + 10y^2 - 2x + 2y + 4$ における最小値と，最小値における x と y の値の組み合わせで，最も適切なものを①～⑤のうちから一つ選べ。　　　31

① $x = 1$，$y = 2$ のとき最小値は -10
② $x = 2$，$y = 1$ のとき最小値は 1
③ $x = 3$，$y = 2$ のとき最小値は -6
④ $x = 6$，$y = 10$ のとき最小値は -12
⑤ $x = 7$，$y = 2$ のとき最小値は -1

【問題4】 A，B，C，D，Eの5種類の商品を合わせて12個購入するとき，下の問い（**問1〜問3**）に答えよ。

問1 どの商品も少なくとも1個購入するのは何通りあるか。最も適切なものを①〜⑤のうちから一つ選べ。　　　　　　　　　　　　　　　　32

① 66　　　　② 330　　　　③ 495　　　　④ 792　　　　⑤ 1880

問2 買わない商品がある購入方法は何通りあるか。最も適切なものを①〜⑤のうちから一つ選べ。　　　　　　　　　　　　　　　　33

① 195　　　　② 286　　　　③ 1320　　　　④ 1490　　　　⑤ 3640

問3 Aを3個，それ以外は少なくとも1個購入するのは何通りあるか。最も適切なものを①〜⑤のうちから一つ選べ。　　　　　　　34

① 56　　　　② 70　　　　③ 84　　　　④ 126　　　　⑤ 210

【問題5】 感染率20％のウイルスAがある。ある集団5人がウイルスAに感染しているか調べるために次の検査を行った。

> ウイルス感染判定検査
> ① ウイルスAに感染している場合，陽性と判定される確率は80％である。
> ② ウイルスAに感染していない場合，陽性と判定される確率は20％である。
> 検査結果は陽性か陰性のどちらか一方のみ出るものである。

下の問い（**問1〜問3**）に答えよ。

問1 この5人から無作為に選んだ1人が陽性と判定される確率はいくらか。最も適切なものを①〜⑤のうちから一つ選べ。　　　　　　　　　35

① $\dfrac{1}{50}$　　　② $\dfrac{4}{25}$　　　③ $\dfrac{1}{5}$　　　④ $\dfrac{8}{25}$　　　⑤ $\dfrac{4}{5}$

問2 この5人のうち1人だけが陽性と判定される確率はいくらか。最も適切なものを①〜⑤のうちから一つ選べ。　　　　　　　　　36

① $\dfrac{125}{256}$　　　② $\dfrac{384}{625}$　　　③ $\dfrac{256}{625}$　　　④ $\dfrac{1088}{3125}$　　　⑤ $\dfrac{3125}{4096}$

問3　この 5 人のうち 2 人だけが陽性と判定されたとき，その 1 人がウイルス A に感染している確率はいくらか。最も適切なものを①～⑤のうちから一つ選べ。　　　　　　　　　　　37

① $\dfrac{3}{32}$　　　　② $\dfrac{5}{16}$　　　　③ $\dfrac{3}{5}$　　　　④ $\dfrac{2}{3}$　　　　⑤ $\dfrac{32}{35}$

【問題6】　△ABC の辺 BC の中点を M とする。AB > AC のとき，下の問い（**問1～問2**）に答えよ。

問1　∠BAM < ∠CAM であることを証明せよ。

問2　△ACM が正三角形のときにおける ∠BAM を，∠CAM を用いて表せ。

物　理

※「物理基礎」「化学基礎」「生物基礎」から2科目選択，
　または「物理」「化学」「生物」から1科目選択。

◀物理基礎▶

（2科目60分）

【問題1】 高さ 24.5 m にあるビルの屋上の縁に立ち，ある初速度で小球を鉛直上向きに投げ上げたところ，4.0 秒後に投げ出した点を通過し，その後地球の表面に到達した。重力加速度の大きさを $g = 9.8 \, \text{m/s}^2$，空気抵抗の影響は無視できるものとして下の問い（**問1〜問4**）に答えよ。

問1 小球を投げ上げてから小球が最高点に達するまでの時間 [s] はどれか。最も適切なものを次の①〜⑤のうちから一つ選べ。　　　　　　　　　　　　　 1

① 0.5　　　② 1.0　　　③ 1.5　　　④ 2.0　　　⑤ 2.5

問2 小球の初速度 [m/s] はどれか。最も適切なものを次の①〜⑤のうちから一つ選べ。　 2

① 9.8　　　② 14.7　　　③ 19.6　　　④ 24.5　　　⑤ 29.4

問3 小球の達する最高点について，地球の表面からの高さ[m] はどれか。最も適切なものを次の①〜⑤のうちから一つ選べ。　　　　　　　　　　　　　 3

① 24.5　　　② 29.4　　　③ 34.3　　　④ 39.2　　　⑤ 44.1

問4　小球が地球の表面に達する直前の鉛直下向きの速度 [m/s] はどれか。最も適切なものを次の①～⑤のうちから一つ選べ。　　　　　　　　　　　　　**4**

　① 29.4　　　　　② 34.3　　　　　③ 39.2　　　　　④ 44.1　　　　　⑤ 49.0

【問題2】 電気に関する下の問い（**問1～問2**）に答えよ。

問1　下図のように抵抗 $R_1[\Omega]$, $R_2[\Omega]$, $R_3[\Omega]$, $R_4[\Omega]$, $R_5[\Omega]$ をつないだ回路において，ab間の合成抵抗 [Ω] の値として，最も適切なものを次の①～⑤のうちから一つ選べ。　**5**

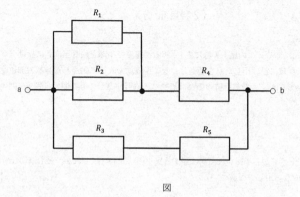

図

①　$\dfrac{\{R_1 R_4 + (R_1 + R_4) R_2\}(R_3 + R_5)}{R_1 R_4 + (R_1 + R_4)(R_2 + R_3 + R_5)}$

②　$\dfrac{\{R_1 R_3 + (R_1 + R_2) R_3\}(R_4 + R_5)}{R_1 R_3 + (R_1 + R_2)(R_2 + R_3 + R_4)}$

③　$\dfrac{\{R_2 R_3 + (R_3 + R_5) R_1\}(R_2 + R_4)}{R_2 R_3 + (R_2 + R_3)(R_2 + R_3 + R_4)}$

④　$\dfrac{\{R_1 R_2 + (R_2 + R_3) R_5\}(R_3 + R_5)}{R_1 R_2 + (R_2 + R_3)(R_1 + R_2 + R_4)}$

⑤　$\dfrac{\{R_1 R_2 + (R_1 + R_2) R_4\}(R_3 + R_5)}{R_1 R_2 + (R_1 + R_2)(R_3 + R_4 + R_5)}$

問2　交流と電磁波に関する次の文章において，最も適切なものを次の①～⑤のうちから一つ選べ。

6

① 電流の向きが周期的に変化する電流を，直流という。

② 変圧器において，一次コイルと二次コイルの交流電圧の比は，それぞれのコイルの巻数の比に等しい。

③ 電磁波は縦波である。

④ 誘導電流はコイルに磁石を近づけたときのみ発生する。

⑤ 真っ直ぐな導体を流れる電流のつくる磁場（磁界）は，導体からの距離が遠いほど大きくなる。

【問題3】　下図は2つの波が互いに速さ1.0 m/s で向かい合って進んでいるときの時刻 $t = 0$ s での波形を示している。下の問い（問1～問2）に答えよ。

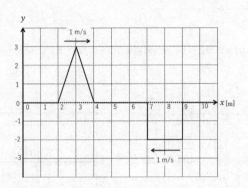

図

問1　時刻 $t = 2$ s における波形として，最も適切なものを次の①～⑤のうちから一つ選べ。

7

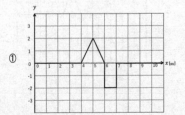

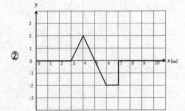

③ 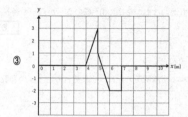　④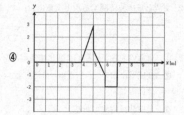

⑤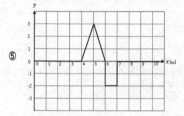

問2　時刻 $t = 3\,\mathrm{s}$ における波形として，最も適切なものを次の①～⑤のうちから一つ選べ。

8

① 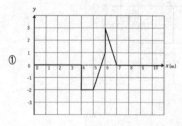　②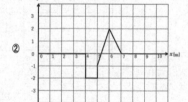

③ 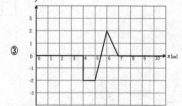　④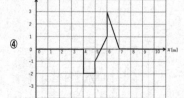

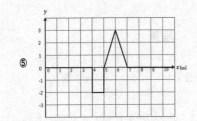

⑤

【問題4】 エネルギーとその利用に関する下の問い（問1〜問2）に答えよ。

問1 以下に，私たちが利用するエネルギー資源を示す。この中で自然界に存在するエネルギー
を使いやすく加工したエネルギーとして，最も適切な組み合わせを次の①〜⑧のうちから一
つ選べ。
9

A：石油   B：石炭   C：天然ガス
D：天然ウラン   E：電気   F：ガソリン

① AとB   ② CとD   ③ EとF   ④ AとF
⑤ DとE   ⑥ AとCとE   ⑦ BとCとF   ⑧ A〜Fすべて

問2 資源がほぼ無限に存在するエネルギーを再生可能エネルギーという。以下の発電方式から
再生可能エネルギーを用いたものとして最も適切な組み合わせを，次の①〜⑧のうちから一
つ選べ。
10

A：原子力発電   B：風力発電   C：火力発電
D：水力発電   E：地熱発電   F：太陽光発電

① AとBとC   ② BとDとE   ③ CとDとE   ④ AとDとEとF
⑤ BとCとDとE   ⑥ AとBとEとF   ⑦ BとDとEとF   ⑧ CとDとEとF

◀物　　理▶

（60分）

【問題1】 地面から小球を速さ v_0，水平面から角度 θ で斜め上方向に投げた。重力加速度を g，空気抵抗の影響は無視できるものとして下の問い（**問1〜問3**）に答えよ。

問1　小球の達する最高点の高さはどれか。最も適切なものを次の**①〜⑤**のうちから一つ選べ。　　　　　 $\boxed{1}$

① $\dfrac{v_0{}^2 \cdot \sin\theta}{g}$ 　　　　　 ② $\dfrac{2v_0{}^2 \cdot \cos\theta}{g}$ 　　　　　 ③ $\dfrac{v_0{}^2 \cdot \sin^2\theta}{2g}$

④ $\dfrac{v_0 \cdot \sin^2\theta}{2g}$ 　　　　　 ⑤ $\dfrac{v_0{}^2 \cdot \cos^2\theta}{g}$

問2　小球が落下した地点までの距離はどれか。最も適切なものを次の**①〜⑤**のうちから一つ選べ。　　　　　 $\boxed{2}$

① $\dfrac{v_0{}^2 \cdot \sin\theta \cdot \cos\theta}{2g}$ 　　　 ② $\dfrac{2v_0{}^2 \cdot \sin^2\theta \cdot \cos\theta}{g}$ 　　　 ③ $\dfrac{v_0{}^2 \cdot \sin\theta}{2g}$

④ $\dfrac{2v_0 \cdot \sin^2\theta \cdot \cos^2\theta}{g}$ 　　　 ⑤ $\dfrac{2v_0{}^2 \cdot \sin\theta \cdot \cos\theta}{g}$

問3　小球の水平到達距離について，最も適切なものを次の**①〜⑤**のうちから一つ選べ。　　 $\boxed{3}$

① $\theta = 0°$ のとき到達距離は最大になる。

② $\theta = 30°$ のとき到達距離は最小になる。

③ $\theta = 45°$ のとき到達距離は最大になる。

④ $\theta = 60°$ のとき到達距離は最小になる。

⑤ $\theta = 90°$ のとき到達距離は最大になる。

【問題2】 質量 m の小球をばね定数 k のばねにつけて，なめらかな水平面上で単振動させた。ある時刻 t における振幅 A の変位 x が $x = A\sin\omega t$ と表せるとする。円周率を π として，下の問い（**問1〜問3**）に答えよ。

問1 単振動の周期を表すのはどれか。最も適切なものを次の①〜⑤のうちから一つ選べ。 $\boxed{4}$

   ① $\pi\omega$ ② $2\pi\omega$ ③ $\dfrac{\omega}{2\pi}$ ④ $\dfrac{2\pi}{\omega}$ ⑤ $\dfrac{\pi\omega}{2}$

問2 ばね定数 k を表すのはどれか。最も適切なものを次の①〜⑤のうちから一つ選べ。 $\boxed{5}$

   ① 2ω ② $2m^2\omega$ ③ $\dfrac{2\omega}{m}$ ④ $m\omega^2$ ⑤ $\dfrac{2m\omega}{2}$

問3 小球の運動エネルギーとばねの弾性エネルギーの和を表すのはどれか。最も適切なものを次の①〜⑤のうちから一つ選べ。 $\boxed{6}$

   ① $2m\omega A^2$ ② $m^2\omega A^2$ ③ $\dfrac{m^2\omega^2 A}{2}$ ④ $\dfrac{m\omega A}{2}$ ⑤ $\dfrac{m\omega^2 A^2}{2}$

【問題3】 x 軸上を正の向きに速さ 4.0 m/s で進む正弦波がある。原点の媒質の変位 y [m] と時刻 t [s] の関係が下図のような場合，下の問い（**問1〜問3**）に答えよ。ただし，円周率は π とする。

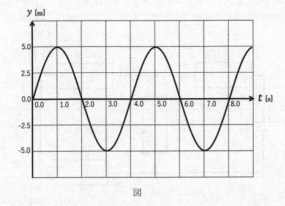

図

問1 時刻 t [s] での原点の媒質の変位 y [m] を示す式として，最も適切なものを次の①〜⑤のうちから一つ選べ。 $\boxed{7}$

① $y = 5.0 \sin 2\pi \left(\dfrac{t}{4\pi} \right)$　　　② $y = 5.0 \sin 2\pi \left(\dfrac{t}{8} \right)$　　　③ $y = 5.0 \sin 2\pi \left(\dfrac{t}{4} \right)$

④ $y = 5.0 \sin 2\pi \left(\dfrac{t}{8\pi} \right)$　　　⑤ $y = 5.0 \sin 2\pi \left(\dfrac{t}{2} \right)$

問2　時刻 t [s] におけるある位置 x [m] $(x > 0)$ での媒質の変位 y' [m] として，最も適切なものを次の①～⑤のうちから一つ選べ。　　　8

① $y' = -5.0 \sin 2\pi \left(\dfrac{t}{8} - \dfrac{x}{16} \right)$　② $y' = -5.0 \sin 2\pi \left(\dfrac{t}{2} - \dfrac{x}{8} \right)$　③ $y' = 5.0 \sin 2\pi \left(\dfrac{t}{8} - \dfrac{x}{4} \right)$

④ $y' = 5.0 \sin 2\pi \left(\dfrac{t}{4} - \dfrac{x}{16} \right)$　⑤ $y' = 5.0 \sin 2\pi \left(\dfrac{t}{4} - \dfrac{x}{4} \right)$

問3　問2の状態で，$t = 1.0$ s ，$x = 4$ [m] のときの媒質の変位 [m] として，最も適切なものを次の①～⑤のうちから一つ選べ。　　　9

① $-\dfrac{\sqrt{2}}{5}$　　　② 0　　　③ $\dfrac{\sqrt{2}}{5}$　　　④ 2.5　　　⑤ 5.0

【問題4】　電磁気に関する下の問い（**問1～問3**）に答えよ。

問1　下図のように起電力 2.0 V の電源と 1.0 Ω，3.0 Ω，5.0 Ω，10 Ω の抵抗をつないだ。5.0 Ω の抵抗に流れる電流 I_1 [A] と 3.0 Ω の抵抗に流れる電流 I_2 [A] の組み合わせとして，最も適切なものを次の①～⑥のうちから一つ選べ。　　　10

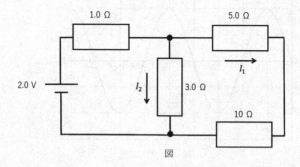

図

	I_1	I_2
①	9.5×10^{-2}	8.0×10^{-2}
②	7.8×10^{-2}	6.0×10^{-2}
③	9.5×10^{-2}	1.0×10^{-1}
④	7.8×10^{-2}	1.2×10^{-1}
⑤	9.5×10^{-2}	4.8×10^{-1}
⑥	7.8×10^{-2}	5.4×10^{-1}

問2 半導体に関する下の文章中の空欄 　ア　・　イ　・　ウ　 に入る語句・数値の組み合わせとして，最も適切なものを次の①～⑥のうちから一つ選べ。　 11

　Si や Ge の結晶中に微量の 　ア　 やアンチモン（Sb）を混ぜると，　イ　 となる。Si や Ge の原子は最も外側の殻に 　ウ　 個の価電子をもっており，これらを共有した共有結合によって結晶をつくる。

	ア	イ	ウ
①	アルミニウム（Al）	p型半導体	2
②	アルミニウム（Al）	n型半導体	4
③	アルミニウム（Al）	p型半導体	4
④	リン（P）	n型半導体	2
⑤	リン（P）	p型半導体	4
⑥	リン（P）	n型半導体	4

問3 磁気に関する下の文章中の空欄 　エ　・　オ　・　カ　 に入る語句・式の組み合わせとして，最も適切なものを次の①～⑥のうちから一つ選べ。　 12

　磁場（磁界）は，磁極が単位磁気量当たりに受ける力で定義されるが，磁気の強弱を表す場としてまたは物質による効果も含めた量を用いて，　エ　 が定義される。
　　エ　 の大きさが B で磁場に垂直な面積 S の面を考えると，B と S の積を 　オ　 といい，単位は 　カ　 である。

	エ	オ	カ
①	磁束密度	磁化	Wb/m²
②	磁束密度	磁束	N·m/A
③	磁束密度	磁束	A/m²
④	磁束	磁化	N·m/A
⑤	磁束	磁束密度	A/m²
⑥	磁束	磁束密度	Wb/m²

【問題5】 原子に関する下の問い（問1〜問3）に答えよ。

問1　下図のような光電管を用いて，光電効果を定量的に実験する。

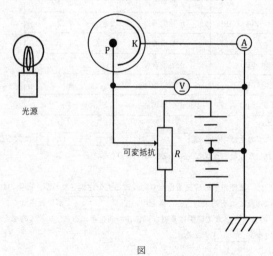

図

　　光電管内は真空になっており，電極Pと電極Kが埋め込まれている。Kは光電効果を起こしや
すい金属でできている。Kで発生した光電子がPに集まり，回路に電流が流れる。
　　電圧計の値が − 4.3 V のとき，電流計の値が 0 A となった。光電子の初速度の最大値 [m/s] とし
て，最も適切なものを次の①〜⑤のうちから一つ選べ。ただし，電子の質量を 9.1×10^{-31} kg，電
気素量を1.6×10^{-19} C とし，有効数字 2 桁で答えよ。

13

① 1.2×10^6　　② 2.6×10^6　　③ 3.5×10^6　　④ 4.8×10^6　　⑤ 5.7×10^6

問2　原子核の崩壊に関する文章として，最も適切なものを次の①～⑤のうちから一つ選べ。
　　　ただし，電気素量を e [C] とする。　　　　　　　　　　　　　　　14

　　　① α 線の電気量は $+4e$ である。

　　　② β 線の透過力は α 線のそれよりも弱い。

　　　③ γ 線の電離作用は α 線や β 線のそれよりも弱い。

　　　④ α 崩壊では原子番号が 2 ，質量数が 2 減少する。

　　　⑤ β 崩壊では原子番号と質量数がともに変化しない。

問3　初めの原子核の数が 1.2×10^{14} だけあった放射性同位体が，20 年経ったときの原子核の数
　　　はどれか。最も適切なものを次の①～⑤のうちから一つ選べ。ただし，この放射性同位体の
　　　半減期を 5 年とする。　　　　　　　　　　　　　　　　　　15

① 6.0×10^{12}　　② 7.5×10^{12}　　③ 2.4×10^{13}　　④ 6.0×10^{16}　　⑤ 7.5×10^{16}

化　学

※「物理基礎」「化学基礎」「生物基礎」から2科目選択，
　または「物理」「化学」「生物」から1科目選択。

◀化 学 基 礎▶

（2科目60分）

必要な場合は次の値を用いること。

原子量： H = 1　C = 12　N = 14　O = 16　Na = 23　S = 32　Cl = 35.5　K = 39
　　　　 Ca = 40　Cu = 63.5

【問題1】下の問い（問1〜問10）に答えよ。

問1　沸点が低いことから，医療分野で磁気共鳴画像診断装置の冷却に使用されるとともに，常温では不燃性で軽い気体のため，風船や飛行船などの浮揚ガスとして使用される元素はどれか。最も適切なものを次の①〜⑤のうちから一つ選べ。　　　　　　　　　　　　1

① 水素　　　　　　　　② 窒素　　　　　　　　③ フッ素

④ ヘリウム　　　　　　⑤ ネオン

問2　一番外側の電子殻にある電子の数が最も少ない原子はどれか。次の①〜⑤のうちから一つ選べ。　　　　　　　　　　　　2

① 塩素　　　　　　　　② 硫黄　　　　　　　　③ リン

④ ケイ素　　　　　　　⑤ ホウ素

問3　次の記述について誤っているものはどれか。次の①〜⑤のうちから一つ選べ。　　　3

① 同じ周期の元素（18族の元素を除く）では，原子番号が大きいほど，原子半径は小さい。

② 同じ族の元素では，原子番号が大きいほど，原子半径は小さい。

③ 同じ電子配置をもつイオンの半径は，原子番号が大きくなるほど，小さくなる。

④ イオン化エネルギーは，ナトリウムよりも塩素の方が大きい。

⑤ ハロゲン元素は，他の族よりも，電子親和力が大きい。

問4 非共有電子対が最も多い分子はどれか。次の①〜⑤のうちから一つ選べ。   4

① 塩化水素   ② 水   ③ アンモニア

④ メタン   ⑤ 窒素

問5 同じ質量で，最も分子の数が少ないものはどれか。次の①〜⑤のうちから一つ選べ。   5

① O_2 ② N_2 ③ H_2O

④ CO_2 ⑤ NH_3

問6 標準状態で，ある体積の空気の質量を測定したところ 2.9 g だった。次に，標準状態で同体積の別の気体の質量を測定したところ 3.0 g だった。この気体として最も適切なものを次の①〜⑤のうちから一つ選べ。ただし，空気は窒素と酸素の体積比が 4：1 の混合気体であるとする。   6

① メタン CH_4 ② エタン C_2H_6 ③ プロパン C_3H_8

④ 二酸化炭素 CO_2 ⑤ アンモニア NH_3

問7 エチレン C_2H_4 とプロパン C_3H_8 の混合気体 2 L を完全燃焼させると，二酸化炭素 5 L が得られた。もとの混合気体中のエチレンとプロパンの体積比はどれか。最も適切なものを次の①〜⑤のうちから一つ選べ。ただし，気体の体積は同温・同圧での値とする。   7

	エチレン	:	プロパン
①	1	:	1
②	1	:	2
③	2	:	1
④	2	:	3
⑤	3	:	1

問8　次の水溶液 A～D を，pH が小さいものから順に並べたとき，最も適切なものを次の①～⑥のうちから一つ選べ。　8

　　A：0.01 mol/L　塩酸
　　B：0.01 mol/L　硫酸
　　C：0.01 mol/L　アンモニア水
　　D：0.01 mol/L　水酸化カルシウム水溶液

① A＝B＜C＜D　　　　② A＝B＜D＜C　　　　③ A＜B＜C＜D
④ A＜B＜D＜C　　　　⑤ B＜A＜C＜D　　　　⑥ B＜A＜D＜C

問9　常温の空気中で酸化されるとともに，常温の水と反応して，水素を発生しながら溶ける金属はどれか。最も適切なものを次の①～⑤のうちから一つ選べ。　9

① アルミニウム　　　　② カリウム　　　　③ 亜鉛
④ 銅　　　　⑤ マグネシウム

問10　電池についての記述で誤っているものはどれか。次の①～⑤のうちから一つ選べ。　10

① 正極では還元反応が，負極では酸化反応が起こる。
② 導線から電子が流れこむ電極が正極，導線へ電子が流れ出る電極が負極である。
③ イオン化傾向の大きい金属が正極になる。
④ マンガン電池の負極には亜鉛が使用される。
⑤ 充電によって繰り返し使うことができる電池を二次電池という。

◀化　　　学▶

（60分）

必要な場合は次の値を用いること。

原子量：　H = 1　C = 12　N = 14　O = 16　S = 32　Cu = 64　Zn = 65　Ag = 108

【問題 1】下の問い（問 1〜問 4）に答えよ。

問 1　イオン結晶の性質として最も適切なものを次の①〜⑤のうちから一つ選べ。　　　　1

　① 固体は電気を通さないが液体にすると電気を通す。

　② 自由電子が存在し電気をよく通す。

　③ 構成粒子の配列に規則性は見られない。

　④ 融点は低くてやわらかい。

　⑤ 延性や展性に富み加工しやすい。

問 2　酸素分子 1.2×10^{22} 個の占める体積は標準状態で何 L か。最も適切なものを次の①〜⑤のうちから一つ選べ。　　　　2

　① 0.45　　　② 0.84　　　③ 1.44　　　④ 4.5　　　⑤ 14.4

問 3　下図のグラフの縦軸は何の値か。最も適切なものを次の①〜⑤のうちから一つ選べ。　　　　3

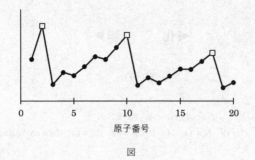

図

① 原子半径　　　　　② イオン半径　　　　　③ イオン化エネルギー

④ 電子親和力　　　　⑤ 価電子数

問4 問3のグラフの□印で示した原子に共通する性質として最も適切なものを次の①〜⑤のうちから一つ選べ。

4

① 強い酸化力を示す。

② 常温で水と反応して水素を発生する。

③ 単体は二原子分子として存在する。

④ 極めて安定で化合物をつくりにくい。

⑤ 融点や沸点が非常に高い。

【問題2】密度が 1.8 g/cm³ の 96%硫酸について，下の問い（問1～問3）に答えよ。ただし，硫酸の濃度はすべて質量パーセント濃度とする。

問1　この硫酸のモル濃度は何 mol/L か。最も適切なものを次の①～⑤のうちから一つ選べ。　　5

　①　1.0　　　　　②　1.8　　　　　③　10.0　　　　　④　17.6　　　　　⑤　18.4

問2　この硫酸を水で薄めて密度 1.2 g/cm³ の 27%硫酸を 400 mL をつくるには，この硫酸が何 mL 必要か。最も適切なものを次の①～⑤のうちから一つ選べ。　　6

　①　50　　　　　②　75　　　　　③　125　　　　　④　150　　　　　⑤　225

問3　この硫酸 250 mL と 24%硫酸（1.2 g/cm³）500 mL を混合すると，何%の硫酸となるか。最も適切なものを次の①～⑤のうちから一つ選べ。　　7

　①　43　　　　　②　48　　　　　③　55　　　　　④　60　　　　　⑤　72

【問題3】下の問い（問1〜問3）に答えよ。

問1　イオン化傾向の最も大きな金属はどれか。次の①〜⑤のうちから一つ選べ。 　　8

① Li　　　　　② Ca　　　　　③ Fe　　　　　④ Cu　　　　　⑤ Zn

問2　白金電極を用いてさまざまな水溶液を電気分解したときの記述として, 最も適切なものを次の①〜⑤のうちから一つ選べ。 　　9

① NaOH 水溶液では水溶液の質量が増加する。

② AgNO₃ 水溶液では陽極で金属が析出する。

③ AgNO₃ 水溶液では陰極で気体が発生する。

④ CuCl₂ 水溶液では陰極で気体が発生する。

⑤ CuCl₂ 水溶液では水溶液の質量が減少する。

問3　鉛蓄電池を 5.0 A で 1 時間 4 分 20 秒放電させたとき, 負極の質量は何 g 増加するか。最も適切なものを次の①〜⑤のうちから一つ選べ。ただし, ファラデー定数は $9.65×10^4$ C/mol とする。 　　10

① 6.4　　　　　② 9.6　　　　　③ 12.8　　　　　④ 19.2　　　　　⑤ 25.6

【問題4】 ある温度，圧力のもとで窒素と水素を反応させたときの時間とアンモニア生成量の変化を下図のグラフの太い実線で示す。グラフ中の破線（a−e）は反応条件を変えたときの時間とアンモニア生成量の変化を示す。また，このときの熱化学方程式を示す。下の問い（問1〜問2）に答えよ。

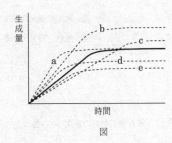

図

熱化学方程式 ： $N_2 + 3H_2 = 2NH_3 + 92kJ$

問1 触媒を加えたときのグラフとして最も適切なものを次の①〜⑤のうちから一つ選べ。 $\boxed{11}$

① a ② b ③ c ④ d ⑤ e

問2 温度を下げたときのグラフとして最も適切なものを次の①〜⑤のうちから一つ選べ。 $\boxed{12}$

① a ② b ③ c ④ d ⑤ e

【問題5】下の問い（問1〜問5）に答えよ。

問1　一酸化炭素と二酸化炭素に共通する性質として，最も適切なものを次の①〜⑤のうちから一つ選べ。　　13

① 水に少し溶ける。　　　　　　　　② 高温で還元作用を示す。
③ 石灰水に通すと白く濁る。　　　　④ 無色，無臭である。
⑤ きわめて有毒である。

問2　アンモニアの工業的製法として，最も適切なものを次の①〜⑤のうちから一つ選べ。　14

① 接触法　　　　　　　　　　　　② オストワルト法
③ ソルベー法　　　　　　　　　　④ テルミット法
⑤ ハーバー・ボッシュ法

問3　銅と希硝酸が過不足なく反応して 1mol の一酸化窒素が生成したとき，反応した銅の物質量は何 mol か。最も適切なものを次の①〜⑤のうちから一つ選べ。　　15

① $\frac{1}{2}$　　　　② 1　　　　③ $\frac{3}{2}$　　　　④ 2　　　　⑤ $\frac{8}{3}$

問4　銀に関する記述として誤っているものを次の①〜⑤のうちから一つ選べ。　16

① フッ化銀は水に溶けにくい。
② 銀イオンを含む水溶液に硫化水素を通じると黒色沈殿が生じる。
③ ハロゲン化銀に光を当てると銀が遊離する。
④ 酸化銀は過剰のアンモニア水に溶解する。
⑤ 熱伝導性が最も高い金属である。

問5　Fe^{3+}，Al^{3+}，Cu^{2+}，Pb^{2+}，Zn^{2+}，Ag^+のそれぞれの水溶液に塩酸を加えたとき，白色沈殿を

生じた水溶液はいくつあるか。最も適切なものを次の①〜⑤のうちから一つ選べ。 ⬚17

① 1 ② 2 ③ 3 ④ 4 ⑤ 5

【問題6】カルボン酸と油脂についての文章を読み，下の問い（問1〜問5）に答えよ。

　カルボン酸はカルボキシ基をもつ化合物であり，一般式は R−COOH で表される。酢酸は炭素数が2個のカルボン酸であり，（　ア　）の酸化によってつくられる。カルボン酸とアルコールの脱水縮合により得られる化合物を（　イ　）といい，水に溶けにくく有機溶媒に溶けやすい性質をもつ。カルボン酸は酸性であり，（　ウ　）ナトリウムと反応させると気体を発生しながらカルボン酸塩となって溶解するため，この反応はカルボキシ基の検出に用いられる。カルボン酸の分類において，鎖状の一価カルボン酸を脂肪酸といい，炭化水素基に不飽和結合を含むものを (エ) 不飽和脂肪酸という。また，炭素数の多い脂肪酸を高級脂肪酸といい，高級脂肪酸3分子とグリセリン $C_3H_5(OH)_3$ の（　イ　）を油脂という。油脂を構成する脂肪酸の組み合わせは多様であり，ヒトの体内では (オ) オレイン酸やパルミチン酸の割合が高い。油脂に水酸化ナトリウム水溶液を加えて加熱すると，油脂はけん化されて高級脂肪酸のナトリウム塩（セッケン）を生じる。

問1　本文中の（　ア　）・（　イ　）に該当する語句の組み合わせとして，最も適切なものを次の①〜⑥のうちから一つ選べ。 ⬚18

	（　ア　）	（　イ　）
①	アセトアルデヒド	アミド
②	アセトアルデヒド	エーテル
③	アセトアルデヒド	エステル
④	ホルムアルデヒド	アミド
⑤	ホルムアルデヒド	エーテル
⑥	ホルムアルデヒド	エステル

問2　本文中の（　ウ　）に該当する語句として最も適切なものを次の①〜④のうちから一つ選べ。 ⬚19

① スルホン酸 ② 硫酸 ③ 塩化 ④ 炭酸

問3　下線部（エ）について，二重結合が4つ存在する不飽和脂肪酸の示性式として最も適切な

ものを次の①～⑤のうちから一つ選べ。　　　　　　　　　　　　　　20

① $C_{15}H_{29}COOH$　　　② $C_{17}H_{29}COOH$　　　③ $C_{19}H_{29}COOH$

④ $C_{19}H_{31}COOH$　　　⑤ $C_{21}H_{31}COOH$

問4　下線部（オ）について，オレイン酸とパルミチン酸を 2：1 の割合で含む油脂の分子量とし
　　て最も適切なものを次の①～⑤のうちから一つ選べ。ただし，オレイン酸とパルミチン酸の炭
　　素数と二重結合数は次の表に示す。　　　　　　　　　　　　　　　　　　　　　21

表

脂肪酸	炭素数	二重結合数
オレイン酸	18	1
パルミチン酸	16	0

① 858　　　② 864　　　③ 876　　　④ 894　　　⑤ 912

問5　問4の油脂について，この油脂 0.2 mol を完全にけん化するのに必要な水酸化ナトリウムの
　　質量は何 g か。最も適切なものを次の①～⑤のうちから一つ選べ。　　　　　22

① 8　　　② 16　　　③ 24　　　④ 32　　　⑤ 40

【問題7】 芳香族化合物について，下の問い（問1～問3）に答えよ。

問1　クメン法で合成される化合物として最も適切なものを次の①～⑤のうちから一つ選べ。　23

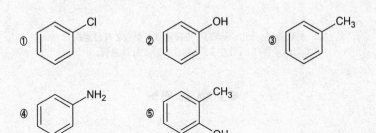

問2　解熱鎮痛剤として用いられるアスピリンはどれか。最も適切なものを次の①～⑤のうちから
一つ選べ。　24

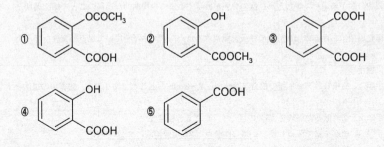

問3　分子式 $C_8H_{10}O$ で表される芳香族化合物のうち，ベンゼンの二置換体は何種類存在するか。
最も適切なものを次の①～⑤のうちから一つ選べ。　25

①　3　　　　②　5　　　　③　6　　　　④　7　　　　⑤　9

生　物

※「物理基礎」「化学基礎」「生物基礎」から2科目選択，
　または「物理」「化学」「生物」から1科目選択。

◀生 物 基 礎▶

（2科目60分）

【問題1】次の文章を読み，下の問い（問1〜問5）に答えよ。

　真核細胞の体細胞分裂では，まず核分裂が起こり，続いて細胞質分裂が起こる。分裂が行われ
る時期を（　ア　）といい，（　ア　）はさらに，核の形態変化にもとづいて前期，中期，後期，
終期に分けられる。また，核分裂が終了してから次の核分裂が始まるまでの時期は間期という。
体細胞分裂が終了してから，再び次の分裂が終了するまでの周期的な過程のことを細胞周期とい
う。
　細胞周期における体細胞分裂の様子を観察するため，タマネギを用いて以下の実験を行った。

≪実験手順≫
　手順1：発根したタマネギの根を先端部から2〜3cmのところで切り取り，観察用の根端とす
　　　　る。
　手順2：切り取った根端を45%の（　イ　）に5分程度浸す。
　手順3：根端を水で洗った後，ⓐ60℃に温めた3%塩酸溶液に2分程度浸す。
　手順4：根端を水で洗った後，スライドガラスに載せ，先端から3mm程度残して他は捨てる。
　手順5：スライドガラスに残った根端にⓑ酢酸オルセインを滴下する。
　手順6：カバーガラスをかけ，ろ紙ではさんで指で押しつぶしたものを顕微鏡で観察する。

≪観察結果≫

	前　期	中　期	後　期	終　期	間　期
細胞数	68 個	17 個	13 個	23 個	779 個

問1　本文中の（　ア　）に該当するものを次の①〜⑤のうちから一つ選べ。　　　　　1

　　① G_0 期　　　　② G_1 期　　　　③ G_2 期　　　　④ M 期　　　　⑤ S 期

問2 実験手順の（　イ　）に該当するものを次の①〜⑤のうちから一つ選べ。　　　2

　　① 砂糖水　　　　② 食塩水　　　　③ 酢酸溶液　　　　④ 硝酸溶液　　　　⑤ グリセリン液

問3 実験手順の下線部ⓐの目的を説明した記述のうち，最も適切なものを次の①〜⑤のうちから
　　一つ選べ。　　　　　　　　　　　　　　　　　　　　　　　　　　　　　　　　3

　　① 余分な水分を除去して細胞内の構造を観察しやすくするため。
　　② 細胞内の構造を細胞採取時の状態に保つため。
　　③ 個々の細胞を離れやすくするため。
　　④ 細胞内の浸透圧を一定に保つため。
　　⑤ 染色液を浸透しやすくするため。

問4 実験手順の下線部ⓑの染色液は何を染めるために用いるのか。該当するものを次の①〜⑥の
　　うちから**二つ選べ**。ただし，解答の順序は問わない。　　　4　　5

　　① 核　　　　　　　　　② ゴルジ体　　　　　　　③ 染色体
　　④ 中心体　　　　　　　⑤ ミトコンドリア　　　　⑥ 葉緑体

問5 観察結果において，細胞周期が16時間であるとき，すべての細胞が同じ速度でこの細胞周
　　期をまわり続けると仮定すると，前期の所要時間はおよそ何分か。最も近いものを次の①
　　〜⑥のうちから一つ選べ。　　　　　　　　　　　　　　　　　　　　　　　　6

　　① 約1分　　　　　　　② 約10分　　　　　　　③ 約50分
　　④ 約60分　　　　　　　⑤ 約70分　　　　　　　⑥ 約80分

【問題２】次の文章を読み，下の問い（問１～問４）に答えよ。

　　ショウジョウバエや（　ア　）の幼虫の唾腺染色体は，⒜ 通常の染色体よりも大きいため，容易に光学顕微鏡で観察できる。唾腺染色体は ⒝ 染色液で染めると多数の横縞模様が観察でき，ところどころにパフと呼ばれる膨らんだ部分が観察される。下図は，キイロショウジョウバエの幼虫の唾腺染色体を幼虫から蛹になる時期にかけて観察し，その染色体上のパフ（図の楕円形）の大きさと位置を模式的に示したものである。

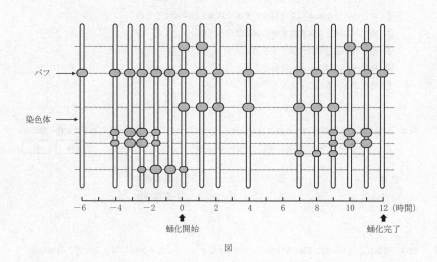

図

問１　本文中の（　ア　）に該当するものを次の①～⑤のうちから一つ選べ。　　　　　　7

　　① カイコ　　　　② チョウ　　　　③ ハチ　　　　④ バッタ　　　　⑤ ユスリカ

問２　本文中の下線部⒜について，通常の染色体のおよそ何倍の大きさか。該当するものを次の①
　　～⑥のうちから一つ選べ。　　　　　　8

　　① 2－5 倍　　　　　　② 10－20 倍　　　　　③ 100－200 倍
　　④ 500－1000 倍　　　⑤ 2000－3000 倍　　　⑥ 4000－5000 倍

問３　本文中の下線部⒝について，唾腺染色体をメチルグリーン・ピロニン染色法で染色した場
　　合，RNA は何色に染まるか。該当するものを次の①～⑤のうちから一つ選べ。　　　9

① 赤色　　　② 青色　　　③ 緑色　　　④ 紫色　　　⑤ 黒色

問4 図中のパフの位置と大きさから推察できることとして，**誤っているもの**を次の①〜⑤のうちから**二つ選べ**。ただし，解答の順序は問わない。　　　10　　11

① 発生過程の進行に伴って発現する遺伝子の種類が変化していく。

② 近接するパフの相互作用により遺伝子の発現が増強する。

③ 発生過程の進行に伴って遺伝子の転写が活発になる。

④ 観察期間において常に発現している遺伝子がある。

⑤ 同時に複数の遺伝子が発現できる。

【**問題3**】次の文章を読み，下の問い（**問1〜問5**）に答えよ。

　ヒトの血管系では，動脈と静脈の間を ⓐ 毛細血管 がつないでおり，血液は血管内を流れて ⓑ 心臓 へもどる。このような血管系は ⓒ 閉鎖血管系 と呼ばれ，血球が組織中に広がることはない。一方，バッタの血管系には毛細血管がなく，心臓から出た血液は動脈から組織のすき間に流れ出し，静脈を経て心臓に戻る。このような血管系は開放血管系と呼ばれ，血球が組織の間に広がる。

　血液の循環経路は，肺循環と体循環の2つに分けられる。この2つの経路は，鳥類や哺乳類では，明確に分離されているが，魚類や ⓓ 両生類 では分離されていない。下図は腹部側から見たヒトの心臓の断面を示したものである。

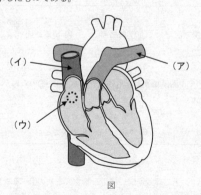

（イ）

（ア）

（ウ）

図

問1 本文中の下線部ⓐに関する記述のうち，最も適切なものを次の①〜⑤のうちから一つ選べ。　　　12

① 毛細血管を流れる血液の速度は，大動脈を流れる血液の速度より速い。

② 毛細血管は細いので，動脈に比べて血液が流れる際の抵抗が小さい。

③　毛細血管の総断面積は，大動脈の総断面積のおよそ 500 倍である。

④　毛細血管には，血液の逆流を防ぐ弁がある。

⑤　毛細血管は薄い二層の内皮細胞からなる。

問2　本文中の下線部ⓑについて，図の(ア)，(イ) に該当する血管名の組み合わせを次の①〜⑨のうちから一つ選べ。　　13

	（ ア ）	（ イ ）
①	大動脈	大静脈
②	大動脈	肺静脈
③	大動脈	肺動脈
④	肺静脈	大静脈
⑤	肺静脈	大動脈
⑥	肺静脈	肺動脈
⑦	肺動脈	大静脈
⑧	肺動脈	肺静脈
⑨	肺動脈	大動脈

問3　図中の矢印（ウ）に示した付近にあり，心臓の拍動リズムを作り出す部位の名称を次の①〜⑤のうちから一つ選べ。　　14

①　心室結節　　②　心房結節　　③　洞房結節　　④　房室結節　　⑤　律動結節

問4　本文中の下線部ⓒについて，閉鎖血管系をもつ生物を次の①〜⑤のうちから二つ選べ。ただし，解答の順序は問わない。　　15　16

①　アサリ　　②　イモリ　　③　エビ　　④　カイコ　　⑤　ミミズ

問5　本文中の下線部ⓓについて，両生類の心臓の構造を示す図を次の①〜⑥のうちから一つ選べ。　　17

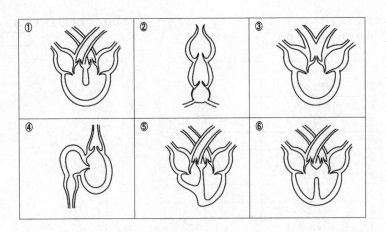

【問題４】 次の文章を読み，下の問い（問１〜問５）に答えよ。

　植生を構成する植物と，そこに生息する動物や微生物を含むすべての生物の集まりのことをバイオームという。地球上のどこでどのようなバイオームが見られるかは，それぞれの土地の年平均気温と年間降水量が主な決定要因となる。ただし，日本列島の場合はどの地域でも比較的降水量に恵まれているため，_ⓐ日本のバイオームを決定する要因としては年平均気温が重要となる。気温は緯度だけでなく標高によっても変化し，一般に標高が 1000m 高くなると（　ア　）℃ 低下する。したがって，高山では標高に応じて垂直方向のバイオームの分布が見られるが，_ⓑ標高2500m 以上では低温と強風により高木が認められなくなる。下図は横軸に緯度を，縦軸に標高をとり，日本列島のバイオームの違いを模式的に示したものである。

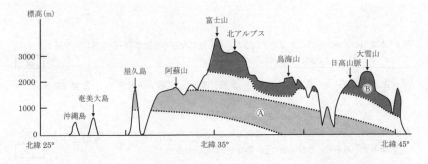

図

問1　本文中の下線部⑧について，図中Ⓐ，Ⓑに分布するバイオームの組み合わせのうち最も適切なものを次の①〜⑨のうちから一つ選べ。　　　　　　　　　　　18

	Ⓐ	Ⓑ
①	雨緑樹林	高山草原
②	雨緑樹林	針葉樹林
③	雨緑樹林	ツンドラ
④	照葉樹林	高山草原
⑤	照葉樹林	針葉樹林
⑥	照葉樹林	ツンドラ
⑦	夏緑樹林	高山草原
⑧	夏緑樹林	針葉樹林
⑨	夏緑樹林	ツンドラ

問2　図中の沖縄島や奄美大島付近に優占する植物に該当するものを次の①〜⑥のうちから**二つ選べ**。ただし，解答の順序は問わない。　　　　　　　　　19　　20

① ガジュマル　　　　　② コマクサ　　　　　③ シラビソ

④ トドマツ　　　　　　⑤ ハイマツ　　　　　⑥ ヘゴ

問3　本文中の（　ア　）に該当するものを次の①〜⑥のうちから一つ選べ。　　21

① 0.3〜0.4　　　　　　② 0.5〜0.6　　　　　③ 0.7〜0.8

④ 3〜4　　　　　　　　⑤ 5〜6　　　　　　　⑥ 7〜8

問4　本文中の下線部⑥のことを何というか。最も適切なものを次の①〜⑤のうちから一つ選べ。　　　　　　　　　　　　　　　　　　　　　　　　　　　　22

① 森林限界　　② 草本境界　　③ 垂直限界　　④ 高木境界　　⑤ 植生限界

問5　下表は，図中のある地点の月平均気温（℃）を示したものである。この地点の暖かさ指数を計算し，最も近い数値を次の①〜⑤のうちから一つ選べ。　　23

表

月	1	2	3	4	5	6	7	8	9	10	11	12
平均気温(℃)	−4	−3	1	8	14	17	21	22	18	12	7	−1

① 40　　　② 60　　　③ 80　　　④ 100　　　⑤ 120

◀生　　物▶

（60分）

【問題1】次の文章を読み，下の問い（問1〜問5）に答えよ。

　　PCR 法は，わずかな DNA をもとに，試験管内で短時間に同じ DNA 断片を何十万倍にも増やすことができる技術である。PCR 法では，抽出・精製した DNA に，(ア) <u>酵素</u>，ヌクレオチドとプライマーを加えて混合し，(イ) <u>95℃で 60 秒，55℃で 30 秒，72℃で 60 秒</u>という温度変化を繰り返すことで反応を行う。これにより，(ウ) <u>プライマーに挟まれた領域の DNA が増幅される</u>。PCR 法で増幅された DNA の長さを調べるために，(エ) <u>電気泳動法</u>が用いられる。

問1 下線部（ア）に関する説明のうち，最も適切なものを次の①〜⑥のうちから一つ選べ。　　　　　　　　　　　　　　　　　　　　　　　　　　　　　　　　　　　　　　　1

　　① 大腸菌に由来する。

　　② 好熱菌に由来する。

　　③ 補酵素を必要とする。

　　④ RNA を合成することができる。

　　⑤ cDNA を合成することができる。

　　⑥ DNA 断片を連結することができる。

問2 下線部（イ）に関して，各温度で起こる反応の組み合わせとして，最も適切なものを次の①〜⑥のうちから一つ選べ。　　　　　　　　　　　　　　　　　　　　　　　　　2

	95℃	55℃	72℃
①	変性	複製	プライマーの結合
②	変性	プライマーの結合	複製
③	複製	変性	プライマーの結合
④	複製	プライマーの結合	変性
⑤	プライマーの結合	変性	複製
⑥	プライマーの結合	複製	変性

問3 下線部（ウ）に関して，図1のプライマーF，R を用いた PCR で増幅される DNA 断片として，最も適切なものを次の①〜⑥のうちから一つ選べ。　　　　　　　　　　3

プライマーF 5'- AGTGCCGGCGCTGCAAGG - 3'
プライマーR 5'- TTCAACTGAGCCCCAAAT - 3'

図1

① 5'- AGTGCCGGCGCTGCAAGG.......... TTCAACTGAGCCCCAAAT - 3'

② 5'- AGTGCCGGCGCTGCAAGG.......... AAGTTGACTCGGGGTTTA - 3'

③ 5'- AGTGCCGGCGCTGCAAGG.......... ATTTGGGGCTCAGTTGAA - 3'

④ 5'- TCACGGCCGCGACGTTCC.......... TTCAACTGAGCCCCAAAT - 3'

⑤ 5'- TCACGGCCGCGACGTTCC.......... AAGTTGACTCGGGGTTTA - 3'

⑥ 5'- TCACGGCCGCGACGTTCC.......... ATTTGGGGCTCAGTTGAA - 3'

問4 図2のプライマーF, R を用いた PCR において，第2サイクル終了後に反応液中に存在するプライマー以外の1本鎖 DNA のうち，ちょうど2分子存在する DNA の組み合わせとして，最も適切なものを次の①〜⑧のうちから一つ選べ。 **4**

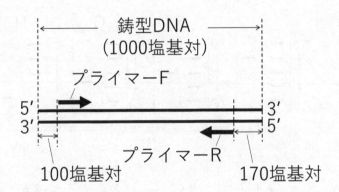

図2

① 1000 塩基対，900 塩基対，830 塩基対，730 塩基対の DNA

② 1000 塩基対，900 塩基対，830 塩基対の DNA

③ 900 塩基対，830 塩基対，730 塩基対の DNA

④ 900 塩基対，830 塩基対の DNA

⑤ 1000 塩基対の DNA

⑥ 900 塩基対の DNA

⑦ 830 塩基対の DNA

⑧ 　730 塩基対の DNA

問5　下線部（エ）に関して，問 4 の PCR で増幅された PCR 産物とあらかじめ長さの分かって
いるマーカーDNA を並べて泳動した時に得られる結果として，最も適切なものを次の①〜
⑧のうちから一つ選べ。ただし，マーカーDNA 中には 1100 塩基対，1000 塩基対，900 塩
基対，800 塩基対，700 塩基対の 5 種類の DNA 断片が含まれているものとし，ゲルの左側
にはマーカーDNA，右側には PCR 産物を泳動している。また，図 3 の⊕は陽極，⊖は陰
極を表しており，矢印は DNA 断片の移動する方向を示している。

5

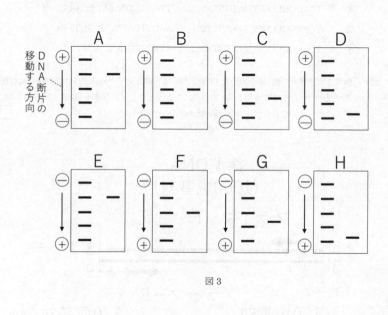

図 3

① A　　　　　　② B　　　　　　③ C　　　　　　④ D　　　　　　⑤ E

⑥ F　　　　　　⑦ G　　　　　　⑧ H

【問題2】 次の文章を読み，下の問い（問1〜問5）に答えよ。

　代謝は大きく (ア) 同化と異化に分けられる。代謝の過程では，化学反応に伴って (イ) ATP を介したエネルギーの受け渡しが行われる。ATP の合成には，細胞質基質で進行する（　A　）およびミトコンドリアマトリックスで進行する（　B　）による（　C　）リン酸化と，ミトコンドリア内膜で進行する（　D　）による（　E　）リン酸化と，（　F　）での光エネルギーを利用した光リン酸化の3通りがある。(ウ) ATP は様々な生命活動にエネルギーを直接供給する物質として，重要な働きをしている。

問1　下線部（ア）に関して，同化と異化に相当する反応の組み合わせとして，最も適切なものを次の①〜⑧のうちから一つ選べ。　　6

	同化	異化
①	光合成	脱窒
②	光合成	発酵
③	呼吸	光合成
④	呼吸	発酵
⑤	窒素固定	光合成
⑥	窒素固定	呼吸
⑦	発酵	脱窒
⑧	発酵	呼吸

問2　下線部（イ）に関して，最も適切なものを次の①〜⑤のうちから一つ選べ。　　7

① 正式名はアデニン三リン酸である。
② 塩基の一種であるアデノシンをもつ。
③ 高エネルギーリン酸結合を2つもつ。
④ 糖の一種であるデオキシリボースをもつ。
⑤ 糖とリン酸の間の結合が切れると大きなエネルギーが放出される。

問3　本文中の（　A　），（　B　），（　D　）に入る語句の組み合わせとして，最も適切なものを次の①〜⑥のうちから一つ選べ。　　8

	（ A ）	（ B ）	（ D ）
①	解糖系	電子伝達系	クエン酸回路
②	解糖系	クエン酸回路	電子伝達系
③	電子伝達系	解糖系	クエン酸回路
④	電子伝達系	クエン酸回路	解糖系
⑤	クエン酸回路	解糖系	電子伝達系
⑥	クエン酸回路	電子伝達系	解糖系

問4　本文中の（ C ），（ E ），（ F ）に入る語句の組み合わせとして，最も適切なもの
を次の①～⑧のうちから一つ選べ。　　　　　　　　　　　　　　　　　　9

	（ C ）	（ E ）	（ F ）
①	酸化的	基質レベルの	葉緑体のストロマ
②	酸化的	基質レベルの	葉緑体のチラコイド
③	還元的	基質レベルの	葉緑体のストロマ
④	還元的	基質レベルの	葉緑体のチラコイド
⑤	基質レベルの	酸化的	葉緑体のストロマ
⑥	基質レベルの	酸化的	葉緑体のチラコイド
⑦	基質レベルの	還元的	葉緑体のストロマ
⑧	基質レベルの	還元的	葉緑体のチラコイド

問5　下線部（ウ）に関して，例えば大脳は1日に10kg の ATP を消費するが，大脳中には
約1.2×10^{21} 個しか ATP が存在しないため，ATP の分解と合成が繰り返し行われている。
6.0×10^{23} 分子当たりの ATP の質量を500 g とした時，1分子の ATP が1日に分解・合成さ
れる平均の回数として，最も適切なものを次の①～⑥のうちから一つ選べ。　　　　10

① 100 回　　　　　② 200 回　　　　　③ 1,000 回　　　　④ 2,000 回

⑤ 10,000 回　　　　⑥ 20,000 回

【問題3】次の文章を読み，下の問い（問1～問5）に答えよ。

　　角膜－水晶体－ガラス体を透過した光は，（　A　）に投射され，（　A　）上にある視細胞により受容される。視細胞は，光に対する応答性と形の違いから (ア) 錐体細胞と桿体細胞の2つに区別できる。桿体細胞は (イ) 暗いところでも徐々に感受性を高め，周囲のものが見えるようになる反応の大部分を担っている。暗所では，（　B　）から離れた（　C　）が酵素の働きによって元の構造に戻り，再び（　B　）と結合して（　D　）が蓄積される。これによって，桿体細胞の感度が上がる。

問1　本文中の（　A　）に該当する語句として，最も適切なものを次の①～⑤のうちから一つ選べ。　11

①　虹彩　　　　②　網膜　　　　③　強膜　　　　④　脈絡膜　　　　⑤　視覚皮質

問2　下線部（ア）に関する以下の記述のうち，最も適切なものを次の①～⑥のうちから一つ選べ。　12

①　錐体細胞は核を持たない。
②　錐体細胞は非常に弱い光に反応する。
③　錐体細胞は黄斑の周辺部に多く存在する。
④　桿体細胞は盲斑に多く存在する。
⑤　桿体細胞は色の識別には関与しない。
⑥　桿体細胞は昼行性の鳥類で発達している。

問3　桿体細胞が最も反応する波長として，最も適切なものを次の①～⑤のうちから一つ選べ。　13

①　400 nm　　②　500 nm　　③　600 nm　　④　700 nm　　⑤　800 nm

問4　下線部（イ）に関わるものとして最も適切なものを次の①～⑤のうちから一つ選べ。　14

①　ビタミンA　　②　ビタミンB1　　③　ビタミンC　　④　ビタミンD
⑤　ビタミンE

問5　本文中の（　B　），（　C　），（　D　）に入る語句の組み合わせとして，最も適切なもの

を次の①〜⑥のうちから一つ選べ。　　　　　　　　　　　　　15

	（　B　）	（　C　）	（　D　）
①	ロドプシン	レチナール	オプシン
②	ロドプシン	オプシン	レチナール
③	レチナール	ロドプシン	オプシン
④	レチナール	オプシン	ロドプシン
⑤	オプシン	ロドプシン	レチナール
⑥	オプシン	レチナール	ロドプシン

【問題4】次の文章を読み，下の問い（問1〜問5）に答えよ。

　　ある地域内に生息する同一の種の集団を（　A　）という。また，ある地域内に生息する異な
る種の（　A　）の集団を（　B　）という。（　B　）と非生物的環境を合わせたものを（　C　）
という。(ア)（　A　）を構成する個体の分布の様式は集中分布，一様分布，ランダム分布の 3 つ
に分類される。動物の（　A　）では，その (イ) 密度が増加すると，個体数は (ウ) 密度効果によっ
てある一定数以上には増加しない。

　　ある地域における（　A　）や（　B　）の特徴や性質を把握する第一歩は個体数を正確に知る
ことであり，その方法の一つとして，(エ) 標識再捕法がある。

問1　本文中の（　A　），（　B　），（　C　）に入る語句の組み合わせとして，最も適切なもの
　　を次の①〜⑥のうちから一つ選べ。　　　　　　　　　　　　　　　16

	（　A　）	（　B　）	（　C　）
①	生物群集	生態系	個体群
②	生物群集	個体群	生態系
③	生態系	生物群集	個体群
④	生態系	個体群	生物群集
⑤	個体群	生物群集	生態系
⑥	個体群	生態系	生物群集

問2　下線部（ア）に関して，最も適切なものを次の①〜⑥のうちから一つ選べ。　　　17

①　集中分布は動物において縄張りが形成されるときに見られる分布である。

②　集中分布は生殖行動のために個体が集まっているときに見られる分布である。

群馬パース大   問題   65

③ 一様分布はアメリカシロヒトリの成虫に見られる分布である。

④ 一様分布は風により散布された種子が発芽・成長したときに見られる分布である。

⑤ ランダム分布は自然界で最もよく見られる分布である。

⑥ ランダム分布は個体間の競争が激しいときに見られる分布である。

2024年度　一般（前期）

問3 下線部（イ）に関して，ある生物の個体数が1世代につき40%ずつ増加した時，3世代後には個体数は約何倍になっているか。最も近いものを次の①～⑤のうちから一つ選べ。

$\boxed{18}$

① 1.4倍　　　② 2.7倍　　　③ 3.8倍　　　④ 5.4倍　　　⑤ 22倍

問4 下線部（ウ）に関して**誤っているもの**を次の①～⑥のうちから一つ選べ。　$\boxed{19}$

① アズキゾウムシでは，密度が増加すると死亡率が上昇する。

② アズキゾウムシでは，密度が増加すると1個体あたりの重量は減少する。

③ アズキゾウムシでは，密度が増加すると1個体あたりの次世代の羽化個体数が減少する。

④ トノサマバッタでは，密度が増加すると発育速度の速い個体が出現する。

⑤ トノサマバッタでは，密度が増加すると1個体あたりの産卵数が減少する。

⑥ トノサマバッタでは，密度が増加すると短い翅（はね）をもつ個体の割合が高くなる。

問5 下線部（エ）の調査方法を用いて，面積が3 km²のある池に生息するコイの個体数を推測する調査を行った。任意の数か所で投網をつかって60匹のコイを捕獲し，これらの個体すべてに印をつけて再び池に放流した。2日後，同様の方法で100匹のコイを捕獲したところ印をつけたコイは20匹であった。個体数の密度（個体/km²）として最も適切なものを次の①～⑥のうちから一つ選べ。　$\boxed{20}$

① 10 個体/km²　　② 30 個体/km²　　③ 100 個体/km²　　④ 300 個体/km²

⑤ 1000 個体/km²　　⑥ 3000 個体/km²

【問題5】次の文章を読み，下の問い（問1～問5）に答えよ。

　　現代の進化説につながる考えを提唱した（　A　）は，生存に有利な形質をもつ個体が次世代により多くの子を残し，この子孫が集団中に増えることにより進化が起こるという (ア) <u>自然選択説</u>を唱えた。また，(イ) <u>ハーディとワインベルグは，その集団の対立遺伝子の頻度は世代を経ても変化しないことを説明した。</u>さらに，ド・フリースはオオマツヨイグサの集団中に形質の違うものが新たに生じ，それらが遺伝することを発見し，この現象を突然変異と呼んだ。突然変異には遺伝子突然変異と染色体突然変異があり，遺伝子突然変異は，本来の塩基とは異なる別の塩基に入れかわる（　B　），一部の塩基が失われる（　C　），塩基が新しく追加される（　D　）がある。一方，(ウ) <u>染色体突然変異は染色体の数や構造が変化する。</u>

問1　本文中の（　A　）にあてはまる人名のうち，最も適切なものを次の①～⑤のうちから一つ選べ。　　　　　　　　　　　　　　　　　　　　　　　　　　　　　　　　　21

　　① メンデル　　　　② モーガン　　　　③ 木村資生　　　　④ ダーウィン

　　⑤ シュペーマン

問2　下線部（ア）に関する以下の記述のうち，最も適切なものを次の①～⑤のうちから一つ選べ。　　　　　　　　　　　　　　　　　　　　　　　　　　　　　　22

　　① 自然選択の結果生じた変異は，遺伝しない。

　　② 自然選択は生存率や繁殖率に差がない場合に起こる。

　　③ 自然選択は常に個体数が最も多い種だけが生き残ることを意味する。

　　④ 自然選択の結果，生物が生息環境に適した形質をもつことを適応と呼ぶ。

　　⑤ 人間の活動によって起こった環境の変化は，自然選択の原因とはならない。

問3　下線部（イ）が成り立つ条件として**誤っているもの**を次の①～⑤のうちから一つ選べ。　　　　　　　　　　　　　　　　　　　　　　　　　　　　　　　　23

　　① 自然選択が働かない。

　　② 集団がある程度大きい。

　　③ 交配が任意で行われる。

　　④ 突然変異が起こらない。

　　⑤ 個体の移出・移入が頻繁に起こる。

問4　本文中の（　B　），（　C　），（　D　）に入る語句の組み合わせとして，最も適切なものを次の①～⑥のうちから一つ選べ。　　　　　　　　　　　　　　　24

	（ B ）	（ C ）	（ D ）
①	欠失	挿入	置換
②	欠失	置換	挿入
③	挿入	欠失	置換
④	挿入	置換	欠失
⑤	置換	挿入	欠失
⑥	置換	欠失	挿入

問5 下線部（ウ）に関して**誤っているもの**を次の①～⑤のうちから一つ選べ。   25

① 染色体数が整数倍にならない個体は異数体と呼ばれる。

② 染色体の数が3倍，4倍になるような関係を倍数性という。

③ 染色体突然変異の例としてヒトの鎌状赤血球貧血症がある。

④ 染色体突然変異はコムギやキクの品種改良に応用されている。

⑤ 染色体の一部が切断され，それが別の染色体とつながることを転座という。

国　語

（六〇分）

問題Ⅰ　後の問い（問一〜問三）に答えよ。

問一　次のア〜エの傍線部の漢字として最も適切なものを①〜⑤のうちからそれぞれ一つ選べ。

ア　全国をモウラする我が社のネットワークについてご紹介します。　　　　　　　　　　　　　1

　　① 蝶　　② 拉　　③ 羅　　④ 喇　　⑤ 粿

イ　仕事上のレイテツさはビジネスの上で必要な能力かもしれない。　　　　　　　　　　　　　2

　　① 轍　　② 撤　　③ 迭　　④ 哲　　⑤ 徹

ウ　上司にだけ忖度したりゲイゴウするのは良くないことだと思う。　　　　　　　　　　　　　3

　　① 迎　　② 芸　　③ 睨　　④ 倪　　⑤ 鯢

エ　寝ぼけマナコをこすりながら、家族の朝食を準備した。　　　　　　　　　　　　　　　　　4

　　① 眸　　② 眼　　③ 瞳　　④ 貌　　⑤ 顔

問二　次のア〜エの四字熟語の空欄箇所に当てはまる漢字として最も適切なものを①〜⑤のうちからそれぞれ一つ選べ。

ア　（　）蜜語　　　　　　　　　　　　　　　　　　　　　　　　　　　　　　　　　　　　　5

　　① 管弦　　② 換言　　③ 甘言　　④ 還元　　⑤ 韓玄

イ ― （　）無人　　　　　　　　　　6

① 望寂　② 棒悉　③ 傍寂　④ 傍若　⑤ 暴若

ウ ― 旧態（　）　　　　　　　　　　7

① 以前　② 已然　③ 毅然　④ 己前　⑤ 依然

エ ― 勇猛（　）　　　　　　　　　　8

① 華敢　② 可敢　③ 果敢　④ 稿敢　⑤ 渦敢

問三　次のア～イの文章中の漢字には「一字」誤字がある。次の①～⑤のうちから誤字のあるものをそれぞれ一つずつ選べ。

ア ― 9

① 老朽化した病院を解体して新たに学校を建造するため、上棟式が行われた。
② 今回のオリンピックでは、切磋琢磨して是が否でも金メダルを獲得したい。
③ 循環生理には生化学、解剖学、物理学などさまざまな学問が関わっている。
④ AIは進化を続けることながる可能性と懸念が混在し、開発競争も激化している。
⑤ 囲碁において序盤で要所に石を置くことで、勝利への布石を打つことが出来る。

イ ― 10

① 光科学技術の振興を図ることは、産業経済の発展寄与に結び付きます。
② 彼は学生時代から苦汁を味わってきたので、それが成長の源になり辛抱強い。
③ コートに立つと形相を変え相手に立ち向かい、圧倒的な力を発揮し伏せてきた。
④ 社会人における優秀な人材の特徴として、状況を冷静に破握できる能力は必須だ。
⑤ 心肺蘇生とは、心肺停止など生命の危機に瀕したときに行われる救急蘇生法である。

問題二　次の文章を読んで、後の問い（問一～問十）に答えよ。

リベラリズムの立場からすれば、法的な問題はともかくとして、援助交際を原則として批判できない。それは、主観的な価値（善）に基づいた「自発的な交換」であり、国家は特定の道徳や生の価値に対して中立であるべきだとすれば、誰もが援助交際を批判する権利はない。

そして繰り返すが、こうした考えは、多くの人びとも、(ア)「一般的通念」からはとても支持できないのである。

どうしてこういうことになってしまったのだろうか。改めてそのポイントを述べておこう。

リベラリズムは、世界に多様な価値があり、そのどれにつくかは個人の主観の問題だという。この議論の歴史的背景には、もともとヨーロッパにおける十六世紀以来の宗教戦争、宗教対立があった。血みどろの殺戮が延々と続く宗教戦争の中から、相互の信条に対する「寛容の原理」としての「自由」の重要性が認められるようになる。バーリンが「……からの自由」の重要性を説いたのも、宗教戦争のような価値や信条の果てしなき争いを背景においてのことであった。

[A]　「価値」とは何か。それは、人がその生を委ねてもよいとする超越的な規範性にほかならない。それは、もともと個人の主観性や趣味や日常的な利害を超えた次元を持っている。(イ)「価値」は本質的にそれ自体の普遍性や妥当性を要求するような面を内包しているのである。

その点で、「価値」は、個人の「嗜好」とか「利害」とは異なっている。何を「趣味」や「嗜好」とするかはある程度、その人の主観といってよいだろう。何を「利益」とみなし「損害」とみなすかも、ある程度その人の主観といえよう。しかし、「価値」は本質的に個人の主観を超えた次元を持っている。ある「価値」に基づく行為は、常にその社会的な「妥当性」を求める。

[B]　「私が、何の目的もなく町を歩き、レストランに入り、映画を観て、ちょっとした会合に参加する」という行為は、いちいち社会的承認を得ているわけではない。その理由は、これらの行為が当然是認される「市民的行為」だとみなされているからである。だが、ある種の(ウ)全体主義的社会では、この種の何の意図もない「市民的生活」さえも社会的是認を得ることは難しいのである。

(エ)援助交際の事例が奇妙な理由も、こうしたことを考えれば、かなり明快になるのではないだろうか。

援助交際は、あくまである特定の行為に示された価値の問題なのである。だからそれは、本質的に社会的な問題である。それはただ主観の問題というだけではなく、それを超えた社会的普遍化、妥当性要求をはらんだ問題なのである。だから、この問題を「それは個人の自由であり、自己責任だ」とするわけにはいかない。

価値の問題は常に妥当性要求を内にはらんでいる。とすれば、それは、たとえ暗黙であっても、社会的な承認を得なければならない。もっとも、通常、この承認はいちいち検査され、審査されるものではない。では、モレに暗黙の承認を与えるのはいったい何なのか。それは、多くの場合、その社会の「慣習(custom)」であり「常識(common sense)」なのである。

もしも、ある社会が歴史のうちに作り上げられてきた「慣習」や「常識」が崩壊するか、意図的に破棄されたとしたら、誰かがその承認を与えなければならない。全体主義においては、それは、国家が

独占する。宗教社会では教団や宗教者がそれを独占する。

[C]、自由な社会ではどうなのか。リベラリストは、それは諸個人の自由な選択行為に委ねるという。しかし、それは無理なことだ。「価値」とは、それによって社会へ働きかけ、その行為の意味を社会的に妥当させようとする準拠となるものだからだ。「価値」の選択とは、自分の生き方や自分の信条を社会に向かって表現し、その妥当性を訴えることなのである。「価値」の選択とは、個人の主観を超えて出てゆき、社会において是認を得ようとする試みにほかならない。それは個人の「嗜好」や「利害」とは本質的に異なっている。

だがまた、「価値」は、こうして社会（人々）の是認を得る試みであり、それにもし失敗すると、その人の人生そのものが取り返しのつかないことになりかねない。そしてそうである限り、「価値の選択」は、あくまでその個人が自己の責任ですくなのである。その選択を強要されるわけにはいかない。

そして、その選択において重要な規範的基準を与えるものが、その社会の「習慣」や「常識」である。ある選択が社会の「慣習」や「常識」に反することは十分にあり得る。ある行為が社会の「慣習」や「常識」と衝突することはいくらでもあり得る。だが、それを、あたかもそこに何の衝突も生じないかのように、「価値は主観的であって、それは個人の嗜好を反映しているだけだ」というて(カ)あらかじめ論議も衝突も回避してしまうのは間違っている。

「非常識」な選択は、良か悪しかれ、ある社会の持っている「慣習」や「常識」、すなわち広い意味での「共通感覚」との衝突であり、この衝突の中からまた新しい規範や生活のモデルがでてくる。それを「人それぞれ」としてしまうわけにはいかないのである。新たな規範がでてくるということは、それが新たな「慣習」や「常識」となるということだ。だから、いずれにせよ、自由な社会にはどうしても「慣習」や「常識」がなければならないのである。さもなくば、社会は全体主義かアナーキズムからすかいに陥ってしまうのだ。

リベラリズムの「善（価値）」と「権利（自由）」の区別、「善の主観性」という定式化が間違っているのは、それが、「価値」も「嗜好」も「利害」もすべて区別せずに主観的と一括してしまったからである。確かにそれらはすべて、主観的といえば主観的なのである。主観的な選択に委ねる以外にない。

だが、そのひとの意味は、「価値」の場合と、「嗜好」や「利害」とは大きく異なっている。「価値」にかかわるということは、行為の社会的に生じる意味に関与するということにほかならないのである。

こうして援助交際の事例が、ある意味でリベラリズムの[D]をあぶりだしてくれる。それは、「価値」の問題を、あたかも個人の「嗜好」や「利害」の問題であるかのように扱ったからであった。なぜなら、リベラリズムにおいては、「価値」も「嗜好」も「利害」も基本的に区別をもたないからだ。

それが、ヒューム主義の帰結であり、論理実証主義の帰結なのである。そこでは、「価値」にかかわる重要な問題を、そのものとして正面から論じることができなくなってしまう。(キ)価値の相対主義によって、われわれはいかなる価値についてきか、といった議論ができなくなってしまう。それは公共的に論じるべき事柄ではなく、個人のひとりひとりのとした孤独な選択でしかないのだ。

だが、そうなると、そもそもリベラリズムの想定する社会からは「価値」などというものは姿を消してしまう。価値へのコミットメントが持つ社会的な妥当性への言及がなければ、すべては好みの問題に解消されてしまうからだ。しかし、(ⅹ)「価値」を見失った個人の「選択の自由」などというものは、恐ろしく平板でつまらないものなってしまうだろう。現代のリベラリズムのコンテクストで「　Ｅ　」というものの意味が衰弱してしまうのも、もっともなことといわねばならない。

佐伯啓思『自由とは何か』

（注）読解の便宜を図るため、本文の一部を改変している。

問一　文中の空欄　Ａ　〜　Ｃ　に入る適当な語として、最も適切なものを次の①〜⑤のうちから一つずつ選べ。

Ａ　　　　　　　　　　　　　　　　　　　　　　　　　　11

　　① また　　② たとえ　　③ だが　　④ むしろ　　⑤ 結局

Ｂ　　　　　　　　　　　　　　　　　　　　　　　　　　12

　　① なぜなら　　② むろん　　③ 結局　　④ しかし　　⑤ なるほど

Ｃ　　　　　　　　　　　　　　　　　　　　　　　　　　13

　　① しかし　　② なぜなら　　③ そして　　④ 結局　　⑤ では

問二　文中の空欄　Ｄ　に入る適当な語として、最も適切なものを次の①〜⑤のうちから一つ選べ。

　　　　　　　　　　　　　　　　　　　　　　　　　　　14

　　① トピック　　② テーマ　　③ プロセス　　④ アポリア　　⑤ リテラシー

問三　文中の空欄　Ｅ　に入る適当な語として、最も適切なものを次の①〜⑤のうちから一つ選べ。

　　　　　　　　　　　　　　　　　　　　　　　　　　　15

　　① 自由　　② 利害　　③ 嗜好　　④ 価値　　⑤ 理論

問四　傍線部(ア)「一般的通念」とは具体的にどのようなものと筆者は述べているか。最も適切なものを次の①～⑤のうちから一つ選べ。　[16]

① 超越的な規範性

② 論理的実証主義

③ 自由な選択行為

④ 諸個人の自由な選択行為

⑤ 社会の慣習や常識

問五　傍線部(イ)「『価値』は本質的にそれ自体の普遍性や妥当性を要求する」とは、価値が具体的にどのようなものであるということか。最も適切なものを次の①～⑤のうちから一つ選べ。　[17]

① 重要な規範的基準を与えること

② 価値の問題を正面から論じること

③ 道徳的な価値基準で批判すること

④ 社会において承認を得ようとすること

⑤ 諸個人の自由な選択行為に委ねること

問六　傍線部(ウ)「全体主義社会」とは、筆者の考えに従えばどのような社会なのか。最も適切なものを次の①～⑤のうちから一つ選べ。　[18]

① 国家があらゆる価値に対して中立である社会

② 国家によって一定の価値しか承認されない社会

③ 価値が個人の主観を超えて成立する社会

④ 価値の選択が個人の嗜好を反映している社会

⑤ 「善の主観性」という定式化が間違っている社会

問七　傍線部(エ)に「援助交際の事例が奇妙な理由」とあるが、筆者はどのようなことを「奇妙」と考えているのか。五十字以内で論述せよ。

問八　傍線部(オ)で、筆者が「あらかじめ論議も衝突も回避してしまうのは間違っている」と考えるのはなぜなのか。最も適切なものを次の①～⑤のうちから一つ選べ。　[19]

① 自由な社会では、人びとの行為は国家による管理統制をへて新たな規範が生まれるので、それがなければ全体主義やアナーキズムに陥ってしまうから。

② 自由な社会では、人びとの行為が戦争や宗教対立をへて新たな規範が生まれるので、それがなければ全体主義やアナーキズムに過ぎないから。

③ 自由な社会では、人びとの行為が常識や慣習と衝突して新しい規範が生まれるので、衝突がなければ全体主義やアナーキズムに陥ってしまうから。

④ 自由な社会では、人びとの行為は個人の自己責任、自由のもとで新たな規範を生みだすので、自由がなければ全体主義やアナーキズムに陥ってしまうから。

⑤ 自由な社会では、個人の行為は国家による道徳や善の管理から新たな規範が生まれるので、管理がなければ全体主義やアナーキズムに陥ってしまうから。

問九　傍線部（カ）で、「価値の相対主義」が尊重される社会とは、筆者の考えに従えばどのような社会なのか。最も適切なものを次の①～⑤のうちから一つ選べ。　　20

① 価値は主観的なものであり、個人の嗜好を反映しているだけであると考える社会。

② 論理実証主義に従い、価値を社会的に普遍化されたものと考える社会。

③ 価値には社会の是認が必要で、失敗すると取り返しがつかないと考える社会。

④ 自由な社会では、価値は人々に規範的な基準を与えるものと考える社会。

⑤ 価値が新たな規範に従うことで「慣習」や「常識」を作り変えると考える社会。

問十　傍線部（キ）で、筆者が「「価値」を見失った個人の「選択の自由」などというものは、恐ろしく平板でつまらないものとなってしまう」と考えるのはなぜなのか。最も適切なものを次の①～⑤のうちから一つ選べ。　　21

① 自分の価値や信条を表明し国家の承認を得ようとしなければ、個人の価値の選択が道徳や善の問題において中立ではいられないから。

② 自分の価値や信条について社会的な承認を得ようとしなければ、全体主義かアナーキズムに陥ってしまう論理的実証主義とは言えなくなってしまうから。

③ 自分の価値や信条について社会的な承認を得ようとしなければ、市民的な行為さえも社会的是認を得ることができず、全体主義かアナーキズムに陥ってしまうから。

④ 自分の価値や信条について社会的な承認を得ようとすることは、個人を超えた規範的な基準によって価値の選択を行うことすらないから。

⑤ 自分の価値や信条を表明し承認を得ようとしなければ、個人の価値の選択は嗜好や利害と同じ「人それぞれ」のものに過ぎないから。

問題三　次の文章を読んで、後の問い（問一〜問八）に答えよ。

> 　重松清の小説『エイジ』は、ある夏、東京郊外・桜ヶ丘ニュータウンで発生した通り魔事件の犯人が、主人公「エイジ」のクラスメイトの「タカやん」であったことを知り、一般的な中学生であった「エイジ」も、自分自身を深く内省していく物語である。

　たっぷり三十分かけて、学校にゆうまわった。

　タカやんはひとりぼっちじゃなかった。タカやんと永田と三人で、マイナー系らしい校舎の裏のウサギ小屋を描いていた。九月の頃と、なにも変わらない。

　ぼくはたぶん、これからもタカやんと同級生以上の付き合いはしないだろう。タカやんにいつも遠くにして、お互いの記憶に残るようなこと は、なにも増えないだろう。ひょっとしたら、オトナになったぼくが思いだすのは、「同級生にタカやんという奴がいた」じゃなくて、「同級生が通り魔になった」かもしれない。でも、中学二年生の秋から冬にかけての日々を、ぼくはこれからもずっと忘れない。

　中山と海老沢は、グラウンドの水飲み場を描いていた。三人を見つけると、タカやんは小躍りしながら近づいていき、いきなり中山の手から絵筆を奪って、二人の画用紙に「お日さま」を描いた。

　グラウンドでは、二年生の女子が体育の授業で走り高跳びをしていた。順番待ちの列の真ん中で、女のコが一人、体をよじったりつま先立ったりして、こっちを見ていた。ぼくと目が合いそうになると、ぷいっと顔をむける。

　やがてホイッスルの短い音が聞こえ、本条あゆみは助走に入る。バーの手前で少し右にふくらんで踏み切りと同時に左脚を上げ、体を伏せて、くるりとロールをきれいに決めた。

　拍手をしてやりたかったけど、ほかのコにヘンだと思われたら困るのでやめた。代わりに、心の中で誇った。あんなに細い青中で、何度も何度も幻のナイフを突き刺したいと思う——

　「その気」は、いまは静かに眠っている。どこにあるのか知らない。消えてなくなったわけじゃない。「好き」がたくさんあればあるほど、「その気」は奥にひっこんでいってくれるような気もするけど、勝手にそう思い込んでいるだけかもしれない。

　ただ、「好き」で結ばれたつながりは気持ちいい、と思う。人間はつながりを切れないんだったら、チェーンはすべて「好き」からつくる——なんて思うぼくはやっぱり照れて、うひゃあっ、と頭をかきむしりたくなるけど。

　タモツくんはプールのスタート台に座り、水を抜いて落ち葉が降り積もったプールを描いていた。「あんな場所、もう選ばえだろ。やっぱ、タモツって変わってるよなあ」とタカやんは首をひねり、どいつが嫌そうに耳打ちした。メロスくんのことを教えてやったら、もっと嫌そうな顔になるだろう。でも、ぼくは言わない。タモツくんとの、ゆーじょうだ。

　最後に、体育館。

「オレ、邪魔だったらいい行こうか？」

ツカちゃんは、さっき山野からせびり取ったミントタブレットを噛みながら言った。

「あのなあ、ツカちゃん、アラちらかけにしろよ」

「なに怒ってんだよ、めでたい話じゃんよ」

「……どいがだよ」

相沢志穂は、体育館の二階の観客席にいた。仲良しの水島康子とおしゃくりしながら絵筆を動かしていた。

「相沢ちゃーん」

ツカちゃんが (a)おどけて声をかけると、「やだあ、ちょっと見ないでよお――」とあわてて画板を裏返しにして、ツカちゃんの後ろのほうに気づいて、「今日から？」と訊いてきた。

「そう、今日から」

「膝、ほんとにだいじょうぶなの？」

母みたいなことを言う。オンナだから、なのか。

「なんとかなるよ、痛くなったら休めばいいんだし」

「春の大会、出られるといいね」

「うん……」

鳴らせもしない指笛のポーズをとったツカちゃんが、視界の隅でしゃがんだりのけぞったりする。それが　A　で水島の視線も気になって、というて相沢と正面から向き合うのも恥ずかしく、まなざしをスケッチのゴールに据えた。

「エイジ」ツカちゃんがほんの少しだけまじめな声になって言った。「テンのベカがつっかかってきたら、いつでもオレに言えよ」

「だいじょうぶだよ」とぼくはゴールを見つめたまま答える。

「負けてらんねーよ、あんなのに」と相沢も (b)巻き舌の声をつくって、笑う。

「あのさあ……」ゴールから相沢に目を移した。「タカやんのアレ、よかったのか？」

「なにが？」

「本当だったらだけど。ちゃんとタカやんに訊いたら教えてくれるんじゃないか？それ、ひょっとしたら『女子さん』って相沢じゃないかもしれないし」

水島が隣で、そうそうそう、あたしもそう思う、というふうに何度もうなずいた。ツカちゃんも

「だよなあ、納得してないのにとりあえず謝るのって、日本人の悪い癖だよ」と、わけのわからないことを言う。

相沢はちょっと困った顔になって少し考え、それを振り払うように大きくうなずいて言った。

「いいの、それでオッケー。自分でも知らないうちに誰かを傷つけちゃう可能性があるってことで、いいじゃん、いい勉強って。そういうの、できたもん」

ツカちゃんも水島も、そういうものなのかあ、という表情を浮かべた。

「そもそも、アンニだと傷つかないのに、勝手に傷ついて、逆恨みとかする奴いるじゃん。そういう

の「怖くない？」とぼくは言った。

相沢は、今度はすぐに答えた。

「怖いけど……」それから少し間が空いて「負けてらんねーよ」

ガッツポーズをつくった。

ニッと力強く笑った。

ぼくがいままで見たなかで、それが、相沢の最高の笑顔だった。

体育館からひきあげる途中、ツカちゃんが言った。

「さっきも相沢、すぐに絵を隠しただろ。でも、直前、一瞬だけ見たんだよ。オレ、なんの絵だったと思う？」

「なあ……」

「スケボーのコース。あらで、オンナのせ……けっこう絵がくなな、とにかにその、ポロポロだったんだけど、スケだよ、描いたのスケ、よかったねえナイツべ、ひょっひょっ」

ぼくの片思いがクラスにゆうに知れ渡るのは、時間の問題だろう。

でも、いいや。ぼくは相沢志穂が好きで、大好きで、善意に悪意に負けっぱなしだけど　B　は善意とも悪意とも違って、正しいも間違ってるもカッコいいも悪いも関係なく、ただいいな気持ちもがうう。

渡り廊下に戻って、描きかけの二枚の絵を見比べた。

ツカちゃんの「お日さま」意外と悪くない。いつかテレビで観たニューヨークの地下鉄の落書きに、こんな感じのがあったような、なかったような。

今年の秋は雨が多かった。急に暑くなったり寒くなったりした。エルニーニョがどうしたとか、地球温暖化がどうしたとか、オゾンホールがどうしたとか、難しいことはよくわからないけど、地球はいろいろ大変なことになっているらしい。それに比べれば、日本の、東京の、桜ヶ丘ニュータウンの、サンチョクの、二年C組の、ぼくなんて、死ぬほどちっぽけで、だけど、ちっぽけはちっぽけなりに、いろいろ大変なんだ。

でも、相沢志穂みたいに言おう。何度でも言ってやろう。

負けてらんねーよ。

ぼくはいっとう太い絵筆をとった。筆に直接、赤の絵の具を絞り出した。ちょっとだけ水につけて、コンクリートの床に大きな――ぼくの顔くらいある「お日さま」を描いた。

「お、エイジ、おまえなにやってんのよ、さくらよ、オレがやったって一発でわかっちゃうじゃん」

「シーのシーの」

サインも入れよう。

ふと思いついて、『Ｅｉｊｉ』じゃない、『Ａｇｅ』と描いた。

ツカちゃんはサインを覗き込んで、不思議そうに首をかしげる。

「なに、この『アゲ』って？」

ボケてるわけじゃなさそうだ。

「ツカちゃん、おまえ、英語勉強しないとヤバいぞ受験やくるぜ」

「はあ？」

「来年だもんなあ、もう、受験」

「うん……だよなあ、早えよなあ、チューガクって」

「ニーニーなんて、もっと早えってよ、姉ちゃん言ってた」

　ぼくたちは、タイミングを合わせたみたいにため息をついた。空を見上げた。薄曇りの空に浮かぶ幻の「お目さま」が、まぶしい。空の、ずっと高いところに、飛行機雲が見えた。いろろいろろ途切れながら、まっすぐに、遠くまで。

問一　文中の空欄 A ～ B に入る適当な語として、最も適切なものを次の①～⑤のうちから一つずつ選べ。

A　　　　　　　　　　　　　　　　　　　　　　　　　22

　　① うらやましく　② せつなく　③ 情けなく　④ 見苦しく　⑤ にくらしく

B　　　　　　　　　　　　　　　　　　　　　　　　　23

　　① 「仲良し」　② 「その気」　③ 「笑顔」　④ 「照れ」　⑤ 「好き」

問二　傍線部 ⓐ 「おどけて」・ⓑ 「巻き舌の声」の本文中における意味として、最も適切なものを次の①～⑤のうちから一つずつ選べ。

ⓐ 「おどけて」　　　　　　　　　　　　　　　　　　24

　　① 怖気づいているように

　　② 気づかれないように

　　③ 戯れるように

　　④ 脅しつけるように

　　⑤ 機嫌をうかがうように

ⓑ 「巻き舌の声」　　　　　　　　　　　　　　　　　25

　　① 滑らかでよどみのない様子

　　② 荒く威勢のよい様子

　　③ おどおどと自信のない様子

　　④ 早口で大人びた様子

⑤　冷ややかで突き放すような様子

問三　傍線部(ク)から、傍線部(ケ)に変わるということは具体的にどのように変わることか。最も適切なものを次の①～⑤のうちから一つ選べ。　26

①　匿名性を高めることで、甘酸っぱくて純粋な青春の思い出として残せるということ。

②　成長とともに寛容な心で友人の過ちを許すことができるようになるということ。

③　具体的な事実関係ではなく、確かに存在した友情を意識できるようになるということ。

④　年月による記憶の風化の中で、第三者的にしか振り返ることができなくなるということ。

⑤　様々な経験を重ねることで、つらい記憶を無色透明な思い出に作りかえてしまうということ。

問四　傍線部(コ)「その気」とはどのような気持ちを指しているのか。最も適切なものを次の①～⑤のうちから一つ選べ。　27

①　自分を受け入れてくれない友達を戒めてやろうとする気持ち。

②　自分につながる人間的なつながりを断ち切りたい気持ち。

③　自分を理解しようとしない人間たちを無視したいという気持ち。

④　自分に自信が持てずに誰かの力にたよろうとする気持ち。

⑤　一人であることに耐え切れず誰かに救いを求める気持ち。

問五　傍線部(サ)「ふと思いついて、『Ｅｉｊｉ』ではなく『Ａｇｅ』と描いた」とあるが、名前を「Ａｇｅ」と書き改めたのは「エイジ」のどのような気持ちを表しているのか。最も適切なものを次の①～⑤のうちから一つ選べ。　28

①　何かに満足することなく挑戦し続ける自分を大事にしたいという気持ち。

②　いつも何かに追い立てられるように日々を過ごす自分をむなしく思う気持ち。

③　様々に思い悩んだ中学二年生の日々をこれからも忘れたくないという気持ち。

④　本当にやりたいことをなかなか見つけられない自分自身を歯がゆく思う気持ち。

⑤　誰かに指図されることなくいつも自分の意志で変わり続けたいという気持ち。

問六　傍線部(シ)「ボケてる」とは、ここでは具体的にどのようにしているということか。最も適切なものを次の①～⑤のうちから一つ選べ。　29

①　「Ａｇｅ」の読みである「エイジ」を使った洒落に気づかないふりをすること。

②　「Ａｇｅ」の言葉の不適切な使い方の面白さを知りながら気づかないふりをすること。

③　「Ａｇｅ」の単語に「エイジ」が込めた「相沢」への気持ちに気づかないふりをすること。

④　「Ａｇｅ」という英単語の意味が分からないことを知られないように強がること。

⑤　「Ａｇｅ」の単語の読み方がわからず、「エイジ」に真意を確かめようとすること。

問七　学校生活に積極的になれた「エイジ」の心理状態を効果的に表現している語として、最も適切なものを次の①〜⑤のうちから一つ選べ。　30

①　飛行機雲　　②　赤の絵の具　　③　お日さま　　④　巻き舌の声　　⑤　幻

問八　問題文となった小説『エイジ』について、授業で読後感を話し合った。小説の主題に近いと思われる人の意見として、最も適切なものを次の①〜⑤のうちから一つ選べ。　31

①　「作者が小説『エイジ』で表現したかったのは、青春期は、クラスメートや部活動の仲間たちと一緒にいるけれど、誰もがいつも孤独で、その孤独の重さに耐え切れなくなった少年の狂気なんじゃないかな。」

②　「作者が小説『エイジ』で表現したかったのは、凄惨な事件が起きると、被害者意識に自分を同化させようとし、感情移入しながら犯人への怒りを爆発させる少年の一途な正義感だと思うよ。」

③　「作者が小説『エイジ』で表現したかったのは、同級生の起こした事件の背後にある心理的・社会的な問題に目を向けさせ、しだいに探究的な姿勢を持つようになった少年たちの人間的な成長の過程だと思うな。」

④　「作者が小説『エイジ』で表現したかったのは、加害者である同級生の気持ちにフォーカスするあまり、自分の中にも同じ衝動があることを意識しながらも、改めて人間のつながりに気づいていく内省の過程だよ。」

⑤　「作者が小説『エイジ』で表現したかったのは、同級生が通り魔事件の犯人だった、という特異な状況にあっても、友人たちとの交流を通して人間的なやさしさに次第に目覚めていく人間性回復の物語だと思うよ。」

解 答 編

英 語

① 解答
1 — ④ 2 — ② 3 — ① 4 — ① 5 — ③ 6 — ③
7 — ③ 8 — ② 9 — ③ 10 — ③ 11 — ③ 12 — ①

② 解答
13 — ② 14 — ③ 15 — ① 16 — ③ 17 — ③ 18 — ②

③ 解答 《ライデンフロスト効果》
19 — ③ 20 — ① 21 — ④ 22 — ② 23 — ④ 24 — ① 25 — ② 26 — ④
27 — ① 28 — ③ 29 — ④ 30 — ②

④ 解答例 I agree with this opinion. Today, you can communicate with people around the world, using social media. You can also make video calls. However, the person whom you want to talk with may not necessarily speak Japanese. Although there are various translation apps available, they are not always correct. Moreover, the words we choose sometimes convey our own personalities. To avoid unnecessary misunderstandings and prejudices, which might lead to unwanted conflicts, we need to learn a common language and gain the ability to communicate clearly. We should learn a foreign language for mutual understanding. (80 ～ 100 ワード)

数　学

①　解答　《因数分解》

問1．$\boxed{1}$1　$\boxed{2}$3　$\boxed{3}$1　$\boxed{4}$3　$\boxed{5}$1　$\boxed{6}$9
問2．$\boxed{7}$3　$\boxed{8}$1　$\boxed{9}$3　$\boxed{10}$1　$\boxed{11}$9　$\boxed{12}$1
問3．$\boxed{13}$2　$\boxed{14}$1　$\boxed{15}$3　$\boxed{16}$1
問4．$\boxed{17}$4　$\boxed{18}$6　$\boxed{19}$9　$\boxed{20}$6　$\boxed{21}$9　$\boxed{22}\boxed{23}$10

②　解答　《共分散，相関係数》

問1．③　問2．④　問3．④

③　解答　《2次関数のグラフの頂点・切片，2変数関数の最小値》

問1．⑤　問2．②・④（順不同）　問3．①　問4．⑤

④　解答　《重複組合せ》

問1．②　問2．④　問3．①

⑤　解答　《確率，条件付き確率》

問1．④　問2．③　問3．⑤

※ある集団5人のうち1人がウイルスAに感染していると考えて解答した。

⑥ 解答 《三角形の辺の長さと角の大きさの大小関係》

問1. 中線 AM を M のほうに延長し，AM＝MD となるように点 A と異なる点 D をとると，△ACM と △DBM において 2 組の辺とその間の角がそれぞれ等しいことから △ACM≡△DBM である。

対応する辺の長さと角の大きさはそれぞれ等しいので

　　　AC＝DB，∠CAM＝∠BDM

よって，AB＞AC より

　　　AB＞DB

このとき三角形における辺と角の大小関係から，△ABD において AB＞DB より，∠BDM＞∠BAM である。

したがって，∠CAM＝∠BDM より ∠CAM＞∠BAM である。

（証明終）

問2. △ACM が正三角形であるから

　　　∠AMC＝60°，AM＝CM

よって

　　　∠AMB＝180°－∠AMC＝120°

また，BM＝CM より AM＝BM であるから，△ABM は二等辺三角形である。

よって，底角は

　　　∠BAM＝(180°－120°)÷2＝30°

したがって

　　　$\angle \mathrm{BAM} = \dfrac{1}{2} \angle \mathrm{CAM}$　……(答)

物　理

◀物 理 基 礎▶

①　解　答　《鉛直投射》

1—④　　**2**—③　　**3**—⑤　　**4**—①

②　解　答　《合成抵抗，変圧器》

5—⑤　　**6**—②

③　解　答　《波の合成》

7—③　　**8**—①

④　解　答　《エネルギーとその利用》

9—③　　**10**—⑦

① 〔解 答〕 《斜方投射》

1—③　2—⑤　3—③

② 〔解 答〕 《単振動》

4—④　5—④　6—⑤

③ 〔解 答〕 《正弦波》

7—③　8—④　9—②

④ 〔解 答〕 《抵抗の接続, 半導体, 磁場》

10—⑤　11—⑥　12—②

⑤ 〔解 答〕 《光電効果, 原子核崩壊, 半減期》

13—①　14—③　15—②

化　学

◀化 学 基 礎▶

① 解答 《小問集合》

1—④　　2—⑤　　3—②　　4—①　　5—④　　6—②　　7—①　　8—⑤
9—②　　10—③

◀化　　　学▶

① 解答 《化学結合，物質量，原子の構造》

1 ―①　　2 ―①　　3 ―③　　4 ―④

② 解答 《水溶液の濃度》

5 ―④　　6 ―②　　7 ―③

③ 解答 《イオン化傾向，電気分解，鉛蓄電池》

8 ―①　　9 ―⑤　　10―②

④ 解答 《化学平衡》

11―①　　12―③

⑤ 解答 《気体の発生と性質，金属の性質，陽イオンの沈殿反応》

13―④　　14―⑤　　15―③　　16―①　　17―②

⑥ 解答 《油　脂》

18―③　　19―④　　20―④　　21―①　　22―③

⑦ 解答 《芳香族化合物の構造》

23―②　　24―①　　25―⑤

生　物

◀生 物 基 礎▶

①　解答　《体細胞分裂の観察》

問1．④　問2．③　問3．③　問4．①・③　問5．⑤

②　解答　《唾腺染色体とパフ》

問1．⑤　問2．③　問3．①　問4．②・③

③　解答　《動物の心臓と血管系》

問1．③　問2．⑦　問3．③　問4．②・⑤　問5．③

④　解答　《日本のバイオームと暖かさの指数》

問1．⑦　問2．①・⑥　問3．⑤　問4．①　問5．③

◀生　　　物▶

①　**解答**　《PCR 法，電気泳動法》

問1．②　問2．②　問3．③　問4．①　問5．⑧

②　**解答**　《同化と異化》

問1．②　問2．③　問3．②　問4．⑥　問5．⑤

③　**解答**　《視細胞の種類とはたらき》

問1．②　問2．⑤　問3．②　問4．①　問5．⑥

④　**解答**　《個体群の分布，標識再捕法》

問1．⑤　問2．②　問3．②　問4．⑥　問5．③

⑤　**解答**　《進化論と変異》

問1．④　問2．④　問3．⑤　問4．⑥　問5．③

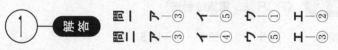

国　語

1　**解答**　**問一**　ア—③　イ—⑤　ウ—①　エ—②

　　　　　問二　ア—③　イ—④　ウ—⑤　エ—③

問三　ア—②　イ—④

二　**出典**　佐伯啓思『自由とは何か──「自己責任論」から「理由なき殺人」まで』〈第4章　援助交際と現代リベラリズム〉（講談社現代新書）

解答　**問一**　A—③　B—②　C—⑤

　　　　問二　④

問三　①

問四　⑤

問五　④

問六　②

問七　リベラリズムの立場では援助交際を批判できないはずだが、実際には多くの人がそれを支持できないこと。（五十字以内）

問八　③

問九　①

問十　⑤

三　**出典**　重松清『エイジ』（新潮文庫）

解答　**問一**　A—①　B—⑤

　　　　問二　(a)—③　(b)—②

問三　④

問四　②

問五　③

問六　①

問七　③

問八　④

////////////////// · memo · //////////////////

2023 年度

問題と解答

■学校推薦型選抜 II（公募制）

問題編

▶試験科目・配点

試験科目	内　　　　容	配　点
基礎学力試験	・日本語と英語の基礎的な語彙力（読み，書き，表現，読解，要約など） ・基礎的な計算技能（高校 1 年程度までに習得する内容を中心に出題）	100 点
面　　　接	個別面接（10 分程度）	100 点
調　査　書	「基礎学力」「基本的生活態度」「主体性等」について記載内容を評価	30 点

▶備　考

- 試験結果を，各学部・学科のアドミッション・ポリシーに基づいて多面的・総合的に評価して，合否を決定する。
- 面接は受験生 1 名に対して評価者 2 ～ 3 名。出願者数により，集団面接になる場合がある。推薦書・志望理由書は面接の参考資料とする。

基礎学力試験

（60 分）

【問題 1 】（ 1 ）〜（ 5 ）について，下線部の読みとして最も適切なものをそれぞれ①〜④のうちから一
つずつ選べ。

（ 1 ）実験データは疾患との関連を**示唆**している。　　　　　　　　　　　　　1

　　　① しさ　　　　　　　② しじ　　　　　　　③ しせん　　　　　　　④ じしゅん

（ 2 ）医療情報システムの**脆弱**性を改善する。　　　　　　　　　　　　　　2

　　　① きじゃく　　　　② はくじゃく　　　　③ ぜいじゃく　　　　④ せいじゃく

（ 3 ）やさしい表情で**会釈**を交わす。　　　　　　　　　　　　　　　　　　3

　　　① かいしゃく　　　② かいしゃ　　　　　③ あいしゃ　　　　　④ えしゃく

（ 4 ）細胞の生命機能が**破綻**する。　　　　　　　　　　　　　　　　　　　4

　　　① はじょう　　　　② はたん　　　　　　③ はかん　　　　　　④ はてん

（ 5 ）患者からの指摘を**真摯**に受け止める。　　　　　　　　　　　　　　　5

　　　① しんし　　　　　② しんう　　　　　　③ しんけん　　　　　④ しんげき

【問題2】（1）～（5）について，下線を引いたカタカナ部分に入る最も適切な漢字をそれぞれ①～④
　　　　のうちから一つずつ選べ。

　　（1）蚊が<u>バイ</u>介する感染症を予防する。　　　　　　　　　　　　　　　6
　　　　　①　媒　　　　　　②　培　　　　　　③　煤　　　　　　④　某

　　（2）危<u>ケン</u>な場所である。　　　　　　　　　　　　　　　　　　　　　7
　　　　　①　剣　　　　　　②　検　　　　　　③　兼　　　　　　④　険

　　（3）考察に<u>ム</u>盾が生じている。　　　　　　　　　　　　　　　　　　　8
　　　　　①　序　　　　　　②　予　　　　　　③　矛　　　　　　④　茅

　　（4）適切な<u>ソ</u>置を講ずる。　　　　　　　　　　　　　　　　　　　　　9
　　　　　①　疎　　　　　　②　阻　　　　　　③　措　　　　　　④　惜

　　（5）学習の成果が<u>ケン</u>著に現れた。　　　　　　　　　　　　　　　　　10
　　　　　①　煩　　　　　　②　懸　　　　　　③　倹　　　　　　④　顕

【問題3】（1）～（2）の四字熟語について，空欄箇所に当てはまる漢字として最も適切なものをそれ
　　　　ぞれ①～④のうちから一つずつ選べ。

　　（1）暗中（　　　）索　　　　　　　　　　　　　　　　　　　　　　　　11
　　　　　①　模　　　　　　②　摸　　　　　　③　茂　　　　　　④　喪

　　（2）（　　　）意工夫　　　　　　　　　　　　　　　　　　　　　　　　12
　　　　　①　槽　　　　　　②　創　　　　　　③　総　　　　　　④　想

【問題4】（1）～（3）について，似た意味を表す最も適切なものをそれぞれ①～④のうちから一つずつ選べ。

（1）留意　　　　　　　　　　　　　　　　　　　　　　　　　　　　13
　　① 油断　　　　② 失念　　　　③ 堅実　　　　④ 配慮

（2）総論　　　　　　　　　　　　　　　　　　　　　　　　　　　14
　　① 詳解　　　　② 要点　　　　③ 概説　　　　④ 細部

（3）技量　　　　　　　　　　　　　　　　　　　　　　　　　　　15
　　① 手腕　　　　② 進歩　　　　③ 確実　　　　④ 容易

【問題5】（1）～（10）の空欄 16 ～ 25 に入る最も適切な語，または語句をそれぞれ①～④のうちから一つずつ選べ。

（1）Although this book is not 16 the previous ones, it is definitely worth reading.
　　① much exciting to　② more exciting as　③ as exciting as　④ so exciting than

（2）Last Sunday, the park was 17 of people because there was a big charity concert there.
　　① full　　② filled　　③ consisted　　④ made

（3）Bill took up his new 18 as Sales Director at an oil company.
　　① competition　② location　③ experience　④ position

（4）This is a guided tour, so a guide will 19 you up at the airport or the railway station.
　　① hold　② pick　③ keep　④ bring

（5）They agreed to lend us the car on 20 that we returned it before the weekend.
　　① promise　② direction　③ condition　④ appointment

（6）A: My son is crazy about Kazuo Ishiguro, so I want to get him his new novel.
　　　Do you know 21 coming out?
　　B: Sorry, I don't know.
　　① when it will　② when was it　③ when is it　④ when it is

（7）A: You have a 22 ―you can stay here on your own or you can come with us.

B:　Then I'll stay here.

① dream　　　② choice　　　③ license　　　④ schedule

（8）A:　What food can we eat in Japan?　We are looking forward to the trip to Japan.

B:　Japan has a rich food culture.　Sushi, Tempura, Sukiyaki 　23　 .

① on and off　　② and so on　　③ and even less　　④ and so-so

（9）A:　Why are so many people watching major league baseball games?

B:　I can't say 　24　 certain, but I think these games make them so excited.

① from　　　② on　　　③ for　　　④ at

（10）A:　How did you do on the test?

B:　It was very difficult.　I 　25　 out of time and couldn't finish it .

① ran　　　② came　　　③ took　　　④ gave

【問題6】次の英文を読んで，（1）～（3）に答えよ。

Thousands of years ago, the ancient people of Babylon and Egypt studied the stars in the sky.　From their research, they came up with the zodiac, a map of the sun, moon, stars, and planets.　It was first used to keep track of time.

These ancient astrologers*1 studied the constellations*2 and their positions in the sky. They wanted to know when each constellation was closest to the sun.　They used this information to determine 　26　 each group of stars belongs in the zodiac.　The zodiac actually means "circle of little animals" in Latin, and refers to how the constellations are shaped.

Today, some people believe that the zodiac can be used to describe a person's personality. Some also believe that by studying the zodiac, they can predict what will happen in the future. According to these beliefs, a person's zodiac sign is connected to his or her birth date.

The zodiac has remained the same for over a thousand years.　It is broken up into 12 equal parts, each associated with a star sign.　However, some astrologers are suggesting a change—they think a thirteenth sign should be added to the zodiac calendar.　This is 　27　 the way the Earth rotates has changed slightly over the centuries, which has also changed its path around the sun.

*1 astrologer　　:占星術師

*2 constellation　:星座

* Neil J Anderson, *Active Skills for Reading 1*, Cengage Learning, Boston, 2013, p.137. から抜粋

（1）本文中の　26　～　27　に入る最も適切なものをそれぞれ①～④のうちから一つずつ選べ。

（i）　26
　　① why　　　　② where　　　　③ when　　　　④ how

（ii）　27
　　① because　　② what　　　　③ how　　　　④ it

（2）本文の内容に合う文章にする場合，次の　28　～　29　に入る最も適切なものをそれぞれ①
　　～④のうちから一つずつ選べ。

（i）The ancient people of Babylon and Egypt used the zodiac　28　.
　① to describe events which happened in the past
　② to describe a person's fortune
　③ to remember time
　④ to forget time

（ii）Nowadays some people　29　.
　① think that by studying the zodiac they can tell what happened in the past
　② think that a person's past is closely connected to his/her present and future by the zodiac
　③ believe that they can tell a person's date of birth by studying the constellations
　④ believe that the zodiac determines a person's personality and future

（3）本文の内容に合う文章にする場合，（ A ），（ B ）に入る語の組み合わせとして，最も
　　適切なものを①～④のうちから一つ選べ。　　30

The zodiac is determined by the position of the (A) to the (B).

	(A)	(B)
①	constellations	moon
②	constellations	sun
③	Earth	sun
④	Earth	moon

【問題 7】（1）〜（7）の [31] 〜 [59] の空欄に当てはまる数字を答えよ。

問題文中の [31] 〜 [59] には，それぞれ数字（⓪ 〜 ⑨）が一つずつ入る。なお，分数で解答が求められている場合には，既約分数で答え，解答中の根号内はこの形式で解答可能な限り小さな整数で答えること。

例：〇 ● に「50」と答えたいときは，解答欄：〇 に「⑤」，● に「⓪」をマークする。

例： $\dfrac{△}{▲}$ に $\dfrac{3}{8}$ と答えたいときは，解答欄：△ に「③」，▲ に「⑧」をマークする。

（1）$\left(\sqrt{54}-\sqrt{63}\right)\left(\sqrt{150}+\sqrt{28}\right)$ を計算すると，[31][32] - [33]$\sqrt{[34][35]}$ である。

（2）$169x^2 - 256y^2$ を因数分解すると，

（ [36][37] x + [38][39] y ）（ [40][41] x - [42][43] y ）である。

（3）$\left(3x+\dfrac{3}{2}\right)\left(2x-\dfrac{2}{3}\right)=$ [44] $x^2 + x -$ [45]

（4）濃度 5 ％の食塩水 [46][47][48] g に濃度 9 ％の食塩水 [49][50] g を混ぜ合わせると，6 ％の食塩水 256 g ができる。

（5）X + Y + Z = 10 となる整数 X，Y，Z がある。このとき，X，Y，Z の解の組み合わせは [51][52] 通りである。ただし X，Y，Z は負の数ではない。

（6）165 ! = 165・164・163 … 3・2・1 であるとき，165 ! は 2 で [53][54][55] 回割り切れる。

（7）一辺の長さが 4 の正四面体 ABCD において，辺 CD の中点を M，∠AMB = θ，AB の中点を N とするとき，以下の問いに答えなさい。

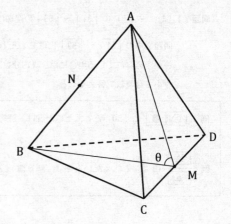

（ⅰ）$\cos\theta$ の値は $\dfrac{\boxed{56}}{\boxed{57}}$ である。

（ⅱ）MN の長さは $\boxed{58}\sqrt{\boxed{59}}$ である。

解答編

基礎学力試験

1　解答　　1 —① 　2 —③ 　3 —④ 　4 —② 　5 —①

2　解答　　6 —① 　7 —④ 　8 —③ 　9 —③ 　10—④

3　解答　　11—① 　12—②

4　解答　　13—④ 　14—③ 　15—①

5　解答　　16—③ 　17—① 　18—④ 　19—② 　20—③ 　21—④
　　　　　　　22—② 　23—② 　24—③ 　25—①

6　解答　　≪星座と占星術≫

26—② 　27—① 　28—③ 　29—④ 　30—②

7　解答　　≪小問 7 問≫

(1)31 32 48 　33 9 　34 35 42 　(2)36 37 13 　38 39 16 　40 41 13 　42 43 16
(3)44 6 　45 1 　(4)46 47 48 192 　49 50 64 　(5)51 52 66 　(6)53 54 55 161
(7)56 1 　57 3 　58 2 　59 2

■一般選抜（前期）

問題編

▶試験科目・配点

教　科		科　目	配　点
選択①※	外国語・数学・国語	「コミュニケーション英語Ⅰ・Ⅱ，英語表現Ⅰ」「数学Ⅰ・A」「国語総合（古文・漢文を除く）」から1科目選択	100点
選択②	理　科	「物理基礎」「化学基礎」「生物基礎」から2科目選択，または「物理」「化学」「生物」から1科目選択	100点

▶備　考

• 試験結果を総合して合否を決定する。

ただし，合格ライン上の同点者の合否を決める場合に限り，調査書を活用して合否を決定する。調査書が発行されない志願者については，「主体性評価に関する経験」を出願時に提出することにより調査書の代替とする。

※志願者の「思考力・判断力・表現力」を評価するために，一部記述式問題を出題する。

英語

(60 分)

【問題 1】 下の問い (問 1 ～ 問 12) の空欄 ［ 1 ］ ～ ［ 12 ］ に入るものとして最も適切なものをそ
れぞれ①～④のうちから一つずつ選べ。

問1　If you turn right and go straight, you ［ 1 ］ the museum on your left.

　　① are found　　　② found　　　③ have found　　　④ will find

問2　"This temple is beautiful. How old is it?"
　　"It ［ 2 ］ in 1534."

　　① was built　　　② built　　　③ was building　　　④ build

問3　There was a noisy sound ［ 3 ］ in the distance.

　　① hear　　　② on hearing　　　③ heard　　　④ hearing

問4　Coal-fired power generation issues are not ［ 4 ］ economic problems as
　　environmental problems.

　　① very much　　　② so much　　　③ so little　　　④ so many

問5　These suits are too expensive.　May I see some cheaper ［ 5 ］ ?

　　① ones　　　② one　　　③ any　　　④ other

問6　He is a boy ［ 6 ］ is difficult to get to know well.

　　① as　　　② whose　　　③ what　　　④ who

問7　［ 7 ］ my father nor my mother smokes.

① Either　　　　② Both　　　　③ Neither　　　　④ Not only

問8　That boy ▢ 8 the blue sweat suit runs around the track every morning.

① at　　　　② for　　　　③ in　　　　④ to

問9　There ▢ 9 a lot of rain in this area.

① is　　　　② are　　　　③ has　　　　④ have

問10　How ▢ 10 does it take to get to Harvard University?

① time　　　　② long　　　　③ far　　　　④ many

問11　I ▢ 11 in Takasaki for three years next Saturday.

① have lived　　　　② live　　　　③ will live　　　　④ will have lived

問12　I am satisfied ▢ 12 the results.

① of　　　　② for　　　　③ about　　　　④ with

【問題2】 下の問い（問1〜問3）において，対話が成り立つようにそれぞれ①〜⑤の単語を並べか
　　　　えたとき，空欄　13　〜　18　に入る適切なものを一つずつ選べ。なお、文頭に来る
　　　　単語も小文字で表している。

問1　Laura: It's raining out.　Why don't you take this pink umbrella when you go out?
　　　Tom: I would rather　13　＿＿＿　14　＿＿＿ ＿＿＿ umbrella.

　　　① that　　　　② wet　　　　③ carry　　　　④ get　　　　⑤ than

問2　Ed: I ＿＿＿ ＿＿＿　15　＿＿＿　16　wrong.　I'm not getting the correct answer.
　　　Bob: Here.　Let me help you.

　　　① something　② to　　　③ have　　　④ done　　　⑤ seem

問3　Clair : I don't like online classes.　They feel so impersonal.
　　　Ashly: Be patient.　＿＿＿　17　＿＿＿　18　＿＿＿ you're back at school.

　　　① be　　　　② it　　　　③ before　　　④ won't　　　⑤ long

【問題3】 次の英文を読んで，下の問い（問1〜問7）に答えよ。

In sunny California, Craig Rogers was sitting on his surfboard, scanning the distance for his next wave.　Suddenly, his board stopped moving.　He looked down and was terrified to see a great white shark biting the front of his board.　"I could have touched its eye with my elbow," says Rogers. The shark had surfaced so quietly that he didn't hear a thing.　In his horror and confusion, he waved his arms and accidentally cut two of his fingers on the shark's teeth.　He got off the opposite side of his surfboard, into the water.　Then, (　1　) Rogers being in the water with blood flowing from his fingers, the five-meter-long shark simply swam away.

Over a hundred shark attacks happen worldwide each year.　Of these, one-third are said to be great white attacks.　Great whites are often described as "man-eaters"—creatures that hunt and kill humans—but this is factually inaccurate.　Great whites rarely kill their human victims.　In fact, a person has a greater chance of being killed by lightning than (　2　) a great white.　With frightening jaws that hold around 300 teeth in several rows, a great white can kill very easily. Surprisingly though, most great white victims live to tell the tale.　Shark researchers are trying to understand the reasons great whites attack people, and why most of those people manage to (　3　) a horrible death.

One of the most common (　4　) for great white attacks is that great whites don't see well.　It is thought that they often mistake a person for a seal*1 or sea lion*2—a very tempting*3 snack. However, there is a reason to doubt this.　Some research now shows that great whites can actually see—and identify seals—very well.　When attacking seals, great whites shoot up to the surface and bite with great force.　However, when they approach humans, they often move in slowly and bite with (　5　) force.　"They take a bite, feel them over, then move on," says Peter Klimley, author of *The Secret Lives of Sharks*.

Shark experts like Klimley believe that great whites "attack" because they are actually (　6　) animals that like to investigate things.　They believe that it's possible great whites use their bite not just to kill and eat, but also to gather information.　According to this idea, once a great white identifies what it is biting, it simply lets go.

Even though such experiences are unlucky for people like Craig Rogers, perhaps when sharks bite surfboards, other objects, or even people, they are just trying to learn what they are.

*1 seal：アザラシ

*2 sea lion：アシカ

*3 tempting：食欲をそそる

(Paul Macintyre & David Bohlke. *Reading Explorer 2, Third Edition.* Cengage Learning, Inc., USA, 2020, pp. 92-93.)

問1　本文中の空欄（　1　）に入る語として最も適切なものを次の①〜④のうちから一つ選べ。

19

①　regardless　　　②　although　　　③　however　　　④　despite

問2　本文中の空欄（　2　）に入る語として最も適切なものを次の①〜④のうちから一つ選べ。

20

①　with　　　　　②　by　　　　　　③　from　　　　④　on

問3　本文中の空欄（　3　）に入る語として最も適切なものを次の①〜④のうちから一つ選べ。

21

①　kill　　　　　②　escape　　　　③　die　　　　　④　rescue

問4　本文中の空欄（　4　）に入る語として最も適切なものを次の①〜④のうちから一つ選べ。

22

①　explanations　　②　expectations　③　exceptions　④　expeditions

問5　本文中の空欄（　5　）に入る語として最も適切なものを次の①〜④のうちから一つ選べ。

23

①　big　　　　　②　few　　　　　③　more　　　　④　less

問6　本文中の空欄（　6　）に入る語として最も適切なものを次の①〜④のうちから一つ選べ。

24

①　scary　　　　②　curious　　　③　simple　　　④　blind

問7　次の 1〜6 の文章を本文の内容に合った英文にするために，　25　〜　30　に入る最も
　　適切なものを①〜④のうちからそれぞれ一つずつ選べ。

　1. What would be the best title for this passage?　25

　　①　Craig Rogers' Encounter with a Great White

　　②　The Eating Habits of Great Whites

　　③　The Great White—Is It Really a Man-Eater?

　　④　Dangerous Creatures of the Deep

2. Craig's surfboard stopped moving because 　26　 .

① he was scared

② a shark was stopping it

③ he got off it

④ he was sitting on it

3. The purpose of the second paragraph is to explain 　27　 .

① that the chances of being killed by a great white are very small

② how easily a great white can kill a person

③ why great whites are often called "man-eaters"

④ why great whites attack people

4. According to the passage, which of the following is correct? 　28　

① Great whites have a total of around 300 teeth.

② Great whites have several rows of teeth, with around 300 teeth in each row.

③ Great whites have around 300 teeth on the upper jaw and around 300 teeth on the lower jaw.

④ Great whites lose their teeth when they eat things.

5. According to the passage, a shark biting something may be like 　29　 .

① a dog attacking someone

② a dog sleeping

③ a dog eating something

④ a dog smelling something

6. Which statement is speculation and not a fact? 　30　

① Great whites kill fewer people than lightning does.

② Great whites obtain information through biting.

③ Great whites eat seals and sea lions.

④ Great whites are not responsible for most shark attacks.

【問題４】　以下の TOPIC について，あなたの意見とその理由（２つ）を 80〜100 ワードの英語で述べ
　　　　　よ。

　　　TOPIC
　　　Some people think university students should work part time.　Do you agree with this
　　　opinion?

　　　※この問題は「記述用解答用紙」に解答すること。

　　※1 マスにつき 1 語を使用すること。なお，コンマやピリオドは語数としてカウントしない。
　　　また，行替えは不要。
（例）| Tomorrow, | I'll | go | shopping. | I'll | buy | shoes. |

数学

(60 分)

【問題 1】　下の問いの中の $\boxed{1}$ ～ $\boxed{13}$ に当てはまる数字を答えよ。なお，問題文中の $\boxed{1}$，$\boxed{2}$，

$\boxed{3}$，などにはそれぞれ数字（0～9）が一つ入る。ただし，**桁数に関して，例えば「** $\boxed{4}\,\boxed{5}$

$\boxed{6}$ **」は 3 桁の整数を意味し，「 050 」などは入らないものとする。**

解答例：$\boxed{4}\,\boxed{5}\,\boxed{6}$ に「150」と答えたいときは，解答欄：$\boxed{4}$ に「①」，$\boxed{5}$ に「⑤」，$\boxed{6}$ に「⑩」をマークする。

問 1　次の式を計算せよ。

1) $\sqrt{48} + \sqrt{27} - \sqrt{75} = \boxed{1}\sqrt{\boxed{2}}$

2) $(\sqrt{2} - \sqrt{3} + \sqrt{5})(\sqrt{2} + \sqrt{3} + \sqrt{5}) = \boxed{3} + \boxed{4}\sqrt{\boxed{5}\,\boxed{6}}$

問 2　次の循環小数の計算結果を 1 つの既約分数で表せ。

1) $0.1\dot{2} + 1.1\dot{8} = \dfrac{\boxed{7}\,\boxed{8}}{\boxed{9}\,\boxed{10}}$

2) $0.\dot{7} \times 0.\dot{2}\dot{7} = \dfrac{\boxed{11}}{\boxed{12}\,\boxed{13}}$

【問題２】 2次関数 $y = -3(x-1)^2 - 7$ …Ⓐ のグラフについて下の問いに答えよ。

問１ y 軸との交点の y 座標はどれか。最も適切なものを①〜⑤のうちから一つ選べ。 　　14

　　① -4 　　　　② -7 　　　　③ -10 　　　　④ 0 　　　　⑤ 3

問２ 頂点の座標はどれか。最も適切なものを①〜⑤のうちから一つ選べ。 　　15

　　① $(-3, 5)$ 　　② $(-2, 7)$ 　　③ $(1, -7)$ 　　④ $(0, 3)$ 　　⑤ $(-1, 7)$

問３ 原点に関して対称移動した2次関数はどれか。最も適切なものを①〜⑤のうちから一つ選べ。
　　16

　　① $3x^2 + 6x + 10$ 　　　　② $3x^2 + 3x - 7$ 　　　　③ $x^2 - x - 7$
　　④ $6x^2 - 10x - 3$ 　　　　⑤ $3x^2 - 6x - 10$

問４ このⒶの頂点 P，y 軸との交点 Q，問３で求めた2次関数の頂点を R としたとき，ΔPQR の面積はどれか。最も適切なものを①〜⑤のうちから一つ選べ。 　　17

　　① 1 　　　　② 5 　　　　③ 7 　　　　④ 10 　　　　⑤ 20

【問題３】　$\sin\theta - \cos\theta = \dfrac{1}{2}\ (0° < \theta < 180°)$ のとき，下の問いに答えよ。

問1　$\sin\theta\cos\theta$ の値はいくらか。最も適切なものを①〜⑤のうちから一つ選べ。　　　$\boxed{18}$

① $-\dfrac{3}{8}$　　　② $-\dfrac{1}{2}$　　　③ 0　　　④ $\dfrac{3}{4}$　　　⑤ $\dfrac{3}{8}$

問2　$\sin\theta + \cos\theta$ の値はいくらか。最も適切なものを①〜⑤のうちから一つ選べ。　　　$\boxed{19}$

① $-\dfrac{4}{\sqrt{7}}$　　　② $-\dfrac{1}{4}$　　　③ $\dfrac{\sqrt{7}}{2}$　　　④ $\dfrac{7}{4}$　　　⑤ $-\dfrac{\sqrt{7}}{2}$

問3　$\sin^3\theta - \cos^3\theta$ の値はいくらか。最も適切なものを①〜⑤のうちから一つ選べ。　　　$\boxed{20}$

① $-\dfrac{8}{\sqrt{11}}$　　　② $-\dfrac{3}{16}$　　　③ $\dfrac{\sqrt{11}}{16}$　　　④ $\dfrac{11}{16}$　　　⑤ $\dfrac{11}{8}$

【問題４】　4人がじゃんけんをして，1人の勝者を決める。1回目で1人の勝者が決まらない場合は，繰り返しじゃんけんを行う。2回目のじゃんけんを行うとき，下の問いに答えよ。

問1　1回目で1人だけが勝つ確率はいくらか。最も適切なものを①〜⑤のうちから一つ選べ。

$\boxed{21}$

① $\dfrac{4}{81}$　　　② $\dfrac{1}{27}$　　　③ $\dfrac{1}{12}$　　　④ $\dfrac{4}{27}$　　　⑤ $\dfrac{1}{4}$

問2　1回目で2人が勝つ確率はいくらか。最も適切なものを①〜⑤のうちから一つ選べ。

$\boxed{22}$

① $\dfrac{5}{81}$　　　② $\dfrac{3}{18}$　　　③ $\dfrac{2}{9}$　　　④ $\dfrac{1}{4}$　　　⑤ $\dfrac{1}{2}$

問3　2回目で1人の勝者が決まるときに，1回目があいこであった確率はいくらか。最も適切なものを①〜⑤のうちから一つ選べ。　　　$\boxed{23}$

① $\dfrac{52}{729}$　　　② $\dfrac{18}{729}$　　　③ $\dfrac{26}{243}$　　　④ $\dfrac{13}{49}$　　　⑤ $\dfrac{13}{27}$

【問題5】　下の問いに答えよ。

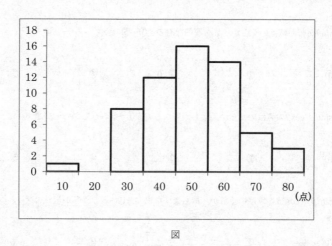

図

問1　上の図は，あるデータについて度数分布を求め，各階級幅は0点以上10点未満のように10点
で区切っているヒストグラムである。次の(A)～(E)のうち**誤っている組み合わせ**を①～
⑤のうちから一つ選べ。ただし，データの大きさは59である。　　　　　　　　　　24

　(A)最大値は80点以上90点未満の階級にある。

　(B)最小値は30点以上40点未満の階級にある。

　(C)第1四分位数は40点以上50点未満にある。

　(D)中央値は40点以上50点未満にある。

　(E)第3四分位数は60点以上70点未満にある。

①(A，B)　　　②(B，C)　　　③(C，D)　　　④(A，E)　　　⑤(B，D)

問2　下の表は20名に対して午前と午後のテストの得点をまとめたものである。午前の得点を変量
x，午後の得点を変量yで表し，x，yの平均をそれぞれ$\bar{x}$，$\bar{y}$で表す。ただし，表の
値はすべて正確な値であり，四捨五入されていないものとする。

表

番号	x	y	$x-\overline{x}$	$y-\overline{y}$	$(x-\overline{x})^2$	$(y-\overline{y})^2$	$(x-\overline{x})(y-\overline{y})$
1	44	43	6.0	4.0	36	16	24
·	·	·	·	·	·	·	·
·	·	·	·	·	·	·	·
·	·	·	·	·	·	·	·
20	27	36	−11.0	−3.0	121	9	33
合計	A	780	0.0	0.0	430	346	100
平均	B	39.0	0.0	0.0	21.5	17.3	5.0
中央値	39.0	39.0	1.0	0.0	9.0	12.5	3.0

下の問いに答えよ。

1)　変量 x の平均値 B の値はいくらか。最も適切なものを①〜⑤のうちから一つ選べ。　**25**

　　① 37.0　　　　　② 37.5　　　　　③ 38.0　　　　　④ 38.5　　　　　⑤ 39.0

2)　変量 x の合計値 A の値はいくらか。最も適切なものを①〜⑤のうちから一つ選べ。　**26**

　　① 680　　　　　② 720　　　　　③ 760　　　　　④ 800　　　　　⑤ 840

3)　変量 x と変量 y についての散布図として最も適切なものを，相関関係，中央値に注意して①〜⑤のうちから一つ選べ。　**27**

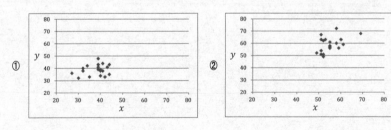

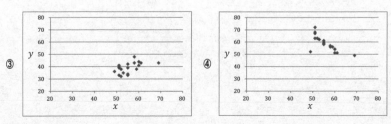

⑤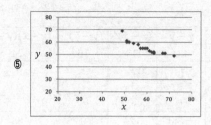

【問題6】　ΔABC の ∠BAC の二等分線と ∠B の外角の二等分線の交点を I とする。そのとき，

∠AIB = $\frac{1}{2}$ ∠ACB であることを証明せよ。

物理

※　「物理基礎」「化学基礎」「生物基礎」から２科目選択，
　　または「物理」「化学」「生物」から１科目選択。

◀物 理 基 礎▶

（2科目60分）

【問題1】　図のように，水平な滑らかな平面を移動する質量 m の物体がある。平面から角度 θ だけ，
上向きに大きさ F の力を加えて距離 d だけ移動させた。重力加速度の大きさを g とする。
ただし，物体はなめらかに動き，物体の大きさや空気の影響は無視できるものとして下の
問い（問1〜問4）に答えよ。

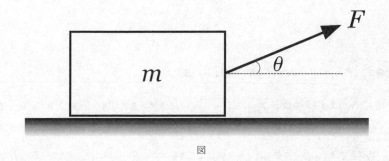

図

問1　物体が移動する方向に作用した仕事 W の大きさはどれか。最も適切なものを次の①〜⑤の
うちから一つ選べ。　　　　　　　　　　　　　　　　　　　　　　　　　　　1

　　① $Fd \cos\theta$　　　② $Fd \sin\theta$　　　③ $F \cos\theta$　　　④ $Fd \sin\theta - \cos\theta$　　　⑤ $Fd \cos\theta + \sin\theta$

問2　水平面と垂直に働く力，垂直抗力 N と物体の重力 mg の関係はどれか。最も適切なものを
次の①〜⑤のうちから一つ選べ。　　　　　　　　　　　　　　　　　　　　2

　　① $F \sin\theta = mg$　　② $F - N = mg$　　③ $F \cos\theta = mg$　　④ $F \sin\theta + N = mg$　⑤ $F + N = mg$

問3　物体の進行方向への加速度はどれか。最も適切なものを次の①〜⑤のうちから一つ選べ。

3

① $F\cos\theta$　　　② $Fm\sin\theta$　　　③ $\dfrac{F\cos\theta}{m}$　　　④ $\dfrac{F\sin\theta}{m}$　　　⑤ $Fd\tan\theta$

問4　物体の移動する場所を粗い地面に変えた。角度 θ と，力 F が変化しないときの説明として，最も適切なものを次の①〜⑤のうちから一つ選べ。

4

①　地面との摩擦力は $F\sin\theta$ で表される。

②　移動距離 d は質量と加速度の積で表される。

③　物体の重力 mg は大きくなる。

④　垂直抗力 N は変化しない。

⑤　水平面と垂直に働く力は小さくなる。

【問題2】　熱に関する下の問い（問1〜問2）に答えよ。

問1　下の文章中の空欄　ア　・　イ　に入る数値と語句の組み合わせとして，最も適切なものを次の①〜⑤のうちから一つ選べ。

5

　物質を形成する原子や分子は，熱運動による運動エネルギー以外に原子間や分子間の力による位置エネルギーを持っており，これらのエネルギーの総和を内部エネルギーという。
気体を圧縮して，2.0×10^2 J の仕事をしたら，1.5×10^2 J の熱を放出した。この時，内部エネルギーは　ア　J　イ　。

	ア	イ
①	5.0×10	減少する
②	5.0×10	増加する
③	3.5×10^2	減少する
④	3.5×10^2	変化しない
⑤	3.5×10^2	増加する

問2　図のように銅製容器 190 g，銅製かき混ぜ棒 10 g，水 160 g と断熱材からなる水熱量計があり，水の温度は 25 ℃ である。これに 100 ℃，60 g の物体を入れたところ，水温は 40 ℃ となった。水の比熱を 4.2 J/(g・K)，銅の比熱を 0.38 J/(g・K) とする。物体の比熱 [J/(g・K)] として，最も適切なものを次の①～⑤のうちから一つ選べ。ただし，熱の出入りは銅製容器，銅製かき混ぜ棒，水，物体間のみで起こるものとする。

6

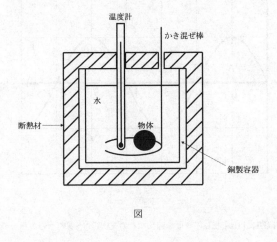

図

① 0.24　　　　② 0.45　　　　③ 1.04　　　　④ 3.12　　　　⑤ 3.93

【問題３】 縦波の正弦波が，x 軸上を正の方向に速さ 340 m/s で伝わっている。図は $t = 0$ [s] における変位 y [m] と位置 x [m] の波形を示したものである。ただし，縦波を横波表示で表してある。下の問い（問１～問２）に答えよ。

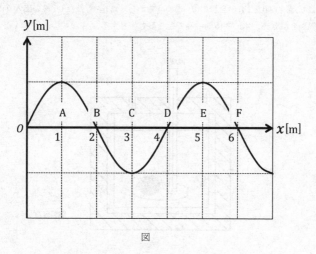

図

問１ この波の振動数 [Hz] として，最も適切なものを次の①～⑤のうちから一つ選べ。　　| 7 |

① 65　　　　　　② 75　　　　　　③ 85　　　　　　④ 90　　　　　　⑤ 95

問２ 時刻 $t = 0$ [s] において，媒質が最も密な位置の組み合わせとして，適切なものを次の①～⑤のうちから一つ選べ。　　| 8 |

① A , C　　　　② B , D　　　　③ B , F　　　　④ C , F　　　　⑤ D , F

【問題4】 図のように，R_1，R_2，R_3，R_4 の抵抗をつなぎ，全体に 30 V の電圧をかけたとき，下の
　　　　　問い（問1〜問2）に答えよ。ただし R_1，R_2，R_3，R_4 の抵抗値をそれぞれ 1 Ω，2 Ω，
　　　　　3 Ω，4 Ω とする。

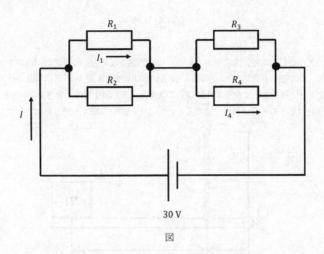

図

問1　回路全体を流れる電流 I [A] の値として，最も適切なものを次の①〜⑤のうちから一つ選べ。

　　　　　　　　　　　　　　　　　　　　　　　　　　　　　　　9

　① 8.35　　　　　② 9.20　　　　　③ 12.6　　　　　④ 15.2　　　　　⑤ 17.8

問2　抵抗 R_1 と R_4 に流れる電流 I_1，I_4 [A] の組み合わせとして，最も適切なものを次の①〜⑥
　　　　のうちから一つ選べ。

　　　　　　　　　　　　　　　　　　　　　　　　　　　　　　　10

	I_1	I_4
①	2.1	1.8
②	2.1	3.6
③	4.2	5.4
④	4.2	1.8
⑤	8.4	3.6
⑥	8.4	5.4

◀物　　理▶

(60 分)

【問題 1】 図のように鉛直な壁に密度と太さが均一な棒の端をなめらかな自由に回る継手 O に固定した。O からの距離 L_1 の点をひもで固定し，ひもから距離 L_2 の点に質量 m の物体を乗せたとき，棒が水平になるようにひもで支えた。重力加速度の大きさを $g = 9.8 \, \text{m/s}^2$，棒とひもの重さの影響は無視できるものとして下の問い（問 1〜問 3）に答えよ。

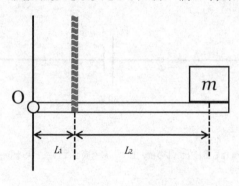

図

問 1 ひもが棒を支えるのに必要な力を表すのはどれか。物体が重力方向に作用した力を Fm として，最も適切なものを次の①〜⑤のうちから一つ選べ。　　　　　　　　　　　[1]

① $Fm \cdot L_1 + L_2$　　　　　　② $\dfrac{Fm}{L_1 \cdot L_2}$　　　　　　③ $\dfrac{Fm \cdot L_1 + Fm \cdot L_2}{L_1}$

④ $\dfrac{L_1}{Fm \cdot L_2}$　　　　　　⑤ $\dfrac{Fm \cdot L_1 + Fm}{L_2}$

問 2 $L_1 = 3 \, \text{cm}$，$L_2 = 27 \, \text{cm}$，$m = 0.2 \, \text{kg}$ のとき，物体が継手 O のまわりにあたえる力のモーメントの大きさ[N・m]はどれか。最も適切なものを次の①〜⑤のうちから一つ選べ。　[2]

① 0.06　　　　　② 0.294　　　　　③ 0.529　　　　　④ 0.588　　　　　⑤ 0.882

問 3 $L_1 = 3 \, \text{cm}$，$L_2 = 27 \, \text{cm}$，ひもが棒を支えるのに必要な力が 39.2 N のとき，物体の質量[kg]はどれか。最も適切なものを次の①〜⑤のうちから一つ選べ。　　　[3]

① 0.40　　　　② 1.20　　　　③ 1.96　　　　④ 3.92　　　　⑤ 5.88

【問題2】　図のように，点 O に固定されたひもに質量 m の球体を固定した。球体は水平面を等速円
　　　　運動している。ひもの長さを l，ひもと鉛直線となす角を θ，重力加速度の大きさを g と
　　　　して下の問い（問1～問3）に答えよ。

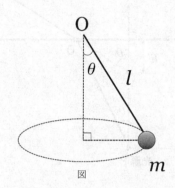

図

問1　ひもの張力の大きさを表すのはどれか。最も適切なものを次の①～⑤のうちから一つ選べ。
　　　　　　　　　　　　　　　　　　　　　　　　　　　　　　　　　　　4

① $\dfrac{mg}{\cos\theta}$　　② $mg\sin\theta$　　③ $\dfrac{\cos\theta}{mg}$　　④ $mg\cos\theta$　　⑤ $\dfrac{mg}{\sin\theta}$

問2　円運動の速さを表すのはどれか。最も適切なものを次の①～⑤のうちから一つ選べ。　　5

① $\sin\theta\sqrt{\dfrac{g}{l\cos\theta}}$　　② $\sin\theta\sqrt{\dfrac{gl}{\cos\theta}}$　　③ $\cos\theta\sqrt{\dfrac{\sin\theta}{g}}$　　④ $\cos\theta\sqrt{\dfrac{g}{l\cos\theta}}$　　⑤ $\sin\theta\sqrt{\dfrac{l}{g\cos\theta}}$

問3　円運動の周期を表すのはどれか。最も適切なものを次の①～⑤のうちから一つ選べ。　　6

① $\pi\sqrt{\dfrac{gl}{\cos\theta}}$　　② $\sin\theta\sqrt{\dfrac{\pi}{gl}}$　　③ $2\pi\sqrt{\dfrac{g}{\cos\theta}}$　　④ $2\pi\sqrt{\dfrac{l\cos\theta}{g}}$　　⑤ $\cos\theta\sqrt{\dfrac{\pi}{g}}$

【問題３】 空気中（屈折率 n_1）から水中（屈折率 n_2）の光源を見ると，実際より浅い場所にあるように見える。図のように深さ h [m] の光源 P を空気中から見たとき，見かけの深さを h' [m] とする。角度 θ が十分小さいとき，$\tan\theta \fallingdotseq \sin\theta$ が成立するとして，下の問い（問１〜問３）に答えよ。

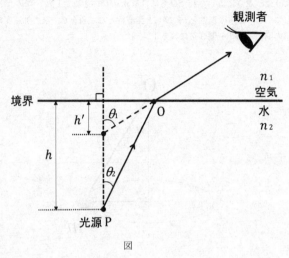

図

問１ 点 O における屈折の法則を表す式として，最も適切なものを次の①〜⑤のうちから一つ選べ。

7

$$① \frac{n_2}{n_1} = \frac{\sin\theta_2}{\sin\theta_1} \qquad ② \frac{n_2}{n_1} = \frac{\sin\theta_1}{\sin\theta_2} \qquad ③ \frac{n_2}{n_1} = \frac{\cos\theta_2}{\cos\theta_1} \qquad ④ \frac{n_2}{n_1} = \frac{\cos\theta_1}{\cos\theta_2} \qquad ⑤ \frac{n_2}{n_1} = \frac{\tan\theta_1}{\tan\theta_2}$$

問２ 物体の見かけの深さ h' [m] として，最も適切なものを次の①〜⑤のうちから一つ選べ。

8

$$① \frac{n_1}{n_2}\cdot h \qquad ② \frac{n_2}{n_1}\cdot h \qquad ③ \frac{h}{n_1} \qquad ④ \frac{h}{n_2} \qquad ⑤ \frac{h}{n_1 n_2}$$

問３ $n_1 = 1.0$，$n_2 = 1.3$，$h = 0.5$ m のとき，h' [m] の値として，最も適切なものを次の①〜⑤のうちから一つ選べ。

9

① 0.38　　　　② 0.50　　　　③ 0.65　　　　④ 0.77　　　　⑤ 0.86

【問題４】　図のような回路をホイートストンブリッジと呼び，未知抵抗 R_x [Ω] の正確な測定に用いる。可変抵抗 R_3 [Ω] を変化させ，検流計 G を流れる電流が 0 A となるとき，下の問い（問１～問３）に答えよ。なお，抵抗 R_1，R_2，R_3，R_x [Ω] に流れる電流の大きさと方向を I_1，I_2，I_3，I_x [A]で示してある。

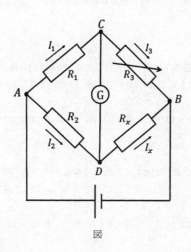

図

問１　図の閉回路 A C D において成立する条件式として，最も適切なものを次の①～⑤のうちから一つ選べ。　　　　　　　　　10

① $R_1 I_1 = R_2 I_2$　　　　　② $R_2 I_2 = R_3 I_3$　　　　　③ $R_1 I_1 = R_3 I_3$

④ $R_2 I_2 = R_x I_x$　　　　　⑤ $R_3 I_3 = R_x I_x$

問２　図の閉回路 B C D において成立する条件式として，最も適切なものを次の①～⑤のうちから一つ選べ。　　　　　　　　　11

① $R_1 I_1 = R_2 I_2$　　　　　② $R_2 I_2 = R_3 I_3$　　　　　③ $R_1 I_1 = R_3 I_3$

④ $R_2 I_2 = R_x I_x$　　　　　⑤ $R_3 I_3 = R_x I_x$

問３　未知抵抗 R_x [Ω] の値として，最も適切なものを次の①～⑤のうちから一つ選べ。　　12

① $\dfrac{R_1}{R_1 + R_2}$　　② $\dfrac{R_2}{R_1 + R_2}$　　③ $\dfrac{R_3}{R_1 + R_2}$　　④ $\dfrac{R_2 R_3}{R_1}$　　⑤ $\dfrac{R_1 R_3}{R_2}$

【問題5】 水素原子のエネルギー準位 E_n は，

$$E_n = -\frac{2.2 \times 10^{-18}}{n^2} \ [\,\text{J}\,] \quad (n = 1, 2, 3, \cdots\cdots)$$

で表わされ，とびとびの値（離散量）をもつ。真空中での光速を $3.0 \times 10^8 \ [\text{m/s}]$，プランク定数を $6.6 \times 10^{-34} \ [\,\text{J·s}\,]$，電気素量を $1.6 \times 10^{-19} \ [\,\text{C}\,]$ として下の問い（問1〜問3）に答えよ。

問1 電子が3番目の定常状態 $E_3 \ [\,\text{J}\,]$ から1番目の定常状態 $E_1 \ [\,\text{J}\,]$ へ移るとき放出される光のエネルギー $E_3 - E_1 \ [\,\text{J}\,]$ として，最も適切なものを次の①〜⑤のうちから一つ選べ。　　　13

① 1.0×10^{-19}　② 5.0×10^{-19}　③ 1.0×10^{-18}　④ 2.0×10^{-18}　⑤ 2.2×10^{-18}

問2 問1で放出される光の波長 $[\,\text{m}\,]$ として，最も適切なものを次の①〜⑤のうちから一つ選べ。　　　14

① 1.0×10^{-7}　② 5.0×10^{-7}　③ 1.0×10^{-6}　④ 2.2×10^{-6}　⑤ 2.5×10^{-6}

問3 水素原子を電離してイオンにするのに必要なエネルギー $[\,\text{eV}\,]$ として，最も適切なものを次の①〜⑤のうちから一つ選べ。　　　15

① 7.6　　　② 9.1　　　③ 10　　　④ 14　　　⑤ 23

■■■ 化学 ■■■

※　「物理基礎」「化学基礎」「生物基礎」から 2 科目選択，
　　または「物理」「化学」「生物」から 1 科目選択。

◀化 学 基 礎▶

（2 科目 60 分）

必要な場合は次の値を用いること。

原子量：H = 1　C = 12　N = 14　O = 16　Na = 23　S = 32　Cl = 35.5　K = 39　Ca=40　Cu=63.5

【問題 1】下の問い（問 1 ～問 10）に答えよ。

問 1　半導体として，集積回路などに用いられるとともに，酸化物は光ファイバーに利用されている元素はどれか。最も適切なものを次の①～⑤のうちから一つ選べ。　　　　 1

　①　硫黄　　　　　　　　②　ケイ素　　　　　　　　③　フッ素

　④　クロム　　　　　　　⑤　セレン

問 2　熱運動についての説明として，**誤っているもの**を次の①～④のうちから一つ選べ。　 2

　①　物質を構成している各粒子がいろいろな速さで運動している。

　②　物質を構成している各粒子が不規則に運動している。

　③　気体では，熱運動は最も激しく，分子間力は最も強い。

　④　絶対零度では，物質を構成しているすべての粒子の熱運動が停止する。

問 3　塩素には ^{35}Cl（相対質量 35.0）と ^{37}Cl（相対質量 37.0）の同位体がある。塩素の原子量を 35.5 とするとき，^{37}Cl の存在比は何%か。最も適切なものを次の①～⑤のうちから一つ選べ。　　　　 3

  ① 25   ② 40   ③ 50

  ④ 60   ⑤ 75

問 4　原子が最も陰イオンになりやすいものはどれか。適切なものを次の①～⑤のうちから一つ選べ。

                               4

  ① 炭素   ② 窒素   ③ 酸素

  ④ フッ素   ⑤ ネオン

問 5　共有電子対の数が非共有電子対よりも少ない分子はどれか。最も適切なものを次の①～⑤
  のうちから一つ選べ。   5

  ① 水   ② 窒素   ③ フッ素

  ④ アンモニア   ⑤ 二酸化炭素

問 6　塩化ナトリウムの水溶液 A と水溶液 B があり，水溶液 A の濃度は a (mol/L)，水溶液 B の
  濃度は b (mol/L)である。水溶液 A と水溶液 B を混ぜて，塩化ナトリウムの濃度が c (mol/L)
  の水溶液 V (L)をつくる。このときに必要な水溶液 A と水溶液 B の体積はそれぞれ何 L か。
  最も適切な組み合わせを次の①～⑥のうちから一つ選べ。ただし，混合後の水溶液の体積は，
  混合前の 2 つの水溶液の体積の和に等しいとする。また，$a < c < b$ とする。 6

	水溶液 A	水溶液 B
①	$\dfrac{V(c-a)}{(b-a)}$	$\dfrac{V(b-c)}{(b-a)}$
②	$\dfrac{V(b-c)}{(b-a)}$	$\dfrac{V(c-a)}{(b-a)}$
③	$\dfrac{V(b-a)}{(b-c)}$	$\dfrac{V(b+a)}{(c-a)}$
④	$\dfrac{V(b+a)}{(c-a)}$	$\dfrac{V(b-a)}{(b-c)}$
⑤	$\dfrac{V(b+a)}{(b-c)}$	$\dfrac{V(b+a)}{(c-a)}$
⑥	$\dfrac{V(b+a)}{(c-a)}$	$\dfrac{V(b+a)}{(b-c)}$

問7　水素を 4.8 mol と酸素を 3.4 mol 反応させた後，生成する水は何 g か。最も適切なものを
次の①〜⑤のうちから一つ選べ。　　　　　　　　　　　　　　　　　　　　　　　 7

① 18.0　　　　　　　② 25.2　　　　　　　③ 43.2

④ 61.2　　　　　　　⑤ 86.4

問8　2 価の酸 0.400 g を含んだ水溶液を完全に中和するのに，0.200 mol/L の水酸化ナトリウム
水溶液 40.0 mL を要した。この酸の分子量として，最も適切なものを次の①〜⑤のうちか
ら一つ選べ。　　　　　　　　　　　　　　　　　　　　　　　　　　　　　　　 8

① 50　　　　　　　　② 100　　　　　　　③ 150

④ 200　　　　　　　⑤ 250

問9　強い酸化剤に対しては還元剤として働く物質はどれか。最も適切なものを次の①〜⑤のうち
から一つ選べ。　　　　　　　　　　　　　　　　　　　　　　　　　　　　　　 9

① 過酸化水素（H_2O_2）　　　　　　　　　② 過マンガン酸カリウム（$KMnO_4$）

③ 希硝酸（HNO₃）　　　　　　　④ 二クロム酸カリウム（K₂Cr₂O₇）

⑤ 塩素（Cl₂）

問10　一次電池はどれか。最も適切なものを次の①〜⑤のうちから一つ選べ。　　　　10

① 鉛蓄電池　　　　　　② リチウム電池　　　　　③ ニッケル・水素電池

④ リチウムイオン電池　　⑤ ニッケル・カドミウム電池

◀化　　　学▶

(60 分)

必要な場合は次の値を用いること。

原子量：　H = 1　C = 12　N= 14　O = 16　Al = 27　S = 32　Cu = 64　Zn =65

【問題1】混合物についての文章を読み，次の（問1〜問4）について答えよ。

　2種類以上の物質が混じり合った物質を混合物といい，混合物から目的の物質を取り出す操作を分離という。2種類以上の混合物から，沸点の違いを利用して分離する操作をとくに（　ア　）といい，下図に示すような装置を用いて行われる。また，温度による物質の溶解量の差を利用し，固体物質に含まれる少量の不純物を分離する操作を（　イ　）という。

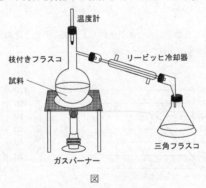

図

問1　混合物として最も適切なものを次の①〜⑤のうちから一つ選べ。　　　　| 1 |

　　①鉄　　　　　　②水蒸気　　　　　③ドライアイス　④塩化カリウム　⑤塩酸

問2　図の装置に関する説明として，**誤っているもの**を次の①〜⑤のうちから一つ選べ。

　　　　　　　　　　　　　　　　　　　　　　　　　　　　　　　　　| 2 |

　　①　温度計の球部はフラスコの枝の位置に合わせる。

　　②　試料の液量はフラスコ容量の半分以下にする。

　　③　試料の中に沸騰石を入れる。

　　④　三角フラスコは密閉する。

　⑤　冷却水は下部から上部に向かって流す。

問3　本文中の（　ア　）・（　イ　）に該当する語句の組み合わせとして，最も適切なものを次の
　　①～⑥のうちから一つ選べ。　　　　　　　　　　　　　　　　　　　　　　　　　3

	（　ア　）	（　イ　）
①	蒸留	抽出
②	蒸留	再結晶
③	縮合	抽出
④	縮合	再結晶
⑤	昇華	抽出
⑥	昇華	再結晶

問4　水とエタノールの混合物を通常の大気圧のもとで加熱したときの温度変化について，最も適
　　切なものを次の①～④のうちから一つ選べ。　　　　　　　　　　　　　　　　　4

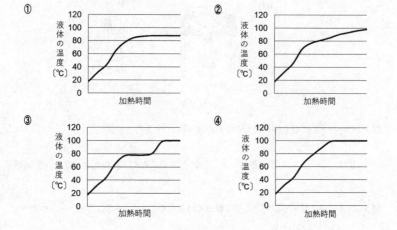

【問題2】アルミニウムの単体は，図に示すような面心立方格子の結晶構造をとる。次の（問1～問3）に答えよ。

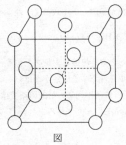

図

問1　この単位格子中に含まれる原子の数として，最も適切なものを次の①～⑤のうちから一つ選べ。　　　　　　　　　　　5

①　4　　　　　　②　6　　　　　　③　8　　　　　　④　12　　　　　⑤　14

問2　この単位格子の一辺の長さを a cm とするとき，アルミニウム原子の半径として，最も適切なものを次の①～⑤のうちから一つ選べ。ただし，結晶内では最近接の原子は互いに接触しているものとする。　　　　　　　　　6

①　$\dfrac{a}{2}$　　　②　$\dfrac{\sqrt{2}}{2}a$　　　③　$\dfrac{\sqrt{2}}{4}a$　　　④　$\dfrac{\sqrt{3}}{4}a$　　　⑤　$\dfrac{\sqrt{2}}{2}a^2$

問3　アルミニウムの質量を w g/mol，アボガドロ定数を N_A とするとき，この結晶の密度は何 g/cm³ か。最も適切なものを次の①～⑤のうちから一つ選べ。　　　　　　7

①　$\dfrac{w}{N_A a^3}$　　　②　$\dfrac{N_A w}{a^3}$　　　③　$\dfrac{4w}{N_A a^3}$　　　④　$\dfrac{4N_A w}{a^3}$　　　⑤　$\dfrac{8N_A w}{a^3}$

【問題3】酢酸の電離平衡に関する文章を読み，次の（問1〜問4）に答えよ。

弱酸である酢酸は水溶液中で一部が電離し，①式のような平衡が成立する。

$$CH_3COOH \rightleftarrows CH_3COO^- + H^+ \cdots\cdots①$$

　水溶液中で①式が成立しているとき，塩酸を少量滴下すると平衡は（　ア　）に移動する。一方，水酸化ナトリウム水溶液を少量滴下すると，平衡は（　イ　）に移動する。酢酸の濃度を c〔mol/L〕，電離度を a とすると，電離平衡時の酢酸の濃度は $c(1-a)$〔mol/L〕，酢酸イオンおよび水素イオンの濃度は ca〔mol/L〕と表される。したがって，酢酸の電離定数 K_a は（　ウ　）となる。

問1　本文中の（　ア　）・（　イ　）に該当する語句の組み合わせとして，最も適切なものを次の ①〜⑤ のうちから一つ選べ。　　　　　　　　　　　　　　　　　　8

	（ ア ）	（ イ ）
①	左	左
②	左	右
③	左	両方向
④	右	左
⑤	右	右

問2　本文中の（　ウ　）に該当する最も適切な式を次の ①〜⑤ のうちから一つ選べ。　　9

① $c(1-2a)$　　② $c(1+2a)$　　③ $\dfrac{ca}{1-a}$　　④ $\dfrac{1-a}{ca^2}$　　⑤ $\dfrac{ca^2}{1-a}$

問3　1.0×10^{-3} mol/L 酢酸水溶液の電離度として，最も適切なものを次の ①〜⑤ のうちから一つ選べ。ただし，酢酸の電離定数は 2.7×10^{-5} mol/L とし，電離度は1に比べて著しく小さいものとする。必要があれば，$\sqrt{2.7} = 1.6$ を用いよ。　　10

① 0.016　　② 0.027　　③ 0.16　　④ 0.27　　⑤ 0.49

問4　1.0×10^{-3} mol/L 酢酸水溶液の pH として，最も適切なものを次の ①〜⑤ のうちから一つ選べ。ただし，$\log 2.0 = 0.30$，$\log 3.0 = 0.48$ とする。　　11

① 1.8　　② 2.2　　③ 3.6　　④ 3.8　　⑤ 4.8

【問題4】カルシウム化合物の反応についての図を示す。次の（問1～問3）に答えよ。

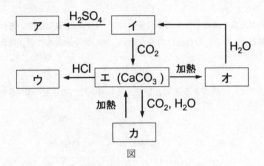

図

問1　カルシウムについて，**誤っているもの**を次の①～⑤のうちから一つ選べ。　　　12

　　　① アルカリ土類金属に含まれる。

　　　② 水と反応して水素を発生する。

　　　③ 炭酸カルシウムは石灰石の主成分である。

　　　④ 軟水は硬水よりもカルシウムイオンを多く含む。

　　　⑤ ナトリウムより融点が高い。

問2　建築材料や医療用ギプスなどに使われる化合物として，最も適切なものを次の①～⑥のうちから一つ選べ。　　　13

　　　① ア　　　　　　　　② イ　　　　　　　　③ ウ

　　　④ エ　　　　　　　　⑤ オ　　　　　　　　⑥ カ

問3　鍾乳洞の形成に関わる反応として，最も適切なものを次の①～⑥のうちから一つ選べ。
　　　　　　　　　　　　　　　　　　　　　　　　　　　　　　　　　　14

　　　① イ→ア　　　　　　② イ→エ　　　　　　③ エ→ウ

　　　④ エ→オ　　　　　　⑤ オ→イ　　　　　　⑥ エ⇄カ

【問題5】次の文章を読み，（問1～問3）に答えよ。

　　　2種類以上の金属を融合したものを合金といい，もとの金属にはない優れた性質をもつ場合がある。銅と（　ア　）の合金は白銅といい，加工性や耐食性に優れ硬貨に利用されている。

問1　文章中の（　ア　）に該当する語句として，最も適切なものを次の①～⑤のうちから一つ選べ。　　　　　　　　　　　　　　　　　　　　　　　　　　　　　　　　　15

　　① 鉄　　　　　　② 銀　　　　　　③ クロム　　　　④ スズ　　　　　⑤ ニッケル

問2　合金に関する次の記述のうち，最も適切なものを次の①～⑤のうちから一つ選べ。　　16

　　① 青銅は加工しやすく楽器や硬貨に利用される。

　　② ステンレス鋼は錆びにくく台所用品や工具に利用される。

　　③ ニクロムは軽くて強度が大きく航空機の機体に利用される。

　　④ ジュラルミンの主成分はチタンである。

　　⑤ はんだの主成分は水銀である。

問3　銅と亜鉛の合金である黄銅（しんちゅう）8.0 g を酸化力のある酸で完全に溶かし，水溶液とした。この水溶液が酸性であることを確認後，過剰の硫化水素を通じたところ，純粋な化合物の沈殿 8.4 g が得られた。この合金中の銅の含有率は何%か。最も適切なものを次の①～⑤のうちから一つ選べ。　　　　　　　　　　　　　　　　　　　　　　17

　　① 40　　　　　　② 43　　　　　③ 67　　　　　④ 70　　　　　⑤ 94

【問題6】分子式 C_4H_8O で表される化合物の構造式を①～⑥のとおり示す。次の（問1～問3）に答えよ。

① $CH_2=CH-CH-CH_3$
   　　　　　　$\overset{|}{OH}$

② $CH_3-CH_2-CH=CH$
   　　　　　　　　　　$\overset{|}{OH}$

③ $CH_2=CH-CH_2-O-CH_3$

④ $CH_3-CH_2-\overset{\overset{}{|}}{\underset{\underset{O}{\parallel}}{C}}-CH_3$

⑤ $CH_3-CH_2-CH_2-\overset{}{\underset{\underset{O}{\parallel}}{C}}-H$

⑥ $\overset{CH_2}{\overset{}{CH_2-CH-CH_2-OH}}$

問1　不斉炭素原子をもつ化合物として，最も適切なものを上の①～⑥のうちから一つ選べ。　　　18

問2　銀鏡反応を示す化合物として，最も適切なものを上の①～⑥のうちから一つ選べ。　　　19

問3　ヨードホルム反応を示す化合物はいくつあるか。最も適切なものを次の①～⑤のうちから一つ選べ。　　　20

①0　　　②1　　　③2　　　④3　　　⑤4

【問題7】次の文章を読み,（問1～問3）に答えよ。

ナトリウムフェノキシドに高温・高圧のもとで（　ア　）を反応させてサリチル酸ナトリウム
とし,これに（　イ　）を作用させるとサリチル酸が得られる。サリチル酸は無色の結晶で水に
わずかに溶け,（　ウ　）水溶液によって赤紫色を呈する。サリチル酸にメタノールと少量の濃硫
酸を作用させると,消炎鎮痛剤として用いられる（　エ　）が得られる。

問1　本文中の（　ア　）に該当する語句として,最も適切なものを次の①～⑧のうちから一つ選
　　　べ。　　　　　　　　　　　　　　　　　　　　　　　　　　　　　　　　　　　　　21

① フェノール　　　　　　　　　　　　② 酢酸

③ 希硫酸　　　　　　　　　　　　　　④ 水酸化ナトリウム水溶液

⑤ 酸素　　　　　　　　　　　　　　　⑥ アンモニア

⑦ 二酸化炭素　　　　　　　　　　　　⑧ 塩化水素

問2　本文中の（　イ　）に該当する語句として,最も適切なものを次の①～⑧のうちから一つ選
　　　べ。　　　　　　　　　　　　　　　　　　　　　　　　　　　　　　　　　　　　　22

① フェノール　　　　　　　　　　　　② 酢酸

③ 希硫酸　　　　　　　　　　　　　　④ 水酸化ナトリウム水溶液

⑤ 酸素　　　　　　　　　　　　　　　⑥ アンモニア

⑦ 二酸化炭素　　　　　　　　　　　　⑧ 塩化水素

問3　本文中の（　ウ　）・（　エ　）に該当する語句の組み合わせとして,最も適切なものを次の
　　　①～⑥のうちから一つ選べ。　　　　　　　　　　　　　　　　　　　　　　　　　　23

	（　ウ　）	（　エ　）
①	さらし粉	アセチルサリチル酸
②	さらし粉	サリチル酸メチル
③	硫酸銅（Ⅱ）	アセチルサリチル酸
④	硫酸銅（Ⅱ）	サリチル酸メチル
⑤	塩化鉄（Ⅲ）	アセチルサリチル酸
⑥	塩化鉄（Ⅲ）	サリチル酸メチル

【問題8】高分子化合物について，次の（問1〜問2）に答えよ。

問1　単量体とその重合体の組み合わせとして，最も適切なものを次の①〜⑤のうちから一つ選べ。 | 24 |

	単量体	重合体
①	尿素とアセトアルデヒド	尿素樹脂
②	ガラクトース	セルロース
③	フルクトース	デンプン
④	酢酸ビニルとアジピン酸	ポリ酢酸ビニル
⑤	テレフタル酸とエチレングリコール	ポリエチレンテレフタラート

問2　高分子化合物に関する記述として，**誤っているもの**を次の①〜⑤のうちから一つ選べ。 | 25 |

① アミロースは温水に可溶である。

② アミノ酸の配列順序をタンパク質の二次構造という。

③ DNA と RNA に共通する塩基は 3 種類である。

④ 共重合体は 2 種類以上の単量体が重合して得られる。

⑤ プラスチックは熱可塑性樹脂である。

生物

※ 「物理基礎」「化学基礎」「生物基礎」から 2 科目選択，
または「物理」「化学」「生物」から 1 科目選択。

◀生物基礎▶

（2 科目 60 分）

【問題 1 】 次の文章を読んで下の問い（**問 1 ～問 5** ）に答えよ。

　　植物が光エネルギーを利用して ⓐATP を合成し，その ATP を利用して ⓑデンプンなどの有機物
を合成することを ⓒ光合成という。光合成の過程において光エネルギーを獲得する反応は，葉緑
体の内部にある（　ア　）で行われる。一方，生物が酸素を利用して有機物を分解し，得られたエ
ネルギーを ⓓATP の形で取り出すことを呼吸という。呼吸は ⓔ解糖系，クエン酸回路，電子伝達
系の 3 段階の過程からなり，呼吸全体では最大で 38 分子の ATP が生成される。

問 1 下線部ⓐに関する以下の記述のうち，最も適切なものを次の①～⑤のうちから一つ選べ。

1

① ATP は分解されると再合成ができない。
② 大腸菌などの微生物は ATP を合成できない。
③ ATP は分子内に高エネルギーリン酸結合を 2 か所もっている。
④ ATP はアデニンとリボースとの結合部に多量のエネルギーをもつ。
⑤ ATP はアデノシンとリン酸との結合部に多量のエネルギーをもつ。

問 2 下線部ⓑを分解する酵素はどれか。最も適切なものを次の①～⑥のうちから一つ選べ。

2

① アミラーゼ　　　　② カタラーゼ　　　　③ トリプシン
④ ペプシン　　　　　⑤ マルターゼ　　　　⑥ リパーゼ

問 3 下線部ⓒの反応式として，最も適切なものを次の①～⑤のうちから一つ選べ。　　　**3**

① 酸素 ＋ 水 ＋ 光エネルギー　　　　→　有機物 ＋ 二酸化炭素

② 酸素 ＋ 光エネルギー　　　　　　　→　有機物 ＋ 二酸化炭素 ＋ 水

③ 水 ＋ 光エネルギー　　　　　　　　→　有機物 ＋ 二酸化炭素 ＋ 酸素

④ 二酸化炭素 ＋ 水 ＋ 光エネルギー　→　有機物 ＋ 酸素

⑤ 二酸化炭素 ＋ 光エネルギー　　　　→　有機物 ＋ 酸素 ＋ 水

問4　本文中の（　ア　）に入る語句として，最も適切なものを次の①〜⑥のうちから一つ選べ。

| 4 |

① 外膜　　　　　　　② 内膜　　　　　　　③ クリステ

④ ストロマ　　　　　⑤ チラコイド　　　　⑥ マトリックス

問5　下線部⑪に関する以下の記述のうち，最も適切なものを次の①〜⑥のうちから一つ選べ。

| 5 |

① 解糖系の反応は酸素を必要とする。

② 解糖系の反応はミトコンドリアで起こる。

③ 電子伝達系では ATP を消費して酸素を生じる。

④ 電子伝達系では ATP を消費して二酸化炭素を生じる。

⑤ クエン酸回路ではピルビン酸から二酸化炭素を生じる。

⑥ クエン酸回路ではグルコースからピルビン酸を生じる。

【問題2】次の文章を読んで下の問い（問1～問4）に答えよ。

　タンパク質は，多数の ⓐアミノ酸が鎖状につながった高分子であり，構成するアミノ酸の種類や配列の違いなどによってその立体構造が変化する。タンパク質のアミノ酸鎖は，分子内で部分的に結合し，らせん状のαヘリックス構造やシート状のβシート構造をとることがあり，これらの立体構造を総称して（　ア　）という。このようなタンパク質の立体構造は，偶発的に作られるものではなく，すべて DNA の遺伝情報に基づいている。

　DNA の遺伝情報は塩基配列として保存されており，遺伝子が発現する際，下図のように塩基配列の一部が mRNA に（　イ　）される。mRNA の塩基配列は（　ウ　）とよばれる単位でアミノ酸に（　エ　）されて鎖状につながることでタンパク質となる。

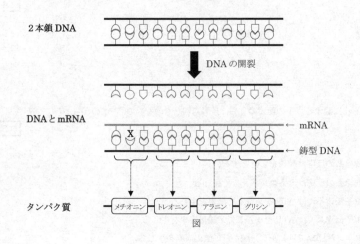

図

問1　下線部ⓐの結合を何というか。該当するものを次の①～⑤のうちから一つ選べ。　　6

　　① イオン結合　　　　　　② エステル結合　　　　　③ ペプチド結合

　　④ 共有結合　　　　　　　⑤ 水素結合

問2　本文中の（　ア　）に入る語句として最も適切なものを次の①～⑥のうちから一つ選べ。　7

　　① 零次構造　　　　　　　② 一次構造　　　　　　　③ 二次構造

　　④ 三次構造　　　　　　　⑤ 四次構造　　　　　　　⑥ 五次構造

問3　本文中の（　イ　）～（　エ　）に該当するものとして最も適切なものを次の①～⑥のうちから一つ選べ。　　8

	（ イ ）	（ ウ ）	（ エ ）
①	転写	コドン	翻訳
②	転写	アンチコドン	翻訳
③	転写	エクソン	翻訳
④	翻訳	コドン	転写
⑤	翻訳	アンチコドン	転写
⑥	翻訳	エクソン	転写

問4　図中のグリシンに対応する mRNA の塩基配列を「GGA」とするとき塩基 X に該当する塩基について，最も適切なものを次の①～⑥のうちから一つ選べ。ただし，形が同じものは同じ塩基を表すこととする。

9

① アデニン　　　　　　② アニリン　　　　　　③ ウラシル

④ グアニン　　　　　　⑤ シトシン　　　　　　⑥ チミン

【問題3】次の文章を読んで次の問い（問1～問4）に答えよ。

　ヒトを含む脊椎動物の細胞は，体表の細胞を除くと，直接外界に接しているのではなく，体液に取り囲まれている。この体液が細胞周囲に作り出す環境のことを体外環境に対し内部環境という。体内環境は，絶えず変動する体外環境の影響を受けるが，脊椎動物の体には ⓐ体内環境を常に一定に維持する仕組みが備わっている。

　体液は，組織の細胞を取り巻く組織液，リンパ管を流れるリンパ液，血管を流れる血液からなり，互いに移動している。このうち血液は有形成分の ⓑ血球と液体成分の ⓒ血しょうからなり，ヒトの場合は下図のように循環している。

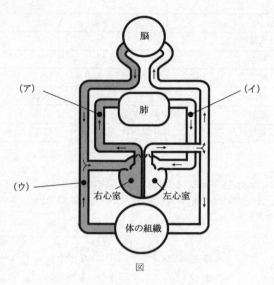

図

問1 下線部ⓐのことを何というか。最も適切なものを次の①～⑤のうちから一つ選べ。 　10

① 永続性　　　② 均一性　　　③ 恒久性　　　④ 恒常性　　　⑤ 不変性

問2 下線部ⓑに関する以下の記述のうち**誤っているもの**を次の①～⑤のうちから一つ選べ。 　11

① すべての血球は骨髄中の造血幹細胞に由来する。
② 血球のうち赤血球にはミトコンドリアがない。
③ 血球のうち最も数が少ないのは白血球である。
④ 血球のうち血小板は血液凝固を引き起こす。
⑤ 血球は血液の重量の約6割を占めている。

問3 下線部ⓒに含まれる成分のうち最も質量パーセント濃度（%）の高いものを次の①～⑥のうちから一つ選べ。 　12

① ナトリウムイオン　　　② カリウムイオン　　　③ グルコース
④ タンパク質　　　⑤ アンモニア　　　⑥ 尿素

問4　図はヒトの血液循環系を模式化したものであり，矢印は血液が流れる方向を表している。この図において，最も酸素を多く含む血液が流れる血管を示しているのは（ア）〜（ウ）のうちどれか。該当する血管とその名称の組み合わせのうち最も適切なものを次の①〜⑥のうちから一つ選べ。　　　　　　13

① （ア）―　肺動脈

② （ア）―　肺静脈

③ （イ）―　肺動脈

④ （イ）―　肺静脈

⑤ （ウ）―　下大動脈

⑥ （ウ）―　下大静脈

【問題4】次の文章を読んで下の問い（問1〜問4）に答えよ。

　ある場所に生育する植物の集まりを植生という。植生を構成する植物のうち，生育面積が最も広いものを（　ア　）といい，それによって特徴づけられる外観のことを（　イ　）という。

　森林は，密に生えた樹木が（　イ　）を特徴づけており，その内部は下図に示したように㋐林冠と呼ばれる森林の最上部から林床と呼ばれる地面に近い場所まで，様々な高さの植生からなる垂直方向の（　ウ　）が見られる。このうち林床付近に分布する植生は，㋑比較的光の弱いところでも生育できる植物が多い。

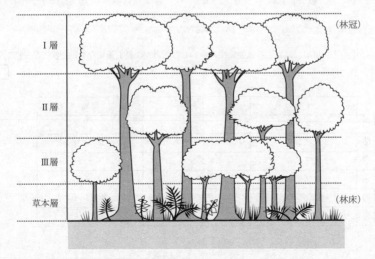

図

問 1 本文中の（　ア　）〜（　ウ　）に該当する語句の組み合わせとして，最も適切なものを次の①〜⑥のうちから一つ選べ。 　　14

	（　ア　）	（　イ　）	（　ウ　）
①	固有種	相観	階層構造
②	固有種	様態	序列構造
③	先駆種	相観	階層構造
④	先駆種	様態	序列構造
⑤	優占種	相観	階層構造
⑥	優占種	様態	序列構造

問 2 下線部ⓐについて極相林では，林床に到達する相対照度は林冠のおよそ何％といわれているか。最も近いものを次の①〜⑤のうちから一つ選べ。 　　15

① 10％以下　　② 20％程度　　③ 30％程度　　④ 40％程度　　⑤ 50％程度

問 3 下線部ⓑのような植物を何というか。最も適切なものを次の①〜⑤のうちから一つ選べ。 　　16

① 暗生植物　　② 陰影植物　　③ 陰生植物　　④ 耐暗植物　　⑤ 耐陰植物

問 4 図中の I 〜Ⅲ層に該当する植物の組み合わせはどれか。最も適切なものを次の①〜⑥のうちから一つ選べ。 　　17

	I 層	Ⅱ層	Ⅲ層
①	スダジイ	アオキ	タブノキ
②	スダジイ	ヤブツバキ	ヒサカキ
③	タブノキ	スダジイ	アオキ
④	タブノキ	モチノキ	ヤブツバキ
⑤	ヤブツバキ	タブノキ	スダジイ
⑥	ヤブツバキ	ヒサカキ	モチノキ

◀生　　　物▶

（60 分）

【問題1】次の文章を読み，下の問い（問1～問5）に答えよ。

　　動物の細胞は発生段階において，あらかじめ死ぬように運命づけられている。この細胞死をプ
ログラム細胞死という。プログラム細胞死の中で，DNA が（　A　）されることにより細胞が死
滅することを (ア) アポトーシスという。また，外傷などによって引き起こされる細胞死を (イ) 壊死
という。

問1　本文中の（　A　）にあてはまる語句のうち，最も適切なものを次の①～⑤のうちから一つ
　　　選べ。　　　　　　　　　　　　　　　　　　　　　　　　　　　　　　　　　　　　　　1

　　　① 重複化　　　　② 伸長化　　　　③ 断片化　　　　④ 崩壊化　　　　⑤ 欠損化

問2　下線部（ア）に関する記述として，**誤っているもの**を次の①～⑤のうちから一つ選べ。
　　　2

　　　① 細胞数は増加する。

　　　② 細胞が断片化する。

　　　③ 染色体が凝集する。

　　　④ 細胞全体が萎縮する。

　　　⑤ 組織の機能は保たれている。

問3　下線部（ア）に関する記述として，アポトーシス細胞においては細胞内容物の放出が起こ
　　　らない。その要因として，最も適切なものを次の①～⑤のうちから一つ選べ。　　　3

　　　① 細胞の融合

　　　② NK 細胞の攻撃

　　　③ 他細胞への吸収

　　　④ 好中球による貪食

　　　⑤ マクロファージによる貪食

問4 下線部（ア）は，ウイルスに感染した細胞を取り除く場合にも起こる。ウイルスに感染した細胞をアポトーシスへと導く細胞はどれか。最も適切なものを次の①～⑤のうちから一つ選べ。 <u>4</u>

① 赤血球   ② 好中球   ③ リンパ球   ④ 樹状細胞   ⑤ マクロファージ

問5 下線部（イ）に関する記述として，**誤っているもの**を次の①～⑤のうちから一つ選べ。 <u>5</u>

① 細胞膜が破れる。

② 細胞が膨化する。

③ 細胞小器官が崩壊する。

④ 周囲の細胞が障害を受ける。

⑤ 細胞が死ぬように予定されている。

【問題2】次の文章を読み，下の問い（問1～問5）に答えよ。

ヒトの耳は，音の刺激を受け取る聴覚器の働きと平衡感覚器としての働きがある。音の刺激による感覚を (ア) 聴覚といい，(イ) 鼓膜を振動させ，最終的に大脳の聴覚中枢に伝えられ聴覚を生じる。平衡感覚器は前庭と半規管がある。前庭では頭が傾斜すると（ A ）が動いて傾斜を感知することができ，(ウ) 半規管では体の回転を感知することができる。

問1 正常な成人男性が認識できる音の振動数はどれか。最も適切なものを次の①～⑥のうちから一つ選べ。 <u>6</u>

① 2～200Hz   ② 2～2,000Hz   ③ 20～2,000Hz
④ 20～20,000Hz   ⑤ 200～20,000Hz   ⑥ 200～200,000Hz

問2 本文中の（ A ）に当てはまる語句のうち，最も適切なものを次の①～⑤のうちから一つ選べ。 <u>7</u>

① 前庭階   ② 平衡石   ③ 鼓室階
④ リンパ液   ⑤ 有毛細胞

問3　下線部(ア)について，音の高低の識別に関する記述として，最も適切なものを次の①〜⑤のうちから一つ選べ。　　　　　　　　　　　　　　　　　　　　　8

① 基底膜の幅は，うずまき管の基部が広くなっている。

② 音波の振動数が大きいほど低い音として知覚される。

③ 音の高低は，基底膜が振動する大きさで識別される。

④ うずまき管の基部近くの聴細胞が減少すると高音を感知できなくなる。

⑤ 振動数が大きい音波ほど，うずまき管先端部に近い基底膜を振動させる。

問4　下線部（イ）について，鼓膜から大脳の聴覚中枢までの伝えるしくみとして，最も適切なものを次の①〜⑥のうちから一つ選べ。　　　　　　　　　　　　　　9

①	あぶみ骨	→	きぬた骨	→	聴神経	→	コルチ器
②	あぶみ骨	→	きぬた骨	→	うずまき管	→	聴細胞
③	きぬた骨	→	つち骨	→	うずまき管	→	聴細胞
④	きぬた骨	→	つち骨	→	聴神経	→	コルチ器
⑤	つち骨	→	あぶみ骨	→	コルチ器	→	聴神経
⑥	つち骨	→	あぶみ骨	→	聴細胞	→	うずまき管

問5　下線部（ウ）について，**誤っているもの**を次の①〜⑤のうちから一つ選べ。　　　　　　10

① 半規管は 3 個が直交する面に配置されている。

② 3 個の半規管により回転を三次元でとらえている。

③ 回転開始時，リンパ液が動き有毛細胞の感覚毛は倒れる。

④ 回転中は，リンパ液が動くが有毛細胞の感覚毛は倒れない。

⑤ 回転停止時，有毛細胞の感覚毛はリンパ液が動く方向に倒れる。

【問題3】次の文章を読み，下の問い（**問1～問5**）に答えよ。

　　地上には多様な生態系が存在し，いろいろな種類の生物が多様な関係を持って生息しており，この多様性には (ア) 遺伝的多様性，生態系多様性，種多様性の3つの段階がある。このような生態の多様性において，噴火などの自然現象や (イ) 人間の活動が生態系の破壊に大きな影響を及ぼしており，(ウ) 生物の多様性が失なわれつつある。外部からの物理的な外力により生態系が崩れることで，(エ) 個体群が小さくなり孤立すると (オ) 絶滅しやすくなる。

問1　下線部（ア）に関する記述として，最も適切なものを次の①～⑤のうちから一つ選べ。
　　　　　　　　　　　　　　　　　　　　　　　　　　　　　　　　　　　　　　11

　　① 遺伝的多様性とは，ゲノムの遺伝子数のことをいう。

　　② 遺伝的多様性が高いほど環境に適応できる可能性が低くなる。

　　③ 遺伝的多様性は，新たな種分化を起こす進化の原動力となる。

　　④ 遺伝的多様性が高いほど遺伝子のホモ接合体の割合が高くなる。

　　⑤ 無性生殖の集団は，有性生殖の集団に比べ遺伝的多様性が高くなる。

問2　下線部（イ）について，地球温暖化の原因として，地表から放射される赤外線を吸収し，その一部を再放射して地表や大気の温度を上昇させることで温室効果を増大させる物質がある。この物質について，最も適切なものを次の①～⑤のうちから一つ選べ。　　　12

　　① N_2　　　　　② O_2　　　　　③ Al　　　　　④ CO_2　　　　　⑤ 水蒸気

問3　下線部（ウ）の要因について**誤っているもの**を次の①～⑤のうちから一つ選べ。
　　　　　　　　　　　　　　　　　　　　　　　　　　　　　　　　　　　　　　13

　　① 生息域の分断

　　② 外来生物の侵入

　　③ 人為管理の増加

　　④ 地球温暖化

　　⑤ 動物の乱獲

問4　下線部（エ）について，個体が減少すると新たな要因が生じ，悪循環になっていく現象を何というか。最も適切なものを次の①～⑥うちから一つ選べ。　　　14

① 絶滅の渦　　　　　　② 破壊の渦　　　　　　③ かく乱の渦

④ 個体の崩壊　　　　　⑤ 生息の崩壊　　　　　⑥ 多様性の崩壊

問5　下線部（オ）について，この現象の要因として**誤っているもの**を次の①〜⑤のうちから一つ選べ。

15

① 近交弱勢

② 人口学的確率性

③ アリー効果の低下

④ 有害な遺伝子の蓄積

⑤ 遺伝子多様性の増加

【問題4】次の文章を読み，下の問い（問1〜問5）に答えよ。

　タンパク質は多数のアミノ酸が (ア) 鎖状に結合した高分子であり，生体の構造と機能の全てに関わっている。例えば，生体膜を介した物質の輸送に関わる輸送タンパク質の中には，濃度勾配に従う方向に物質を輸送するものと， (イ) 濃度勾配に関わらず物質を一方向に輸送するものがある。

　また，酵素とよばれるタンパク質は，生体内で進行する様々な化学反応を円滑に進めるための触媒として働いている。 (ウ) 酵素の活性が最も高くなる pH である最適 pH は，酵素が働く環境と関係している。また酵素によっては，活性を示すために，酵素タンパク質に (エ) 補酵素とよばれる分子の結合が必要となる。このことを踏まえ，以下の実験を行った。

≪実験≫

　アルコール発酵における脱水素酵素の補酵素の働きを調べるために，酵母のしぼり汁をセロハンの袋に入れて固く縛り，ビーカーに満たした水の中に一晩浸したのちに，下記の溶液1〜4を用意した。

溶液1：セロハンの袋の中の溶液を回収したもの
溶液2：溶液1を煮沸して冷却したもの
溶液3：ビーカー内の水を濃縮したもの
溶液4：溶液3を煮沸して冷却したもの

問1　下線部（ア）の結合に関する記述として**誤っているもの**を，次の①〜⑤のうちから一つ選べ。

16

① 水素結合の一種である。

② タンパク質の一次構造を作る。

③ この結合はリボソームで作られる。

④ アミノ酸のアミノ基とカルボキシ基の間で作られる。

⑤ 2つのアミノ酸が結合するごとに1分子の水が外れる。

問2 下線部（イ）にあてはまる輸送タンパク質として，最も適切なものを次の①～⑤のうちから一つ選べ。　　　　17

① アクアポリン

② インスリン受容体

③ カリウムチャネル

④ グルコース輸送体

⑤ ナトリウムポンプ

問3 下線部（ウ）に関して，pHと酵素の反応速度を示す下図のAにあてはまる酵素として，最も適切なものを次の①～⑤のうちから一つ選べ。　　　　18

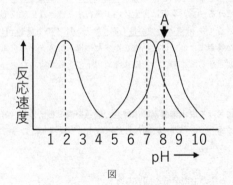

図

① アミラーゼ　　　　② カタラーゼ　　　　③ トリプシン

④ ペプシン　　　　⑤ マルターゼ

問4 実験に関して，グルコース溶液に溶液1，2，3，4の混合液を添加した時，アルコール発酵が起きる溶液の組み合わせとして，最も適切なものを次の①～⑥のうちから一つ選べ。

19

① 溶液 1 ＋ 溶液 3 のみ

② 溶液 1 ＋ 溶液 4 のみ

③ 溶液 1 ＋ 溶液 3 と 溶液 1 ＋ 溶液 4

④ 溶液 2 ＋ 溶液 3 のみ

⑤ 溶液 2 ＋ 溶液 4 のみ

⑥ 溶液 2 ＋ 溶液 3 と 溶液 2 ＋ 溶液 4

問5 実験に関して，補酵素に関する記述として**誤っているもの**を，次の①〜⑤のうちから一つ選べ。 20

① 酸化や還元を受ける。

② ビタミンから作られる。

③ 37℃付近の温度で最も活性が高い。

④ 酵素タンパク質と比べて分子量が小さい。

⑤ 酵素タンパク質に弱い力で結びついている。

【問題5】次の文章を読み，下の問い（**問1〜問5**）に答えよ。

　配偶子が形成される過程では，減数分裂とよばれる細胞分裂を経て，1個の母細胞から4個の娘細胞が生じる。減数分裂は(ア)第一分裂と第二分裂とよばれる2回の分裂からなっている。減数分裂の途中のある時期では，対をなす(イ)相同染色体どうしが並んで接着した状態になる。この状態を（ A ）といい，（ A ）の状態にある染色体は（ B ）とよばれる。このとき，（ B ）を構成する相同染色体の一部が交換される(ウ)乗り換えが起こる場合がある。乗り換えによって染色体がもつ遺伝子の組み合わせが元の状態とは異なったものになる場合があり，これを遺伝子の（ C ）という。染色体のセットの数で表される細胞の状態は核相とよばれ，体細胞のように染色体を2セット持つ核相を複相，1セットしか持たない核相を単相という。減数分裂により核相は複相から単相になり，(エ)配偶子ができる。下図は，減数分裂の過程を順不同で示している。

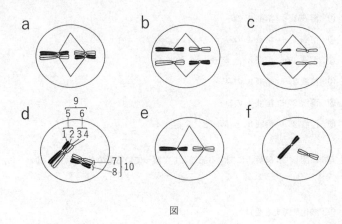

図

問1　本文中の（　A　）〜（　C　）に入る語句の組み合わせとして，最も適切なものを次の①〜⑧のうちから一つ選べ。　　　　　　　　　　　　　21

	（　A　）	（　B　）	（　C　）
①	接合	キアズマ	組み換え
②	接合	キアズマ	連鎖
③	接合	二価染色体	組み換え
④	接合	二価染色体	連鎖
⑤	対合	キアズマ	組み換え
⑥	対合	キアズマ	連鎖
⑦	対合	二価染色体	組み換え
⑧	対合	二価染色体	連鎖

問2　下線部（ア）に関連して，図のうち，減数第一分裂後期を示すのはどれか。最も適切なものを次の①〜⑥のうちから一つ選べ。ただし，図中の染色体の黒色・白色はそれぞれ父親由来・母親由来の染色体であることを示している。　　　　　　　　　22

①　a　　　　②　b　　　　③　c　　　　④　d　　　　⑤　e　　　　⑥　f

問3　下線部（イ）について，図のdの中に示している1〜10のうち，相同染色体同士の組み合わせとして，最も適切なものを次の①〜⑥のうちから一つ選べ。　　　　　　　23

①　1と2　および　3と4

②　1と3　および　2と4

③　1 と 2 と 3 と 4

④　5 と 6　および　7 と 8

⑤　5 と 8　および　6 と 7

⑥　9 と 10

問 4　下線部（ウ）について，図の a〜f のうち，染色体の乗り換えが起こる時期として，最も適切なものを次の①〜⑥のうちから一つ選べ。　　　　　24

①　a　　　　②　b　　　　③　c　　　　④　d　　　　⑤　e　　　　⑥　f

問 5　下線部（エ）について，キュウリの体細胞の核相は $2n = 14$ である。乗り換えは起こらないものとして，キュウリの配偶子における染色体の組み合わせは何通りとなるか。最も適切なものを次の①〜⑧のうちから一つ選べ。　　　　　25

①　7 通り　　　　②　14 通り　　　　③　16 通り　　　　④　28 通り

⑤　32 通り　　　　⑥　64 通り　　　　⑦　128 通り　　　　⑧　256 通り

国語

（六〇分）

問題Ⅰ　後の問い（問一〜問三）に答えよ。

問一　次のア〜エの傍線部の漢字として最も適切なものを①〜⑤のうちからそれぞれ一つずつ選べ。

ア　―　閉店時間になったので扉をセジョウする。　　　　　　　　　1

　　　　①　背　　②　瀬　　③　世　　④　施　　⑤　是

イ　―　彼の不用意な発言で本性がロテイされた。　　　　　　　　　2

　　　　①　綻　　②　体　　③　停　　④　貞　　⑤　呈

ウ　―　上司から与えられた任務をスイコウする。　　　　　　　　　3

　　　　①　遂　　②　推　　③　粋　　④　吹　　⑤　睡

エ　―　実績が評価され海外チームへのイセキが決定した。　　　　　4

　　　　①　責　　②　籍　　③　席　　④　積　　⑤　惜

問二　次のア〜エの四字熟語の空欄箇所に当てはまる漢字として最も適切なものを①〜⑤のうちからそれぞれ一つずつ選べ。

ア　―　（　　）怪怪　　　　　　　　　　　　　　　　　　　　　　5

① 喜喜　② 鬼気　③ 奇奇　④ 危機　⑤ 樹希

イ － （　）模索　[6]

① 安中　② 案中　③ 餡中　④ 暗中　⑤ 杏中

ウ － 唯一（　）　[7]

① 無似　② 牟尼　③ 夢虹　④ 務荷　⑤ 無二

エ － （　）動地　[8]

① 叫喚　② 騒然　③ 驚天　④ 震撼　⑤ 強者

問三　次のア～イの文章中には「一字」誤字がある。次の①～⑤のうちから誤字のあるものをそれぞれ一つ選べ。

ア － [9]

① 姉の結婚披露宴は盛大に行われ、招待された用友もみんな祝福していた。
② 自然環境の保全に注視した彼の論文は、独創的な考察に満ち溢れていた。
③ 生命維持に必須な脂質を過剰摂取すると、肥満や脂質異常症を引き起こす。
④ 皮膚呼吸とは生物学において、体表を用いて行われる外呼吸ともされている。
⑤ 緊迫の中激闘の試合に競り勝ったものの、精神的にかなり消耗してしまった。

イ － [10]

① 冒頭の挨拶で皆様を不論快にする発言があり、深くお詫び致します。
② 市場分析を見直して拡充し、顧客基盤にとって一層魅力的なものにする。
③ 哺乳類の起源は二億二千五百万年前には生息していたと推定されている。
④ 男はしきりに喫煙し、長い煙を鼻の穴から吹き出すなど大変悠長に見える。
⑤ 悪循環を打破するために、一部の従属状態から逃れ信頼関係を醸成していく。

問題二　次の文章を読んで、後の問い（問一〜問九）に答えよ。

もういちど悲鳴のような声をあげて、それから女の喚きだすのが聞えた。

——またあの女だ。

三沢伊兵衛は寝ころんだまま、気づかわしそうにうすく眼をあけて妻を見た。おたよは縫い物を続けていた。古る絲を解いて張ったのを、（ア）単衣に直しているのである。茶色な障子からの明りで、痩せのめだった頬や、尖った肩さきや、針を持つ手指などが、窶れた老女のようにいたいたしみえる。だがきちんと結った豊かな髪と、鮮やかに赤い唇だけは、まだ娘のように若わかしい。子供を生まないためでもあろうが、結婚するまでの裕福な育ちが、七年間の苦しい生活を凌いで、そこにだけ辛うじて残っているようでもあった。

外は雨が降っていた。梅雨はあけた筈なのに、もう十五日も降り続けて、今日もあがるらしさはない。こぬか雨だから降る音は聞えないけれど、夜も昼も絶えま間のない雨垂れには気がめいるばかりだった。

「泥棒がいるんだよ此処には、泥棒が」女のあげすけな喚き声は高くなった。「ひとの炊きかけの飯を盗みやがった、ちょっと洗い物をして来る間にさ、あたしちゃんと鍋に印を付けといたんだ」

伊兵衛はかたく眼をつむった。

——珍らしいことではない。

街道筋の町はずれのこのうら安宿では、こんな騒ぎがよく起る。客の多くはひどく貧しいんたちで、たいてい飴売りとか縁日商人とか、旅を渡る安芸人などだから、少し長く降りこめられでもすると、食う物にさえ事欠き、つい他人の物に手を出す、という者も稀ではなかった。

——だが泥棒とひとまぎる、泥棒とは。

伊兵衛は自分が云われているかのように、恥ずかしさと済まないような気持で、胸がどきどきし始めた。

女の叫び声は高くなるばかりだが、ほかには誰の声もしなかった。いちらの三帖の小部屋からは見えないけれど、好のあるその部屋には十人ばかりも滞在客がいる筈である。なかに子持ちの夫婦づれもひと組いて、小さいほうの子供は一日じゅう泣いたりすったりするのだが、（イ）今はその子も息をひそめているようであった。

女は日蔭のしようばいをする三十女とか増で、ぶだんから同宿者とは折合いが悪かった。誰も相手にする者がなく、みんなが彼女を避けていた。もちろん軽蔑ではない。自分じぶんが生きることで手いっぱいな人たちに、（ウ）職業によって他人を蔑しめるような習慣も暇もなかった。かれらが彼女を避けるのは、彼女の立ち居があまりに乱暴で、嫌とげとげしくて、また仮借のない凄いような毒口をくらからであった。つまりかれもおじているわけであるが、彼女はそうは思わないようで、常にあからさまな敵意をかれらに示していた。

半月も降りつめられて、今みんなが飢えかけているのに、そんなしようはいをしているため彼女だけは（苦しいながら）煮炊きを欠かさなかったが、それは日頃の敵愾心と自尊心を大いに満足させているようなのであった。

「あんまりだなあ、あれは」

伊兵衛はそう呟いて、女の叫びがますます高く、止めどもなく辛辣になるのに堪りかねて、起きあがった。

「あれはひどい、もし本当にそれがそうだったとしても、あんなふうに人の心もちが痛むようなことを云うのはよくないと思うな」

独り言のように呟きながら、そっと妻の顔色をうかがった。彼は背丈も高いし、肩も胸も幅ひろく厚く、肉のひき緊まったたくましい軀である。ふっくらとまるい顔だちはもう柔和で、尻下りの眼や小さな唇のあたりには、育ちの良い少年のような清潔さが感じられた。

「ええ、それはそうですけれど」

おたよは縫ったところを爪でしごきながら、㈡ 良人のほうは見ずに云った。

「みなさんもう少し親切にしてあげたらと思いますわ、あの方は除け者にされていると思って淋しいので、ついあんなに気をお立てになるんですもの」

「それもあるでしょうが、それにはあの女の人がもう少しなんとか」

㈤ 伊兵衛はびくっとした。女がつぶ人の名をさしたのである。

「なんとか云わないか、え、そりゃにえる説教節の続い」

女の声はなにかを架刺するようだった。

「──しらばっくれたってだめだよ、あたしを盲人じゃないんだ、おまえが盗んだぐらいのことは初めからわかってるんだ、いいだって」

伊兵衛はとびあがった。

「いけません、あなた」

おたよが止めようとしたが、彼は撲をあけて出ていった。

それは農家の炉の間に似た部屋で、片方が店先から奥くぬけてる土間になっている。畳は六帖と八帖が鉤形につながって敷かれ、土り端の板敷との間に大きな炉が切ってある。農家と違うのは天床が低いのと、たいていの客がこの部屋を取らず、そこにひみあって寝るし、鍋釜を借りてその炉で煮炊きをするため、それら必要な道具類が並んでいることなどであった。

その女は炉端にいた。片手をふところに入れ、立て膝をして、蒼白く不健康に痩せた顔をひきつらせ、きらきらするような眼であたりを睨みまわし、もうにて罵くような声で喚きたてる──他の客たちはみな離れて、膝を抱えうずだれたり、寝そべったり、子供をしっかり抱いたりして、じっと息をころしていた。それは嵐の通過するのを辛抱よく待っている農家の犬（注：やつれてしまって元気のない人の意）といった感じだった。

「失礼ですがもうやめてもらう」

　伊兵衛は女の前くらいて、やさしくなだめるように云った。

「此の辺にはそんな悪らい人はらないと思うんです、みんな善らい人たちで、それは貴女も知っていらっしゃるでしょう」

「放っといて下さる」女はそっぽを向らた。「――お武家さんには関わりのないりとですよ、あたしや申しい稼業らをしているますがね、自分の物を盗まれて黙っているほど弱らい尻は持っちゃらないんですから」

「そうですとも、むろんそうですよ、しかしそれは私が償らますから、どうかそれで勘弁するりとにして下さら」

「なにもお武家さんにそんな心配をして頂くりとはありませんよ、あたしや物が惜しくて云ってるんじゃないんですから」

「そうですとも、むろんそうですよ、しかし人間には間違らというりともあるし、お互らにこうして同じ屋根の下にらるりとでもあるし、とにかくそれは、どうかひとつ、私がすぐになんとか来ますから」

　それだけ云うと、伊兵衛はなにやら忙しそうに立っていた。

「誓文（注：神にかけて誓う言葉。ここでは妻との約束で、賭け試合はしないと）は誓文、これはこれ」

　宿の名を大きく書らた番傘をさして、外く出るとすぐ彼はこう独り言を云い、撫られてもするように微笑をうかべた。

「眼の前にこういう事が起ったら以上、（イ）自分の良心だけ守るというわけにはいきませんからね、ええ、それは期って良心に反する行為ですよ、いや」彼はふらとまじめな顔になり、「――いや、なにもしないんだから行為とはらわないでしょう、無行為、とでもらわないですね」

　わけのわからないりとを呟きながら、ひどくらそいそと、元気な足どりで、城下町のほうく歩いていった。

　彼が宿く帰ったのは、四時間ほどのちのりとであった。

　酒を飲んだのだろう、まっ赤な顔をしていたが、もっと驚らたりとには、彼のあとから五、六人の若者や小僧たちが、いろいろな物資を持ってついて来たりとである。米屋は米の俵を、八百屋は一籠の野菜を、魚屋は盤台いっに魚を、酒屋は五升入りの酒樽に味噌醤油を、そして菓子屋のあとから大量の薪と炭など。

「これはまあどうなすったんです」

　宿の主婦が出て来て眼をみはった。若者や小僧たちは担ぎ込んだ物を土間や上り端へぞくぞくと並べた。

「景気直しをしようと思いましてね」

伊兵衛は眼を細くして笑い、呆れている同宿者たちに向って云った。

「みなさん、済みませんが手を貸して下さい、なが雨の縁起直しにみんなでひとロやりましょう、少しばかりで恥ずかしいんですが、どうか手分けをして、私ら飯ぐらい炊きますから、手料理というこ とでもやろうじゃありませんか」

同宿者たちのあいだに、(ウ)喜びとも苦しみとも判別のつかない、嘆息のような声が起った。すぐには誰も動かなかった。だが伊兵衛が菓子を出してみせ、源さん（桶のタガ直しをする）の子供が その母親の膝からとびあがるのと共に、四、五人いっしょに立ちあがって来た。

宿の中は急に活気で溢れあがった。(エ)なにかがわっと溢れだしたようであった。宿の主人夫婦と中年の女中も仲間にはいって、魚や野菜がひろげられ、炉にも釜戸にも火が焚かれた。元気のいい叫び や笑い声が絶え間なしに起り、女たちは必要もないのにきゃあきゃあ云ったり、人の背中を叩いたりした。

　　　　　　　　　　　　　　　　　　　　　　　　　　　　　　　　『雨あがる』山本周五郎

(注)問題作成者が注を施し、解釈の便に供した箇所がある。

問一　傍線部(ア)「単衣に直しているのである」とあるが、どうしてそのような作業をするのか。時代背景等も考慮して、最も適切なものを次の①～⑤のうちから一つ選べ。　　　　　　11

① 単衣は袷から裏地を取り除いた着物のことで、梅雨を終えて不要なものを片付けようとしていること。

② 主人公伊兵衛の妻は裁縫が得意で、せめてその特技を活かして夫の身なりを整えることで再就職（侍として出仕）の手助けをしようとしていること。

③ 単衣は今でいう夏服のこと。江戸の人たちは身分の上下を問わずそれぞれの仕方で季節の変化に敏感に対応して生活に彩を添える工夫を凝らしていること。

④ 暑さの夏を迎えても単衣を新調することはかなわないので、おたばせめて袷をといて洗い張り（洗濯・乾燥）をして古らなったにも清潔な単衣にしようとしていること。

⑤ 着物（和服）は縫い取り糸をほどいて合わせると元の形（反物）に戻るので、それを洗い張り（洗濯・乾燥）してもらうことで、リサイクル品として新たな需要を生み出すこと。

問二　傍線部(イ)「今はその子を哀息をひそめているようであった」とあるが、どうしてそのようになっているのか。日ごろの子供の様子と比較して、最も適切なものを次の①～⑤のうちから一つ選べ。　　　　　　12

① 梅雨の時期で雨が多く降っていて、おとなしくしている方が得策であるとだんまりを決め込んでいるから。

② 日ごろから敬遠していたその女がいつもりにくく恐怖を巻き散らしていたので、子供なりにもいつもりにくく黙って対処したから。

③ 何かに驚いた時、普段なら泣いたりするところだが、この時は同宿の女の剣幕に子供なりにただ黙ることで対応しようとしているから。

④ 日ごろは子供たちに対しては優しく、飴玉をくれたりあやしてくれたりしていたので、いつもと違う様子にただびっくりしてしまっているから。

⑤ 喚き散らしているその女があたかも怪獣のようであったうえに、空腹で滅入っている気分がいっそう静かにやり過ごすほうがよいと思ったから。

問三　傍線部(ウ)「職業によって他人を卑しめるような習慣も暇もなかった」とあるが、それはどうしてか。考えられる最も適切なものを次の①～⑤のうちから一つ選べ。　　　　　[13]

① 江戸幕府の職業・身分制度である士農工商は、実質的には機能していなかったから。

② この時代は現代社会のくラスメントのような権限や地位を利用して人権や人格、尊厳を傷つけることがなかったから。

③ 人を蔑んだり、優位な立場に立ってその集団内の順位づけすることは、その日暮らしの人々には考えようがなかったから。

④ 梅雨はあけ間近なのに雨が降り続くと、天候のため仕事が思うようにいかない人たちを蔑んだ発言をすることは、倫理的にも時間的にもなかったということ。

⑤ 加害者が、相手よりも自分の方が優位だと見せつけるような言動をし、相手を卑しめ辱め威圧する行動を起こす気力もないくらい追い込まれていたということ。

問四　傍線部(エ)「良人のほうは見ずに云った」とあるが、それはどうしてか。考えられる最も適切なものを次の①～⑤のうちから一つ選べ。　　　　　[14]

① 日ごろから無収入のくせに腹の足しにもならないことに関心を寄せる夫を無視することで、その心得違いを悟らせたということ。

② 女の言動に対する良人の意見とは異なる意見を言おうとしたが、控えめな性格から夫を正面からみることをしなかったということ。

③ 人の名前は親と本人以外には語られるべきではなく、万一知れた場合は、その本人・係累に多

大な不利益・不幸をもたらすと信じられているから。

④　宿にいるすべての人たちが、仕事を思うように行かず食べ物にも困っている時に、冷静な判断をしてほしいと目を見るりもなく論しているから。

⑤　人前で特定の人物の尊厳を否定する言動や扱いをする行為は、許されることではないが、おたよしは敢えてそれをすることで、夫くの反感を示そうとしたから。

問五　傍線部(オ)「伊兵衛はびくっとした。女がつらに人の名をしたのである」とあるが、それはどうしてびくっとしたのか。考えられる最も適切なものを次の①～⑤のうちから一つ選べ。

15

①　宿には十人ばかりの他の客たちや、一日中泣いたりぐずったりしているような小さい子供のいる夫婦もいて、とても危険に感じたということ。

②　飯を盗られたことを騒いでいるうちは個人が特定されていないが、個人の名前を指摘ということになると、名誉や人格を否定することになること。

③　伊兵衛が以前付き合っていた女の名前を妻の面前で喚き散らしたので、妻に聞かせたくない気持ちと武士の体面を汚されたと思いにさせられたこと。

④　明治以前には人の名前は字で呼ぶことになっていて、そうすることで凶事を避け長く幸せでいられるように思う願い込められているほどであること。

⑤　伊兵衛は神経過敏な人物であり、ましてや特定の人物を貶めるような物言いは耐えられるものではなく、その場にいたたまれない気持ちにもさせられたこと。

問六　傍線部(カ)「自分の良心だけ守るというわけにはいきませんからね」のように、筆者は伊兵衛に独り言を言わせているが、それは何を言わせようとしているのか。考えられる最も適切なものを次の①～⑤のうちから一つ選べ。

16

①　困窮している人を助けるため、少々の乱暴な行動は仕方がないと覚悟を決めるには、独り言で自言って気持ちを高めようとしていること。

②　武士としての矜持を持ち続けるには種々の障害が生じがちであるが、それらを乗り越えていくためには独り言で言って自らを慰めていくより以外ないこと。

③　独り言は、良い意味でも悪い意味でも自己保護・自己満足に浸ることに陥る心理状態で、この場合は妻との約束破棄、やましい金を得る算段をしたこと。

④　同宿の人たちがお互いを信じあえるようにするには、まず当面の食べ物の確保と生活費を保証

することにあるので、それはどうしたらよいかを思案していること。

⑤　妻との約束「賭け試合」をしないことを守れば、同宿の人々の困窮や疑いをもたれた老人の窮状を救うことができないし、独り言は伊兵衛の優しさの表れであること。

問七　傍線部(キ)「喜びとも苦しみとも判別のつかない、嘆息のような声が起った」とあるが、それはどうしてか。考えられる最も適切なものを次の①～⑤のうちから一つ選べ。　　　　　　　17

①　日ごろこのような人情に接したことがない同宿の人たちは、どう対応したらよいかわからず戸惑うばかりだったこと。

②　同宿の者たちも自分たちのことばかりではなく、他人を慮る行動を取りたいが、伊兵衛のやり方には賛成しかねたこと。

③　伊兵衛の行為は、同宿の者にとっては、自分の判断・思考の範囲外であり、肯定も否定もできず戸惑うばかりであったこと。

④　他人からの行為を素直に受け取れなかったり、そんなに親切にされるのは何か裏があるのではと邪推してしまう習性が身についていること。

⑤　同宿の者にとって伊兵衛の行いは神仏のなせる業で、神仏の恩恵であるならありがたく受け取ったほうが良いのかなどと思案していること。

問八　傍線部(ク)「なにかがわっと溢れだしたようであった」とあるが、それはどうしてか。考えられる最も適切なものを次の①～⑤のうちから一つ選べ。　　　　　　　18

①　伊兵衛に感化されて、同宿人は人間としての感情に目覚めた結果、自分たちがこれからどうしていったらよいか考えるきっかけとなったこと。

②　遠慮とか体面とかを忘れて純粋に喜ぶ感情が溢れ出してきて、伊兵衛の行為を最大限受け取ろうとする同宿の者たちの思いが表れていること。

③　伊兵衛の行為に感激した宿の主人夫婦が、それまでの宿賃の棒引きと、これからの入用の米をプレゼントすると申し出に嬉しさが百倍になったこと。

④　男たちは方々振りの酒食に、女たちは御馳走に、盆と正月が一緒に来たような高揚感で、仲間を泥棒扱いにした女への反感がいっぺんに取り払われたこと。

⑤　同宿者と感情がぶつかるほどんど交流を持てずにいたが、人々の気持ちが通じ合えそうな予感に思わず嬉しさがこみあげてきて、閉塞感を一時に払拭したこと。

問九　伊兵衛とおたよはどのような関係で、おたよは伊兵衛のことをどう思っているか。五十字以内で簡潔に述べよ。

問題三　次の文章を読んで、後の問い（問一～問六）に答えよ。

(ア)死を自覚している唯一の動物が人間です。象は死に場所を探すとか、猫は飼い主に死ぬところを見せないなどともよく言われますが、動物行動学的には根拠のない話だそうです。

動物の世界で、基本的に「老い」はありません。自然界の動物に「老いた個体」はいない、というのが正確な言い方でしょうか。

動物では老いは死に直結しています。老いた動物は死ぬしかなく、結果としてわれわれが老いた動物に出会うことがないということになります。

「老い」とは、間近に迫った死へと足早に進む過程にほかなりません。人間以外の動物の場合、この過程に要する時間が極めて短いものになります。おそらくは人間だけが、この過程にかかる時間を、自分たちの手で引き延ばしてきたのです。

人間だけが、生きるにあたって死を考え、人生の旅路の究極点に見据えて生きている動物だということでしょう。幸か不幸か、人間性というものも、(イ)まさにそのことの中に成立しているとも言えます。

生まれたときから死に向かって歩き始めているわけで、考えてみれば不思議なことです。もちろん生まれてすぐや、まだ幼いころにはそんなことはわかっていませんが、ある年齢になると、死ということを意識するようになってきます。そうした宿命を背負った生き物として、私たちはこの世に生を享けているのです。

ホルバイン（一四九七～一五四三）やデューラー（一四七一～一五二八）の絵にはよくしゃれこうべが出てきます。日本のわれわれの目から見るとグロテスクな印象を受けてしまったりしますが、中世から近代初期までのヨーロッパでは日常的に食卓や書斎に本物のしゃれこうべを置くことも普通にあったようです。

（memento mori）（メメント・モリ）(エ)「死を思え」ということでしょう。ラテン語をまったく知らない人でも知っている言葉です。

多くの場合、激甚な疫病（今の言葉で言えば、感染症です）が流行したとき、社会は否応なく死の自覚へと傾きます。十四世紀、世界的に流行り、とりわけヨーロッパでの被害が甚大であったペスト。このとき、ヨーロッパ社会は人口の三分のほどを失ったと言います。社会の成員がそれだけ短い期間に失われたら、社会構造自体が変わらざるを得ないでしょうが、人々の意識にも、大きな変化

が生まれたようです。一方には、明日が保証されていない以上、今日を享楽的に生きるほかない、と、欲望を全開させようとする人々がいました。その一方で、自らを問うもなく訪れる死を厳粛に受け止めて、出来る限りの善根を積もうと努力する人々もいました。どちらも、人間の一面を示したものでしょう。

　死が日常だった時代と今が違うのは、これまでなら、死生観としても、来世はどうなるう、ということを考えていればよかったものが、今は、(シ)現実的に、自分がどう死ぬかを考えなくてはいけなくなったということです。

　われわれは、たとえ命にかかわる病気にかかったとしても、ある程度は医療の力で生きながらえることが可能になっています。「助けてあげられる」と言われれば、死んでゆく側にも「いつまで生きられるのだろう」が、「いつまで死ねないのだろう」に転じることがあるとすれば、それは、その人にとって、ある意味、不幸なことにともあります。

　そうした現実があるからこそ、ヨーロッパの幾つかの国々をはじめとして、先進国は「死にたいのなら、自分の責任で死を選んでもらい」という方向には、きっと舵を切るところが現れたのです。死を選択する際に許される動機としては、肉体的な健康の侵害だけではなく、スピリチュアルな健康の侵害を受けている人を含めるようになりつつあります。

　オランダやベルギーの事例を見て、日本と違うと思うのは、あらためてですが、近代市民社会の成立というものを体験した文化とそうでない文化ということです。

(ス)市民社会における個人が自立した存在である社会では、個人の自立性というのは一〇〇パーセント尊重しなければならないのであり、原理としてそのことを疑い得ない。斟酌しなければならない個別の事情が多少はあるにせよ、振り子が完全にそちらの側に振れていて、どうやら、もう揺り戻しはない状態のようです。

　これまで見てきたように、日本でも、オランダやベルギーとそれほど変わらない時期から、安楽死という言葉は取りざたされてきました。表ざたになった事例にも事欠きませんし、当然刑事事件にもなり、その是非について議論が繰り返されてきました。

　日本でも、消極的安楽死である尊厳死について、そのような概念がない遠い過去から、現実には豊富な事例が存在してきましたし、現在でも、必要以上の延命治療は望まないということについてはその意志を尊重するという社会的な合意が暗黙に成立し、ある程度の決着がついていますが、法制化までにはいたっていません。

　積極的安楽死のほうは、橋田壽賀子（※脚本家）さんの提案があったり、西部邁（※評論家・経済学者）さんの自死が社会的話題になったりしても、東海大の事件のころから状況はほとんど変わっておらず、安楽死を望む人は取り残されたままです。

　今日本の社会で、安楽死を法的に規制しないという決断を下すことは難しいという印象があります

す。

　この問題を考えるとき、私はどうしても医療者の立場も考えてしまいます。

　医師というのは何重もの苦しみを背負わされています。第一に、何とかして人の命を助けたいという願いを抱いて職業につくものです。命を救いたい、苦しんでいる人の力になりたいと願わない医師はいませんが、実際に医師になってみると、その力は微々たるもので、救うことのできた命の数倍、数十倍の数の患者が亡くなっていく、そのことの苦しみがまずあります。

　その上で、自分の患者が死にそうまたは苦しみを感じているのに、苦しみを取り除く手段が相手に死を与えることしかない、というたような状況に直面することもあるのです。そんな時の医師としての矛盾は、苦しみがいわば二重三重になっているわけです。そして、あえて自分の力を、死を与えることで、苦しんでいる人のために使ってあげようと決意するまでに、どれほどの思いがあるか。また実行した後に自らの内に起こる自責の念に堪えなければならないことも、当然予想される。そうした

（セ）「共苦」の気持ちを持って安楽死を実行する医師をとがめる資格は誰にもないのではないかと私は思っています。

　ただ、それをほんの少しでも医師に強要するようなことがあってはいけない。

『死なない時代の哲学』村上陽一郎

（注）問題作成者が注を施し、解釈の便に供した箇所がある。

問一　傍線部(ケ)「死を自覚している唯一の動物が人間です」とあるが、それはどういうことか。最も適切なものを次の①～⑤のうちから一つ選べ。　19

① 動物は、死期が近づくともそれを自覚して姿を隠すので、動物の老いた姿をみることがないこと。

② 自然界の動物は死を意識することはないが、人間は、生きるにあたり死を意識し、人生の終着点に死を見据えていること。

③ 人間も動物も等しく、死を免れないことを自覚すると、死の苦しみから開放されるために努力をするが、人間だけがそれに成功していること。

④ 万物の創造主である神は人間に知恵を与えた時点で、老いや死を迎える試練を用意しており、終末に至る時点で、あるいはその過程で死を自覚すること。

⑤ 太古からの数知れない体験の中で人間は、神秘体験やそこから生まれた宗教や哲学さらには自然科学的考究で、他の動物とは一線を画する知見を得たこと。

問二　傍線部(コ)「まさにそのことの中に成立しているとも言えます」とあるが、それはどういうこ

とか。最も適切なものを次の①～⑤のうちから一つ選べ。 20

① 人間は死を自覚し老いに抗う中で賢さや、おろかさ、喜びや苦しみといった様々な人間らしさを示していること。

② 動物は、死を考えることがないだけでなく、生きているという意識さえも存在しないことが人間性との対局にあること。

③ 動物は自らの意思で今生を生きているわけではなく、DNAに組み込まれた記憶によって生命体として存在していること。

④ 動物(人間を含む)の生存は自然環境や食物環境・衛生環境など重要なファクターとなっているが、彼らが今日まで生きながらえてきたのは全くの偶然でしかなかったこと。

⑤ 動物と人間は、生き抜くための賢さ、生きる喜び、コミュニケーション力など多くのものを共通に持っているが、死を意識するのは人間だけであるところに人間性が存在すること。

問三　傍線部(カ)「死を思え」とあるが、それはどういうことか。最も適切なものを次の①～⑤のうちから一つ選べ。 21

① 乱世を生き抜く心構えとしての泰然自若さを実践し、折からの武士時代の殺伐とした世の生き方を示したこと。

② 高度医療技術の進展を目指して、例えば遺伝子組み換え・臓器移植技術、再生医療技術などの延命治療について調べておくこと。

③ 人は死すべき存在であると言われるように、現在は幸せに生きている自分自身もいずれは死を迎えることを忘れてはならないということ。

④ 古代中国では強大な国家権力を行使して不老不死の医療や薬を求めたり、王道楽土を標榜して現生に安全・安心の理想国家を作り出そうとしていること。

⑤ 死後世界へと旅立った人々の誰一人としてこの世に戻ってきた人がいないことから、死とは何かという正解がわからず、想像することが困難であるということ。

問四　傍線部(ソ)「現実的に、自分がどう死ぬかを考えなくてはいけなくなるということです」とあるが、それはどういうことか。最も適切なものを次の①～⑤のうちから一つ選べ。 22

① 人はあくまで生きることを考えるべきで、寿命が延びたことでどう死ぬかを考えなくてはならないなどということは、許されないこと。

② 寿命が延びたのは、経済的に豊かな国や地域でのことであるから、貧困国の人の死亡原因や寿

命について考えなければならないと。

③ 人の生きを死には、その人独自のものであるべきで、死ぬ時期・場所・方法などを設定し、出来得る限り他人の介在を排して終末を迎えるべきであること。

④ 治療法の進歩による不老不死とは、死なないではなく死ねないことでもあり、結果的にどうすれば死ねるかを考えなければいけない時代になってきたこと。

⑤ 医療技術の進歩によって人間らしくない生活になっても延命治療を選ぶか、自分らしい生活ができなくなったら安楽死を選ぶかという選択をせまられるということ。

問五　傍線部(ㇴ)「市民社会における個人が自立した存在である社会では、個人の自立性というのは一〇〇パーセント尊重しなければならない」とあるが、それはどういうことか。最も適切なものを次の①〜⑤のうちから一つ選べ。　[23]

① 自立性の尊重とは、あくまで生きて社会に生活する中での自立であり、安楽死、社会生活とは反するので認められないこと。

② 国家と個人との関係は永遠の課題であるが、西欧では長い歴史の中で一つ一つ基礎を固め、今日の近代市民社会を構築したこと。

③ 安楽死が当該個人の強い意思であれば、親しい家族が反対であっても、医師はそれを押し切ってでも安楽死を実施すべきであること。

④ 個人の自立が確立された社会では、それが反社会的な行為でない限り、個人の自由意思が尊重されるべきで、当然安楽死も許容されること。

⑤ 西欧の基本的な思考形態は独立独歩であり、どんな時にも「私利」が「他利」に優先されるということを容認して成り立つ概念であること。

問六　傍線部(ㇳ)「『慈善』の気持ちを持って安楽死を実行する医師をとがめる資格は誰にもないのではないかと私は思っています」とあるが、それはどういうことか。最も適切なものを次の①〜⑤のうちから一つ選べ。　[24]

① 医療行為の決定権は、患者ではなく医師にあるので、医師が決定し、実施した安楽死は罰せられないということ。

② 患者の強い意思と強い要請に負けて、自分の意思に反して安楽死を実行したとしても医師を罰することはできないこと。

③ 患者の意思が最優先の西欧では、患者に依頼されれば、医師は安楽死の実施を拒否できないの

とがめてはいけないと。

④ 患者が安楽死を希望する背景に大きな苦しみや痛みがあることを理解できない医師がいても、それを責めてはいけないと。

⑤ 患者や家族が熟慮の末、生き方の終局として安楽死を選んだ場合、その苦しみを心から理解しながら安楽死を実行する医師を誰も責められないと。

解答編

英語

1 解答 問1. ④ 問2. ① 問3. ③ 問4. ② 問5. ①
問6. ④ 問7. ③ 問8. ③ 問9. ① 問10. ②
問11. ④ 問12. ④

2 解答 問1. 13—④ 14—⑤ 問2. 15—③ 16—①
問3. 17—④ 18—⑤

3 解答 ≪ホホジロザメ≫

問1. ④ 問2. ② 問3. ② 問4. ① 問5. ④ 問6. ②
問7. 1—③ 2—② 3—① 4—① 5—④ 6—②

4 解答例 I agree with the idea that university students should work part time. First, they can learn what it means to be a member of society before they begin their career. It would be helpful in their lives to develop skills in business through work experience. How to serve a customer, communicating with their boss or coworkers are some examples of what they should learn. Second, making some money for themselves leads them to feel independent of their parents. Since they will have to live on their own in the near future, it's necessary to build self-confidence in advance. (80〜100 ワード)

数学

1 解答 ≪平方根を含む計算, 循環小数の計算≫

問1. ①2 ②3 ③4 ④2 ⑤⑥10

問2. ⑦⑧43 ⑨⑩33 ⑪7 ⑫⑬33

2 解答 ≪2次関数の頂点, 対称移動≫

問1. ③ 問2. ③ 問3. ① 問4. ④

3 解答 ≪三角比の等式から三角比の式の値の計算≫

問1. ⑤ 問2. ③ 問3. ④

4 解答 ≪4人のじゃんけんによる確率, 条件付き確率≫

問1. ④ 問2. ③ 問3. ④

5 解答 ≪四分位数, 平均値, 散布図≫

問1. ⑤ 問2. 1)-③ 2)-③ 3)-①

6　[解答]　≪角の二等分線，内角，外角≫

辺 AB の B を越える延長線を BD とする。

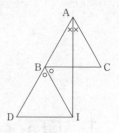

△ABC において，内角と外角の関係より

$$\angle BAC + \angle ACB = \angle DBC$$

よって　　$\dfrac{1}{2}\angle BAC + \dfrac{1}{2}\angle ACB = \dfrac{1}{2}\angle DBC$

　　　　　　　　　　　　　　……①

ここで　$\dfrac{1}{2}\angle BAC = \angle BAI,\ \dfrac{1}{2}\angle DBC = \angle DBI$

よって，①より　　$\angle BAI + \dfrac{1}{2}\angle ACB = \angle DBI$　……②

また，△ABI において，内角と外角の関係より

$$\angle BAI + \angle AIB = \angle DBI　……③$$

よって，②，③より　　$\angle AIB = \dfrac{1}{2}\angle ACB$　　　　　　　　（証明終）

物理

◀物 理 基 礎▶

1 解答 ≪水平面を移動する物体≫

1 —① 　2 —④ 　3 —③ 　4 —④

2 解答 ≪熱量保存の法則と比熱≫

5 —② 　6 —④

3 解答 ≪縦波の横波表示≫

7 —③ 　8 —③

4 解答 ≪抵抗の接続≫

9 —③ 　10—⑥

◀物　　　理▶

1 解答 ≪剛体のつり合い≫

1－③　2－④　3－①

2 解答 ≪円錐振り子≫

4－①　5－②　6－④

3 解答 ≪見かけの深さ≫

7－②　8－①　9－①

4 解答 ≪ホイートストンブリッジ≫

10－①　11－⑤　12－④

5 解答 ≪水素原子模型≫

13－④　14－①　15－④

化学

◀化 学 基 礎▶

1 解答 ≪小問集合≫

1 —② 2 —③ 3 —① 4 —④ 5 —③ 6 —② 7 —⑤ 8 —②
9 —① 10—②

◀化　　　学▶

1 解答 ≪混合物の分離≫

1 —⑤ 2 —④ 3 —② 4 —②

2 解答 ≪結晶格子≫

5 —① 6 —③ 7 —③

3 解答 ≪電離平衡≫

8 —② 9 —⑤ 10—③ 11—④

4 解答 ≪カルシウム化合物≫

12—④ 13—① 14—⑥

5 解答 《合　金》

15—⑤　16—②　17—④

6 解答 《C$_4$H$_8$O で表される化合物の構造》

18—①　19—⑤　20—③

7 解答 《サリチル酸の反応》

21—⑦　22—③　23—⑥

8 解答 《高分子化合物》

24—⑤　25—②

生物

◀生物基礎▶

1 解答 ≪代謝とエネルギー≫

1 -③ 2 -① 3 -④ 4 -⑤ 5 -⑤

2 解答 ≪タンパク質の構造，遺伝情報の発現≫

6 -③ 7 -③ 8 -① 9 -③

3 解答 ≪恒常性と体液の循環≫

10-④ 11-⑤ 12-④ 13-④

4 解答 ≪森林の構造≫

14-⑤ 15-① 16-③ 17-②

◀生　　物▶

1 解答 ≪アポトーシス≫

1 ―③　2 ―①　3 ―⑤　4 ―③　5 ―⑤

2 解答 ≪耳の構造とはたらき≫

6 ―④　7 ―②　8 ―④　9 ―⑤　10―③

3 解答 ≪生態系と生物多様性≫

11―③　12―④　13―③　14―①　15―⑤

4 解答 ≪酵　素≫

16―①　17―⑤　18―③　19―③　20―③

5 解答 ≪減数分裂≫

21―⑦　22―②　23―④　24―④　25―⑦

国語

一

解答　問1　ア―④　イ―⑤　ウ―①　エ―②
　　　　問11　ア―③　イ―④　ウ―⑤　エ―③
問三　ア―⑤　イ―①

二

出典　山本周五郎『雨あがる――映画化作品集』〈雨あがる〉（講談社文庫）

解答　問1　④
　　　　問11　③
問三　③
問四　②
問五　⑤
問六　①
問七　①
問八　②
問九　貧しい武家の夫婦で、おたよはお人よしの夫が生活のため賭け試合をするのをたしなめつつ心配している。（五十字以内）

三

出典　村上陽一郎『死ねない時代の哲学』（文春新書）

解答　問1　②
　　　　問11　①
問三　③
問四　⑤
問五　④
問六　⑤

2022 年度

問題と解答

■学校推薦型選抜Ⅱ（公募制）

問題編

▶選抜方法・配点

選抜方法	内　　　容	配　点
基礎学力試験	・日本語と英語の基礎的な語彙力（読み，書き，表現，読解，要約など） ・基礎的な計算技能（高校 1 年程度までに習得する内容を中心に出題）	100 点
面　　　接	個別面接（10 分程度）	100 点
調　査　書	各種記載事項を総合的に評価	30 点

▶備　考

- 試験結果を総合して合否を決定する。
- 面接は受験生 1 名に対して評価者 2 〜 3 名。出願者数により，集団面接になる場合がある。推薦書・志望理由書は面接の参考資料とする。

基礎学力試験

（60 分）

【**問題 1**】（1）〜（5）について，下線を引いたカタカナ部分に入る最も適切な漢字をそれぞれ①〜④
のうちから一つずつ選べ。

（1）**セン**行したグループと合流する。　　　　　　　　　　　　　　　　　1

① 先　　　　　　② 専　　　　　　③ 戦　　　　　　④ 選

（2）これは**カク**新的な発明だ。　　　　　　　　　　　　　　　　　　　2

① 角　　　　　　② 革　　　　　　③ 画　　　　　　④ 核

（3）無**ボウ**な挑戦である。　　　　　　　　　　　　　　　　　　　　　3

① 彷　　　　　　② 防　　　　　　③ 某　　　　　　④ 謀

（4）この作品は，時代を超えた不**キュウ**の名作である。　　　　　　　　4

① 及　　　　　　② 扱　　　　　　③ 急　　　　　　④ 朽

（5）夫の病気が本**プク**した。　　　　　　　　　　　　　　　　　　　　5

① 福　　　　　　② 覆　　　　　　③ 復　　　　　　④ 複

【問題2】（1）～（5）について，似た意味を表す最も適切なものをそれぞれ①～④のうちから一つずつ選べ。

（1）全快　　　　　　　　　　　　　　　　　　　　　　　6

①　完成　　　　②　完全　　　　③　完治　　　　④　完結

（2）敵対　　　　　　　　　　　　　　　　　　　　　　　7

①　反目　　　　②　反証　　　　③　反撃　　　　④　反復

（3）過日　　　　　　　　　　　　　　　　　　　　　　　8

①　先日　　　　②　後日　　　　③　隔日　　　　④　終日

（4）気長　　　　　　　　　　　　　　　　　　　　　　　9

①　冗長　　　　②　延長　　　　③　深長　　　　④　悠長

（5）傍観　　　　　　　　　　　　　　　　　　　　　　　10

①　幻視　　　　②　座視　　　　③　注視　　　　④　凝視

【問題3】（1）～（5）について，反対の意味を表す最も適切なものをそれぞれ①～④のうちから一つずつ選べ。

（1）決算 $\boxed{11}$

① 予算   ② 演算   ③ 試算   ④ 概算

（2）機敏 $\boxed{12}$

① 鈍感   ② 鈍重   ③ 鈍行   ④ 鈍痛

（3）歴然 $\boxed{13}$

① 徒然   ② 泰然   ③ 断然   ④ 漠然

（4）希薄 $\boxed{14}$

① 濃紺   ② 濃厚   ③ 濃縮   ④ 濃淡

（5）自慢 $\boxed{15}$

① 卑近   ② 卑下   ③ 卑劣   ④ 卑怯

【問題 4 】（1）～（8）の空欄 16 ～ 23 に入る最も適切な語，または文をそれぞれ①～④のうちから一つずつ選べ。

（1）Emi enjoys her college life in Gunma, but really 16 her family living in Nagano.

 ① calls   ② meets   ③ forgets   ④ misses

（2）Can I 17 your ballpoint pen for a few minutes?

 ① rent   ② borrow   ③ lend   ④ bring

（3）He was 18 100 dollars for speeding yesterday.

 ① allowed   ② fined   ③ paid   ④ apologized

（4）We will 19 a lot of time if we go by car.

 ① save   ② serve   ③ keep   ④ protect

（5）When you see a dentist, you should make 20 .

 ① a promise   ② a meeting   ③ an appointment   ④ a date

（6）A: Hello.　May I speak to Ms. Williams?

 B: Yes, this is 21 .

 ① she   ② mine   ③ it   ④ her

（7）A: Have you ever been to Canada?

 B: 22 .　But it was more than 20 years ago.

 ① No problem   ② No, never

 ③ Yes, I've just finished   ④ Yes, just once

（8）A: Are you going to go to the concert next month?

 B: 23 .　I'm a big fan of the band.

 ① Yes, please   ② I was too busy

 ③ Of course, I am   ④ Sorry, I don't like concerts

【問題 5 】 次の英文を読んで，（ 1 ）～（ 3 ）に答えよ。

When you ask a child what they would like to be when they grow up, common responses might include firefighter, pilot, doctor, or athlete.　But those jobs don't capture the attention of all kids.　Take Will Shortz, for example.　At the age of 14, Will had to write an essay about what he wanted to do with his life.　He wrote about his desire to become a puzzle maker — someone who creates games and puzzles, such as sudoku or crossword puzzles.　That same year, he sold his first puzzle to the magazine *Venture*.　By the age of 16, Will was regularly contributing puzzles ⬚24 magazines.

In college, Will found that there were no classes offered on puzzles.　However, fortunately, Will learned that his university offered a special program that allowed students to suggest and create unique fields of study.　He switched his major to enigmatology — the study of puzzles.

He did well in school, but upon graduating, Will did not know how to get a job creating puzzles.　For summer work, he joined the magazine *Penny Press*, and then he found a job creating and editing puzzles for *Games* magazine.　This seemed like a dream job because he could create new kinds of puzzles and be surrounded by great puzzle makers.

After 15 years at *Games*, Will accepted a position ⬚25 the editor of *The New York Times'* crossword puzzle.　Today he is credited with making the crossword appealing to a wider audience.

* Neil J Anderson, *Active Skills for Reading 2*, Cengage Learning, Boston, 2013, p.118. から抜粋改変

（ 1 ）本文中の ⬚24 ， ⬚25 に入る最も適切なものをそれぞれ①～④のうちから一つずつ選べ。

　　（ ⅰ） ⬚24
　　① at　　　　　② from　　　　　③ to　　　　　④ by

　　（ ⅱ） ⬚25
　　① as　　　　　② behind　　　　③ on　　　　　④ forward

（ 2 ）本文の内容に合う文章にする場合，次の ⬚26 ～ ⬚28 に入る最も適切なものをそれぞれ①
　　～④のうちから一つずつ選べ。

　　（ ⅰ） Will Shortz began to sell his puzzles to magazines ⬚26 .
　　① after he entered university　　　　② when he was 16 years old
　　③ when he was 14 years old　　　　　④ before he was 14 years old

(ⅱ) Will Shortz considered his job at *Games* magazine a "dream job" because 27 .

① he earned a lot of money writing crossword puzzles

② he could design new puzzles and work with other puzzle makers

③ he could study the traditional way to create puzzles

④ *Games* was the only puzzle magazine in the U.S. then

(ⅲ) At *The New York Times*, Will Shortz 28 .

① made the crossword puzzle more interesting for most people

② made the crossword puzzle more difficult to solve

③ wrote newspaper articles about puzzles and games

④ created the crossword puzzle for the blind

(3) 次の文章が本文の内容と一致する場合は①，一致しない場合は②を選べ。

(ⅰ) His university gave him permission to make the courses on puzzles. 29

(ⅱ) He could easily find his job as a puzzle maker after graduating from university. 30

【問題6】（1）～（7）の $\boxed{31}$ ～ $\boxed{48}$ の空欄に当てはまる数字を答えよ。

問題文中の $\boxed{31}$, $\boxed{32}$, $\boxed{33}$, などにはそれぞれ数字（⓪ ～ ⑨）が一つずつ入る。なお，分数で解答が求められている場合には，既約分数で答え，解答中の根号内はこの形式で解答可能な限り小さな整数で答えること。

例：$\boxed{○}\ \boxed{●}$ に「50」と答えたいときは，解答欄：$\boxed{○}$ に「⑤」，$\boxed{●}$ に「⓪」をマークする。

例：$\dfrac{\boxed{△}}{\boxed{▲}}$ に $\dfrac{3}{8}$ と答えたいときは，解答欄：$\boxed{△}$ に「③」，$\boxed{▲}$ に「⑧」をマークする。

（1）$\left(\dfrac{6}{7}xy\right)^3 \div \dfrac{36}{49}x^3y^2 \times \dfrac{7}{18} = \dfrac{y}{\boxed{31}}$

（2）$(x - 2y + 4)(x - 2y - 4) = x^2 - \boxed{32}\ xy + \boxed{33}\ y^2 - \boxed{34}\ \boxed{35}$

（3）　1,000 円札，5,000 円札，10,000 円札が合わせて 50 枚あり，金額の合計は 182,000 円である。10,000 円札が 10 枚以上であるとき，1,000 円札は 　36　　37　 枚，5,000 円札は 　38　 枚，10,000 円札は 　39　　40　 枚である。

（4）　240 L の空の浴槽に吐水口から 20 L/分の流量で水を入れていた。浴槽の半分まで水が溜まったら吐水口からの流量を 5 L/分にした。この条件で浴槽を満たすときの平均流量は 　41　 L/分である。

（5）　3 辺の長さが次のような三角形が存在するかどうか答えなさい。存在する場合は①，存在しない場合は②を選べ。

　（ⅰ）1cm，2cm，3cm　　　42

　（ⅱ）7cm，8cm，9cm　　　43

（6）　映画館で横 11 席の椅子に，5 名がソーシャルディスタンスを確保するため 1 席ずつ空けて座るとき，座り方は $\boxed{44}\boxed{45}\boxed{46}$ 通りある。

（7）　$y = -x^2 + 2x + 3$ のグラフを原点に関して対称に移動し，さらに x 軸方向に $\boxed{47}$，y 軸方向に $\boxed{48}$ 平行移動すると頂点の座標が（1，1）になる。

解答編

基礎学力試験

1 **解答**　1 —① 　2 —② 　3 —④ 　4 —④ 　5 —③

2 **解答**　6 —③ 　7 —① 　8 —① 　9 —④ 　10—②

3 **解答**　11—① 　12—② 　13—④ 　14—② 　15—②

4 **解答**　16—④ 　17—② 　18—② 　19—① 　20—③ 　21—①
　　　　　　22—④ 　23—③

5 **解答**　≪パズルメーカー≫

24—③ 　25—① 　26—③ 　27—② 　28—① 　29—① 　30—②

6 **解答**　≪小問 7 問≫

(1) 31.　3 　(2) 32.　4 　33.　4 　34・35.　16
(3) 36・37.　32 　38.　6 　39・40.　12 　(4) 41.　8 　(5) 42—② 　43—①
(6) 44〜46.　360 　(7) 47.　2 　48.　5

■一般選抜（前期）

問題編

▶選抜方法・配点

教　科		科　　　　　目	配　点
選択①※	外国語 ・数学 ・国語	「コミュニケーション英語Ⅰ・Ⅱ，英語表現Ⅰ」「数学Ⅰ・A」「国語総合（古文・漢文を除く）」から1科目選択	100 点
選 択 ②	理　科	「物理基礎」「化学基礎」「生物基礎」から2科目選択，または「物理」「化学」「生物」から1科目選択	100 点

▶備　考

- 試験結果を総合して合否を決定する。

  ただし，合格ライン上の同点者の合否を決める場合に限り，調査書を活用して合否を決定する。調査書が発行されない志願者については，「主体性に関する経験」を出願時に提出することにより調査書の代替とする。

※志願者の「思考力・判断力・表現力」を評価するために，一部記述式問題を出題する。

英語

(60 分)

【問題 1】下の問い（問 1 ～問 12）の空欄 　1　 ～ 　12　 に入るものとして最も適切なものをそれ
ぞれ①～④のうちから一つずつ選べ。

問 1　We should wash our hands and gargle because colds are 　1　 this winter.

  ① common   ② famous

  ③ wide   ④ broad

問 2　There was such 　2　 traffic that we had to find another route.

  ① strict   ② big

  ③ thick   ④ heavy

問 3　My mother is looking forward to 　3　 me.

  ① hearing from   ② hearing for

  ③ hearing of   ④ hearing to

問 4　The city hall is 　4　 building in the prefecture.

  ① the second highest   ② the highest next

  ③ the next higher   ④ the second higher

問 5　The novel was 　5　 , so I stopped reading it and bought another one.

  ① bored   ② interested

  ③ boring   ④ interesting

問6　If it ｜　6　｜ a little cooler that day, I would have played outside with my kids.

① had been　　　　　　　　　　② was

③ is　　　　　　　　　　　　　④ would be

問7　Ken was looking at four books, but ultimately chose to buy ｜　7　｜ of them.

① neither　　　　　　　　　　② none

③ nobody　　　　　　　　　　④ no

問8　She ｜　8　｜ arrived at the party than she fell into conversation with old friends.

① had no more　　　　　　　　② has

③ had no sooner　　　　　　　④ had

問9　Ryota:　I have been coughing and tired since yesterday.
　　　Saki:　You ｜　9　｜ go to the hospital.

① had better　　　　　　　　② are better

③ are good　　　　　　　　　④ had not

問10　It was getting cold, and ｜　10　｜ is worse, it began to rain.

① what　　　　　　　　　　② that

③ which　　　　　　　　　④ do

問11　How ｜　11　｜ is the population of Takasaki city?

① large　　　　　　　　　　② size

③ number　　　　　　　　　④ many

問 12　I must have my suit ┃ 12 ┃ before the meeting.

  ① cleaning　　　　　　　　　　　　② cleans

  ③ to clean　　　　　　　　　　　　④ cleaned

【問題 2】 下の問い（問 1 ～問 3）において，対話が成り立つようにそれぞれ①～⑤の単語を並べかえ
　　　　たとき，空欄 ┃ 13 ┃ ～ ┃ 18 ┃ に入る適切なものを一つずつ選べ。なお、文頭に来る単語
　　　　も小文字で表している。

問 1　Jim:　I can't find my book.　Do you know where it is?
　　　Brent:　Oh, I have it. I'm sorry. ＿＿ ＿＿ ┃ 13 ┃ ┃ 14 ┃ ＿＿ without asking you
　　　　　　　first.

  ① taken　　　② it　　　③ I　　　④ have　　　⑤ shouldn't

問 2　Jill:　It's a buffet-style party, so please ＿＿ ＿＿ ┃ 15 ┃ ┃ 16 ┃ ＿＿ on the table.
　　　Yumi:　Thank you!　All the food looks so delicious!

  ① yourself　　　② is　　　③ whatever　　　④ help　　　⑤ to

問 3　Ken:　So, what do you think about the music I picked out for the dance?
　　　Susan:　＿＿ ┃ 17 ┃ ＿＿ ┃ 18 ┃ ＿＿ , I don't really like it.

  ① with　　　② frank　　　③ you　　　④ be　　　⑤ to

【問題３】次の英文を読んで，下の問い（**問１〜問８**）に答えよ。

No one enjoys getting a vaccine*1 because needles hurt. However, doctors need to use needles all the time to give life-saving vaccines as well as other kinds of medicines. In fact, the use of a needle for vaccines is a technology that has not changed much since it was invented over 150 years ago.

However, one man has changed the way people may soon receive vaccines. He has created the Nanopatch. It is a small, square patch about the size of a stamp. This patch has 4,000 bumps*2 that are so tiny （　1　） people can't see them. These bumps can be covered （　2　） a vaccine and the patch is then applied to the skin. There are several advantages to the patch. First and most <u>obvious</u> is that it has no needle and causes no （　3　）. Second, because there is no needle, there is no risk of germs*3 or bacteria going from person to person. Third, this technology allows for just one-hundredth of the vaccine to be used and still be effective. This means that the amount of vaccine needed for one person with a needle could be used for 100 people with the patch. Fourth, the technology is cheap to produce. Finally, （　4　） liquid vaccines that need to be kept cold in a refrigerator, the vaccine used on the patch is dry. That means there is no need to keep it cold.

This new technology could have great benefits for everyone. However, it is even more valuable for athletes because athletes usually receive more shots than the average person. It is not （　5　） for an athlete to travel to different countries for competitions and games. With every trip, they usually receive anywhere from 8 to 10 kinds of vaccines to protect them from various diseases. That is a lot of painful shots just to keep a person healthy for one trip. （　6　）, athletes who are injured are often given medicines through shots to help reduce muscle or body pain. The fact that these patches could be used to give vaccines and provide medicine safely and cheaply seems a great benefit. Another, as mentioned before, is that the patches can be carried around without the need to keep them in a refrigerator like current liquid vaccines.

The only question now is when the patch will be available. As soon as it becomes widely produced, doctors all over the world can start using it.

　　*1 vaccine：ワクチン　　*2 bumps：突起　　*3 germs：細菌

(Paul Nation / Casey Malarcher. *Timed Reading for Fluency 4*. Seed Learning, Inc., USA, 2017, p. 79.)

問１　本文中の空欄（　1　）に入る語として最も適切なものを次の①〜④のうちから一つ選べ。

19

　　① which　　　　　② that　　　　　③ how　　　　　④ as

問２　本文中の空欄（　2　）に入る語として最も適切なものを次の①〜④のうちから一つ選べ。

20

　　① on　　　　　② with　　　　　③ in　　　　　④ at

問3　本文中の空欄（ 3 ）に入る語として最も適切なものを次の①〜④のうちから一つ選べ。

21

① injure　　　　② comfort　　　　③ hurtful　　　　④ pain

問4　本文中の空欄（ 4 ）に入る語として最も適切なものを次の①〜④のうちから一つ選べ。

22

① but　　　　② like　　　　③ unlike　　　　④ so

問5　本文中の空欄（ 5 ）に入る語として最も適切なものを次の①〜④のうちから一つ選べ。

23

① unusual　　　　② often　　　　③ uncommonly　　　　④ usual

問6　本文中の空欄（ 6 ）に入る語として最も適切なものを次の①〜④のうちから一つ選べ。

24

① However　　　　② As well as　　　　③ On the contrary　　　　④ In addition

問7　次の 1.〜6. の文章を本文の内容に合った英文にするために、 25 〜 30 に入る最も適切なものを①〜④のうちからそれぞれ一つずつ選べ。

1. The main point of the passage is to tell the reader about 25 .

① the advantages and disadvantages of new medical technology

② how athletes will benefit from new medical technology

③ a new way to receive vaccines and medicines

④ the history of vaccines

2. In paragraph 2, the word "obvious" has a meaning closest to 26 .

① equivalent

② compulsory

③ apparent

④ observant

3. The reason the Nanopatch does not cost much to produce is 27 .

① that less vaccine needs to be produced

② that it needs to be kept cold in a refrigerator

③ that needles aren't used

④ not clearly mentioned in the passage

4. According to the passage, the Nanopatch would be particularly helpful to 　28　.

① people without refrigerators

② people with muscle or body pain

③ everyone

④ athletes

5. In the passage, 　29　.

① only four advantages to the Nanopatch are mentioned

② no disadvantages to the Nanopatch are mentioned

③ it is mentioned that one needle can vaccinate 100 more people than one Nanopatch

④ it is mentioned that the Nanopatch has been in development for over 150 years

6. The passage does NOT say that 　30　.

① doctors all over the world will be able to use the Nanopatch soon

② the Nanopatch will be useful for athletes in particular

③ the Nanopatch is a painless way of giving a vaccine

④ needles may spread germs or bacteria from one person to another

問8　コロナウィルス拡大を防止するために個人レベルでどのような対策を取るべきか。その理由とともに 80〜100 ワードの英語で述べよ。

数学

(60 分)

【問題1】 概算に関する以下の説明文の中の $\boxed{1}$ ～ $\boxed{21}$ に当てはまる数字を答えよ。なお，問題文中の $\boxed{1}$，$\boxed{2}$，$\boxed{3}$，などにはそれぞれ数字 (0～9) が一つ入る。ただし，**桁数に関して，例えば「$\boxed{4}\boxed{5}\boxed{6}$」は3桁の整数を意味し，「 050 」などは入らないものとする。**

解答例： $\boxed{4}\boxed{5}\boxed{6}$ に「150」と答えたいときは，解答欄： $\boxed{4}$ に「①」，$\boxed{5}$ に「⑤」，$\boxed{6}$ に「⓪」をマークする。

$\sqrt{10} \fallingdotseq 3.2$ を既知として $\dfrac{\sqrt{1024}-\sqrt{1000}}{2}$ を概算する。

まず，$1024 = \boxed{1}\boxed{2}^2$ であるので，$\dfrac{\sqrt{1024}-\sqrt{1000}}{2} = \boxed{3}\boxed{4} - \boxed{5}\sqrt{\boxed{6}\boxed{7}}$ とできるが，ここで $\sqrt{10}$ を 3.2 とすると答えは 0 となり，あまり意味のある概算にはならない。

そこで，$\dfrac{\sqrt{1024}-\sqrt{1000}}{2}$ の （分母ではなく）分子を有理化してみる。分母と分子の両方に $\sqrt{\boxed{8}\boxed{9}\boxed{10}\boxed{11}} + \sqrt{1000}$ を掛けると $\dfrac{\sqrt{1024}-\sqrt{1000}}{2} = \dfrac{\boxed{12}}{\boxed{13}\boxed{14}+\boxed{15}\sqrt{\boxed{16}\boxed{17}}}$ となる。ここまで変形してから $\sqrt{10}$ を 3.2 とするならば，答えは $0.\boxed{18}\boxed{19}\boxed{20}\boxed{21}$ となり，これは真の値 $\dfrac{\sqrt{1024}-\sqrt{1000}}{2} = 0.1886\cdots$ にかなり近い。

【問題２】　２次関数に関して，下の問い（問１〜問３）に答えよ。

問１　次の関数のうち，グラフが直線 $x = 1$ を軸として対称になるのはどれか。最も適切なものを ①〜⑤のうちから一つ選べ。　　　　　　　　　　　　　　　　　　　　　　　 22

① $y = x^2 + 2x + 1$ 　　　② $y = x^2 - 4x + 6$ 　　　③ $y = -x^2 + 4x - 2$

④ $y = -2x^2 + 4x - 1$ 　　　⑤ $y = -2x^2 + 2x + 1$

問２　次の関数のうち，最大値が $y = 2$ となるのはどれか。最も適切なものを①〜⑤のうちから一つ選べ。　　　　　　　　　　　　　　　　　　　　　　　　　　　　　　　　 23

① $y = x^2 + 2x + 1$ 　　　② $y = x^2 - 4x + 6$ 　　　③ $y = -x^2 + 4x - 2$

④ $y = -2x^2 + 4x - 1$ 　　　⑤ $y = -2x^2 + 2x + 1$

問３　次の関数のうち，グラフが x 軸と共有点を持たないのはどれか。最も適切なものを①〜⑤のうちから一つ選べ。　　　　　　　　　　　　　　　　　　　　　　　　　　　　 24

① $y = x^2 + 2x + 1$ 　　　② $y = x^2 - 4x + 6$ 　　　③ $y = -x^2 + 4x - 2$

④ $y = -2x^2 + 4x - 1$ 　　　⑤ $y = -2x^2 + 2x + 1$

【問題３】　下図のように ∠AHB が直角である直角三角形 ABH の辺 BH 上に BC = AC となるように点 C を取ったところ，BC = AC = 1 であった。下の問い（**問１〜問５**）に答えて説明文を完成させよ。

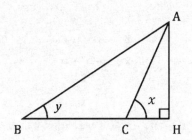

この図で x と y の関係は ☐25☐ であり，$\cos x$ を用いて $\cos y$ や $\sin y$ が求められる。

まず，AB = ☐26☐ なので，$\cos y = \dfrac{1+\cos x}{\sqrt{☐27☐}} = \dfrac{\sqrt{(1+\cos x)^2}}{\sqrt{☐27☐}} = $ ☐28☐ となる。

上式を用いれば，例えば $\sin 40° ≒ 0.64$ を利用して $\cos 25° ≒$ ☐29☐ などを求めることができる。

問１ ☐25☐ に入る適当な式はどれか。最も適切なものを①〜⑤のうちから一つ選べ。

① $x + y = 90°$　　　　　　② $x + 2y = 90°$　　　　　　③ $2x - y = 90°$

④ $x - 2y = 0°$　　　　　　⑤ $2x - 3y = 0°$

問２ ☐26☐ に入る適当な式はどれか。最も適切なものを①〜⑤のうちから一つ選べ。

① $\sqrt{(1 + \cos x)^2 + \sin^2 x}$　　　② $\sqrt{(1 - \cos x)^2 + \sin^2 x}$　　　③ $\sqrt{1 - \cos^2 x + \sin^2 x}$

④ $\sqrt{(1 + \sin x)^2 + \cos^2 x}$　　　⑤ $\sqrt{(1 - \sin x)^2 + \cos^2 x}$

問３ ☐27☐ に入る適当な式はどれか。最も適切なものを①〜⑤のうちから一つ選べ。

① $1 + \sin x$　　　　　　② $1 + \cos x$　　　　　　③ $1 + \sin x + \cos x$

④ $2 + 2\sin x$　　　　　　⑤ $2 + 2\cos x$

問４ ☐28☐ に入る適当な式はどれか。最も適切なものを①〜⑤のうちから一つ選べ。

$$① \sqrt{\frac{1-\cos x}{2}} \qquad\qquad ② \sqrt{\frac{1+\cos x}{2}} \qquad\qquad ③ \sqrt{\frac{1-\cos x}{3}}$$

$$④ \sqrt{\frac{1+\cos x}{3}} \qquad\qquad ⑤ \sqrt{\frac{1-\cos x}{5}}$$

問5　<u>29</u> に入る適当な数値はどれか。最も適切なものを①〜⑤のうちから一つ選べ。

① 0.71　　　　② 0.76　　　　③ 0.81　　　　④ 0.86　　　　⑤ 0.91

【問題4】　赤い玉を4個，緑の玉を3個，青い玉を3個，不透明な袋に入れてある。3人の人間が順番に1個ずつ袋から玉を取り出して自分のものとする。ただし，取り出した玉は袋に戻さないものとする。玉は色以外では区別がないものとして下の問い（**問1〜問4**）に答えよ。

問1　3人が取り出す玉の色について可能な組み合わせは何通りあるか。最も適切なものを①〜⑤のうちから一つ選べ。

<u>30</u>

① 18 通り　　　② 24 通り　　　③ 27 通り　　　④ 36 通り　　　⑤ 48 通り

問2　袋に残った7つの玉の色と個数について可能な組み合わせは何通りあるか。最も適切なものを①〜⑤のうちから一つ選べ。

<u>31</u>

① 8 通り　　　② 9 通り　　　③ 10 通り　　　④ 12 通り　　　⑤ 15 通り

問3　3人全員が互いに異なる色の玉を取り出す確率はいくらか。最も適切なものを①〜⑤のうちから一つ選べ。

<u>32</u>

$$① \frac{3}{10} \qquad ② \frac{3}{16} \qquad ③ \frac{3}{20} \qquad ④ \frac{3}{25} \qquad ⑤ \frac{3}{32}$$

問4　袋に残った7つの玉に，3色全てが含まれている確率はいくらか。最も適切なものを①〜⑤のうちから一つ選べ。

<u>33</u>

$$① \frac{53}{54} \qquad ② \frac{59}{60} \qquad ③ \frac{71}{72} \qquad ④ \frac{79}{80} \qquad ⑤ \frac{95}{96}$$

【問題5】　正の整数 n について下の問い（問1〜問2）に答えよ。

問1　次の a.〜d. の命題のうち正しいものはどれか。最も適切なものを①〜⑤のうちから一つ選べ。ただし 0 は全ての整数の倍数とみなす。

34

　　a. n が2の倍数でないとき，$n^2 + 1$ は2の倍数である。

　　b. n が3の倍数でないとき，$n^2 - 1$ は3の倍数である。

　　c. n が4の倍数でないとき，$n^2 + 1$ は4の倍数である。

　　d. n が2の倍数でないとき，$n^2 - 1$ は4の倍数である。

　　① a, c　　　　　② b, d　　　　　③ a, b, c　　　　　④ a, b, d　　　　　⑤ a, b, c, d

問2　次の命題を証明せよ。

　　n が5の倍数でないとき，$n^2 - 1$ または $n^2 + 1$ は5の倍数である。

■■■■■物理■■■■■

※　「物理基礎」「化学基礎」「生物基礎」から2科目選択，または「物理」「化学」「生物」から
　1科目選択。

◆物 理 基 礎▶

（2科目60分）

【問題1】　図のように，なめらかな斜面上のA点に質量2.0 kgの物体を静かに置いた。斜面に沿って
　　　　　上向きに一定の力 $F = 16.2$ N を加え，10 mはなれたB点まで動かした。重力加速度の大き
　　　　　さ $g = 9.8$ m/s² として下の問い（**問1〜問4**）に答えよ。

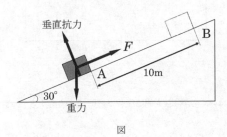

図

問1　AB間でFが物体にした仕事はいくらか。最も適切なものを①〜⑤のうちから一つ選べ。

| 1 |

　　　① 16.2 J　　　　② 32.4 J　　　　③ 97.2 J　　　　④ 162 J　　　　⑤ 178 J

問2　AB間で重力が物体にした仕事はいくらか。最も適切なものを①〜⑤のうちから一つ選べ。

| 2 |

　　　① − 98 J　　　　② − 48 J　　　　③ 0 J　　　　④ 32 J　　　　⑤ 64 J

問3　AB間で垂直抗力が物体にした仕事はいくらか。最も適切なものを①〜⑤のうちから一つ選べ。

| 3 |

　　　① − 98 J　　　　② − 48 J　　　　③ 0 J　　　　④ 32 J　　　　⑤ 64 J

問4 物体が B 点に達したとき，物体の速さはいくらか。最も適切なものを①〜⑤のうちから一つ選べ。　　　　　　　　　　　　　　　　　　　　　　　　4

① 0 m/s　　　② 4 m/s　　　③ 8 m/s　　　④ 12 m/s　　　⑤ 16 m/s

【問題2】 図のように，抵抗 R_1，R_2，R_3，R_4 を内部抵抗が無視できる電源 E に接続した。$E = 30\,\mathrm{V}$，AB 間の合成抵抗は 4 Ω とする。$R_1 = R_2 = R_3 = R_4$ とするとき，下の問い（**問1〜問3**）に答えよ。

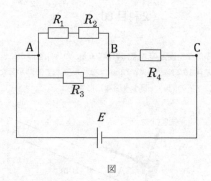

図

問1 R_1 の抵抗値はいくらか。最も適切なものを①〜⑤のうちから一つ選べ。　　　5

① 3 Ω　　　② 4 Ω　　　③ 6 Ω　　　④ 8 Ω　　　⑤ 9 Ω

問2 AC 間の合成抵抗はいくらか。最も適切なものを①〜⑤のうちから一つ選べ。　　　6

① 4 Ω　　　② 6 Ω　　　③ 10 Ω　　　④ 12 Ω　　　⑤ 16 Ω

問3 R_2 に流れる電流はいくらか。最も適切なものを①〜⑤のうちから一つ選べ。　　　7

① 1 A　　　② 3 A　　　③ 4 A　　　④ 6 A　　　⑤ 9 A

【問題3】　長さ 0.350 m，基本振動数が 441 Hz となるように楽器に弦が張られている。下の問い（問
　　　　　1〜問3）に答えよ。

問1　弦を伝わる波の速さはいくらか。最も適切なものを①〜⑤のうちから一つ選べ。　　　　8

　　　① 1.54 × 10² m/s　　　　② 3.09 × 10² m/s　　　　③ 4.63 × 10² m/s
　　　④ 6.19 × 10² m/s　　　　⑤ 9.28 × 10² m/s

問2　近くでおんさを鳴らしたところ 4 秒間に 8 回のうなりが聞こえた。弦を張る力を少し強めた
　　　ところうなりは消失した。このときのおんさの振動数はいくらか。最も適切なものを①〜⑤
　　　のうちから一つ選べ。　　　　　　　　　　　　　　　　　　　　　　　　　　9

　　　① 433 Hz　　　② 437 Hz　　　③ 439 Hz　　　④ 443 Hz　　　⑤ 449 Hz

問3　この弦の定常波の腹が 2 つになる振動数はいくらか。最も適切なものを①〜⑤のうちから一
　　　つ選べ。　　　　　　　　　　　　　　　　　　　　　　　　　　　　　　　10

　　　① 110 Hz　　　② 220 Hz　　　③ 441 Hz　　　④ 661 Hz　　　⑤ 882 Hz

◀ 物　　　理 ▶

（60 分）

【問題1】 図のように水平面と θ をなす角度で質量 m [kg] の小球を速度 v_0 で投げ出したとき，下の
問い（**問1〜問3**）に答えよ。ただし，重力加速度を g [m/s²] とする。

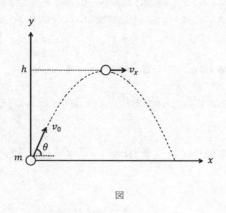

図

問1 小球が到達する最高点 h [m] を表す式として，最も適切なものを次の①〜⑤のうちから一つ
選べ。   **1**

  ① $\dfrac{v_0 \sin \theta}{g}$ ② $\dfrac{(v_0 \cos \theta)^2}{g}$ ③ $\dfrac{(v_0 \sin \theta)^2}{2g}$ ④ $\dfrac{(v_0 \sin \theta)^2}{g}$ ⑤ $\dfrac{(v_0 \cos \theta)^2}{2g}$

問2 最高点における x 方向の速度 v_x [m/s] として，最も適切なものを次の①〜⑤のうちから一つ
選べ。   **2**

  ① $v_0 \sin \theta$ ② $v_0 \cos \theta$ ③ $\dfrac{v_0 \sin \theta \cos \theta}{g}$ ④ $\dfrac{v_0{}^2 \sin \theta}{g}$ ⑤ $\dfrac{v_0{}^2 \cos \theta}{g}$

問3 小球の x 方向の位置 x [m] における y 方向の位置 y [m] を表す式として，最も適切なもの
を次の①〜⑤のうちから一つ選べ。   **3**

  ① $y = x \tan \theta - \dfrac{g}{2v_0{}^2 \cos^2 \theta} x^2$ ② $y = x \tan \theta - \dfrac{g}{v_0{}^2 \cos^2 \theta} x^2$ ③ $y = x \tan \theta - \dfrac{g}{2v_0{}^2 \sin^2 \theta} x^2$

  ④ $y = x \tan \theta + \dfrac{g}{2v_0{}^2 \sin^2 \theta} x^2$ ⑤ $y = x \tan \theta + \dfrac{g}{2v_0{}^2 \cos^2 \theta} x^2$

【問題2】 (設問省略)

【問題3】 下の問い（問1〜問5）に答えよ。

問1 図のようにサイレンが速度 v_s [m/s] で振動数 f_0 [Hz] の音を出しながら運動している。音速を V [m/s] としたとき，観測者が速度 v_0 [m/s] でサイレンから遠ざかっているときの観測者が聞く音の振動数 f [Hz] を求めたい。f の式と，$v_s = 60$ m/s，$f_0 = 960$ Hz，$V = 340$ m/s，$v_0 = 5.0$ m/s のときに観測者が聞く実際の音の振動数の組み合わせとして，最も適当なものを下の①〜⑧のうちから一つ選べ。 | 7 |

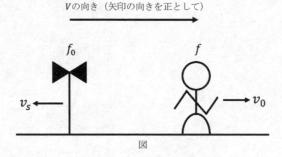

図

	f の式	実際の振動数
①	$\dfrac{V - v_o}{V - v_s} f_0$	331 Hz
②	$\dfrac{V - v_o}{V + v_s} f_0$	493 Hz
③	$\dfrac{V + v_o}{V + v_s} f_0$	580 Hz
④	$\dfrac{V + v_o}{V - v_s} f_0$	645 Hz
⑤	$\dfrac{V - v_o}{V - v_s} f_0$	782 Hz
⑥	$\dfrac{V - v_o}{V + v_s} f_0$	804 Hz
⑦	$\dfrac{V + v_o}{V + v_s} f_0$	974 Hz
⑧	$\dfrac{V + v_o}{V - v_s} f_0$	1182 Hz

問2 図のように x 軸の正の向きに 0.1 m/s で進行してきた波は，$x = 0.1$ m の位置で固定端反射して逆方向に進み，入射波と反射波の合成で定常波が形成される。$t = 0$ s で図の位置に入射波があったとき，$t = 2.0$ s で $x = -0.1$ m と $x = -0.2$ m の位置における y 方向の位置 [m] の組み合わせとして，最も適切なものを次の①〜⑥のうちから一つ選べ。 | 8 |

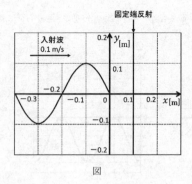

図

	$x = -0.1 \text{ m}$	$x = -0.2 \text{ m}$
①	−0.1	0
②	−0.1	0.2
③	0	0
④	0	0.2
⑤	0.2	0
⑥	0.2	0.2

問3　図のように天井にばね定数 k [N/m] のばねをつり下げ，下端に質量 m [kg] の物体を取り付けたところ，自然長から x_0 [m] だけ伸びて静止した。その後，物体が静止した位置から A [m] だけ物体を引っ張って $t = 0$ s で静かに手を離すと，物体は単振動した。

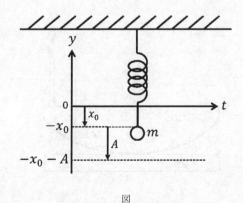

図

図のように t 軸[s] と y 軸[m] をとったとき，時刻 t [s] における y 方向の物体の位置[m]

を表すグラフとして，最も適切なものを次の①〜⑤のうちから一つ選べ。　　9

①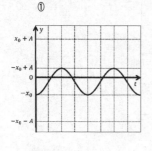

②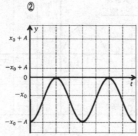

③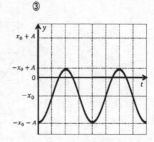

④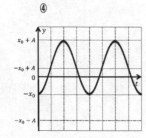

⑤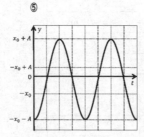

問4　次の文章中の空欄　ア　〜　ウ　に入れる用語，式の組み合わせとして，最も適切なものを次の①〜⑧のうちから一つ選べ。　　10

図のように平面ガラスの上に平面凸レンズを載せ，レンズの直上から波長 λ [m] の単色光を入射させると明暗の輪が同心円状に形成される。これをニュートンリングという。

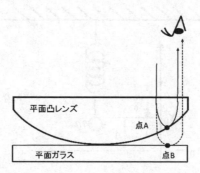

図

入射した光は平面凸レンズの点Aと平面ガラスの点Bで反射すると，点Aでは位相が

ア 。また，点 B では位相が イ 。これらの光の干渉によって平面凸レンズの直上から見たときに明暗の輪ができる。一方で，平面ガラスの直下から見たとき，明暗の輪は ウ 。

	ア	イ	ウ
①	ずれる	ずれる	変わらない
②	ずれる	ずれない	反転して見える
③	ずれる	ずれる	消える
④	ずれる	ずれない	変わらない
⑤	ずれない	ずれる	反転して見える
⑥	ずれない	ずれない	消える
⑦	ずれない	ずれる	変わらない
⑧	ずれない	ずれない	反転して見える

問5　次の文章中の空欄 ア イ に入れる数値の組み合わせとして，最も適切なものを下の①～⑥のうちから一つ選べ。ただし，クーロンの法則の比例定数を 9.0×10^9 N・m²/C²，$\sqrt{5} = 2.2$ とする。

11

図のように，$x-y$ 平面の $(-2.0，0)$，$(3.0，0)$ の位置にそれぞれ $+1.0$ C の電荷と，-2.0 C の電荷を置いたとき，点 A $(2.0，2.0)$ の位置における x 軸方向の電場の強さは ア N/C となる。また，点 A における電位は イ V となる。

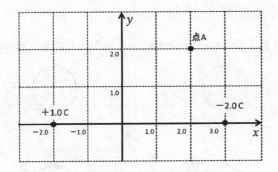

図

	ア	イ
①	1.0×10^8	-1.4×10^{10}
②	1.0×10^8	-9.0×10^9
③	2.0×10^9	-6.1×10^9
④	2.0×10^9	-1.4×10^{10}
⑤	4.0×10^9	-9.0×10^9
⑥	4.0×10^9	-6.1×10^9

【問題4】 磁束密度 B [T] の一様な磁場中で電荷 q [C] ($q > 0$),質量 m [kg] の荷電粒子 P が紙面内で等速円運動をしている。なお,P は磁場の影響のみを受けているとする。下の問い(問1〜問2)に答えよ。

問1　P の等速円運動の周期 T [s] として,最も適切なものを次の①〜⑤のうちから一つ選べ。　12

① $\dfrac{2\pi m}{qB}$　　　② $\dfrac{qB}{2\pi m}$　　　③ $\dfrac{mq}{2\pi B}$　　　④ $\dfrac{2\pi B}{mq}$　　　⑤ $\dfrac{2\pi q}{mB}$

問2　P の円運動の向きと磁場の向きとして,最も適切なものを次の①〜④のうちから一つ選べ。なお,円軌道は同一平面内にあるとする。　13

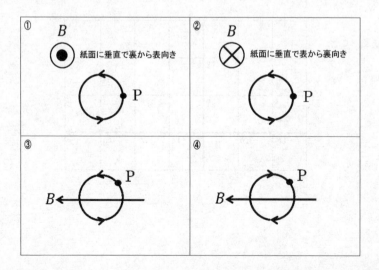

【問題5】　図のように，断面積 7.0×10^{-4} m² のシリンダーに温度 290 K，物質量 2.0 mol の理想気体
　　　　を閉じ込めた。ピストンの質量が 0.5 kg のときピストンは静止し，理想気体の圧力は
　　　　1.07×10^5 Pa であった。ピストンはなめらかに動くとする。重力加速度を 9.8 m/s²，気体
　　　　定数を 8.31 J/(K·mol) とする。下の問い（問 1 ～問 2）に答えよ。

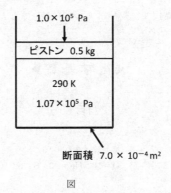

1.0×10⁵ Pa

ピストン　0.5 kg

290 K

1.07×10⁵ Pa

断面積　7.0 × 10⁻⁴ m²

図

問 1　気体の体積として，最も適切なものを次の①～⑤のうちから一つ選べ。　　　　　14

　　① 2.3×10^{-2} m³　　　　　② 4.5×10^{-2} m³　　　　　③ 5.6×10^{-2} m³

　　④ 7.0×10^{-2} m³　　　　　⑤ 8.9×10^{-2} m³

問 2　圧力を一定に保ったまま理想気体を熱したところ，温度が 310 K になった。同時にピストン
　　　が鉛直上方向へ移動して静止した。この時，気体がピストンに対して行った仕事量として，
　　　最も適切なものを次の①～⑤のうちから一つ選べ。　　　　　　　　　　　　　　　15

　　① 105 J　　　　　　　　② 174 J　　　　　　　　③ 221 J

　　④ 321 J　　　　　　　　⑤ 642 J

化学

※　「物理基礎」「化学基礎」「生物基礎」から 2 科目選択，または「物理」「化学」「生物」から
1 科目選択。

◀化 学 基 礎▶

（2 科目 60 分）

必要な場合は次の値を用いること。

原子量：　H = 1　C = 12　N = 14　O = 16　Na = 23　S = 32　Cl = 35.5　K = 39　Ca=40

【問題 1】下の問い（問 1 ～問 10）に答えよ。

問 1　ペットボトル容器の原料として，最も適切なものを次の①～⑤のうちから一つ選べ。　| 1 |

① ポリエチレン

② ポリスチレン

③ ポリエチレンテレフタラート

④ ポリ塩化ビニル

⑤ ポリプロピレン

問 2　物質を分離・精製する操作のうち分留を用いるものとして，最も適切なものを次の①～⑤の
うちから一つ選べ。　| 2 |

① 石油（原油）から灯油を取り出す。

② 塩化ナトリウムとナフタレンの混合物から，ナフタレンを取り出す。

③ すりつぶした大豆から，溶媒にヘキサンを用いて大豆油を取り出す。

④ 海水から純粋な水を取り出す。

⑤ 少量の塩化ナトリウムを含む硝酸カリウムから，硝酸カリウムを取り出す。

問3　価電子の数が他と異なる原子はどれか。最も適切なものを次の①～⑤のうちから一つ選べ。

　　　　　　　　　　　　　　　　　　　　　　　　　　　　　　　　　3

　　① Na　　　　　　　　② K　　　　　　　　③ Al
　　④ H　　　　　　　　　⑤ Li

問4　水に溶けてイオンを生じやすい分子はどれか。最も適切なものを次の①～⑤のうちから一つ選べ。

　　　　　　　　　　　　　　　　　　　　　　　　　　　　　　　　　4

　　① 塩素　　　　　　　② 水素　　　　　　　③ 二酸化炭素
　　④ アンモニア　　　　⑤ メタン

問5　硫酸銅(Ⅱ)五水和物 $CuSO_4 \cdot 5H_2O$ は，60℃の水 100 g に何 g 溶けるか。最も適切なものを次の①～⑤のうちから一つ選べ。ただし，60℃における硫酸銅(Ⅱ) $CuSO_4$ の溶解度を 40 とする。また，$CuSO_4 = 160$，$H_2O = 18$ とする。

　　　　　　　　　　　　　　　　　　　　　　　　　　　　　　　　　5

　　① 40 g　　　　　　　② 63 g　　　　　　　③ 67 g
　　④ 81 g　　　　　　　⑤ 111 g

問6　プロパン C_3H_8 11 g を酸素と混合して完全燃焼させた。このとき，燃焼に必要な酸素の体積は，標準状態で何 L か。最も適切なものを次の①～⑤のうちから一つ選べ。

　　　　　　　　　　　　　　　　　　　　　　　　　　　　　　　　　6

　　① 5.6 L　　　　　　　② 11.2 L　　　　　　③ 16.8 L
　　④ 22.4 L　　　　　　⑤ 28.0 L

問7　2 価の酸 0.200 g を含んだ水溶液を完全に中和するのに，1 価の塩基を含んだ 0.100 mol/L の水溶液 40.0 mL を要した。この酸の分子量として最も適切なものを次の①～⑤のうちから一つ選べ。

　　　　　　　　　　　　　　　　　　　　　　　　　　　　　　　　　7

　　① 50　　　　　　　　② 75　　　　　　　　③ 100

④　125　　　　　　　　　　⑤　150

問8　窒素の酸化数が最も大きいものはどれか。最も適切なものを次の①〜⑤のうちから一つ選べ。
　　　　　　　　　　　　　　　　　　　　　　　　　　　　　　　　　　　　　8

①　HNO_3　　　　　　　②　NO_2　　　　　　　③　HNO_2
④　NO　　　　　　　　⑤　N_2O

問9　標準状態での空気の密度として，最も適切なものを次の①〜⑤のうちから一つ選べ。ただし，空気中の窒素と酸素の割合は 8 : 2 とする。
　　　　　　　　　　　　　　　　　　　　　　　　　　　　　　　　　　　9

①　1.25 g/L　　　　　　②　1.29 g/L　　　　　③　1.32 g/L
④　1.36 g/L　　　　　　⑤　1.39 g/L

問10　消毒用アルコールとして用いられている物質の化学式として，最も適切なものを次の①〜⑤のうちから一つ選べ。
　　　　　　　　　　　　　　　　　　　　　　　　　　　　　　　　　　　10

①　CH_4　　　　　　　②　C_2H_4　　　　　　③　C_6H_6
④　C_2H_5OH　　　　　⑤　CH_3COOH

◀化　　　学▶

（60 分）

必要な場合は次の値を用いること。

原子量：　H = 1　C = 12　N = 14　O = 16

【問題1】下の表は，元素の周期表の一部である。次の（1）～（3）について答えよ。

周期＼族	1	2	13	14	15	16	17	18
3	① Na	② Mg	③ Al	④ Si	⑤ P	⑥ S	⑦ Cl	⑧ Ar

（1）イオン化エネルギーが最も大きい元素について，最も適切なものを表の①～⑧のうちから一つ選べ。　　　　　　　　　　　　　　　　　　　　　　　　　　　　　　| 1 |

（2）電気陰性度が最も大きい元素について，最も適切なものを表の①～⑧のうちから一つ選べ。　　　　　　　　　　　　　　　　　　　　　　　　　　　　　　　　| 2 |

（3）両性元素について，最も適切なものを表の①～⑧のうちから一つ選べ。　　| 3 |

【問題2】 物質 1 mol が酸素と反応して完全燃焼するときに発生する熱量を燃焼熱という。次に示す
熱化学方程式を用いて，次の（1）・（2）について答えよ。

$$C（黒鉛）+ O_2（気）= CO_2（気）+ 394 \text{ kJ}$$

$$H_2（気）+ \frac{1}{2}O_2（気）= H_2O（液）+ 286 \text{ kJ}$$

$$3C（黒鉛）+ 4H_2（気）= C_3H_8（気）+ 106 \text{ kJ}$$

（1）プロパン（C_3H_8）の燃焼熱として，最も適切なものを次の①〜⑤のうちから一つ選べ。

4

   ① 574 kJ   ② 786 kJ   ③ 1284 kJ   ④ 2220 kJ   ⑤ 4408 kJ

（2）標準状態で 1.12 L のプロパンが完全燃焼するとき，発生する熱量として最も適切なもの
を次の①〜⑤のうちから一つ選べ。

5

   ① 5 kJ   ② 64 kJ   ③ 111 kJ   ④ 120 kJ   ⑤ 220 kJ

【問題3】 図のように容積が 6.0 L の容器 A には $8.3×10^4$ Pa の窒素，容積が 4.0 L の容器 B には
$5.0×10^4$ Pa の酸素が入っている。次の（1）〜（3）に答えよ。ただし，温度は 27℃，
気体定数 $R = 8.3×10^3$ Pa・L/(mol・K)とする。

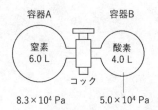

図

（1）コックが閉じた状態での窒素の物質量として，最も適切なものを次の①〜⑤のうちから一
つ選べ。

6

   ① 0.2 mol   ② 0.5 mol   ③ 1.0 mol   ④ 2.0 mol   ⑤ 5.0 mol

（2）コックを開いて気体を混合した。温度が一定のとき窒素の分圧として，最も適切なものを

次の①〜⑤のうちから一つ選べ。　　　　　　　　　　　　　　　　7

① 1.3×10⁴ Pa　② 2.5×10⁴ Pa　③ 5.0×10⁴ Pa　④ 1.3×10⁵ Pa　⑤ 2.5×10⁵ Pa

（3）混合気体の平均分子量として，最も適切なものを次の①〜⑤のうちから一つ選べ。　8

① 28.1　　② 29.1　　③ 29.8　　④ 30.5　　⑤ 31.4

【問題4】硝酸カリウムの水に対する溶解度は 20℃で 32，60℃で 110 である。次の（1）・（2）に答えよ。

（1）60℃で硝酸カリウムの飽和水溶液を 100 g つくった。このとき溶解している硝酸カリウムの質量として最も適切なものを次の①〜⑤のうちから一つ選べ。　9

① 32　　② 52　　③ 64　　④ 82　　⑤ 110

（2）（1）の水溶液を 20℃に冷却した。このときに析出する結晶の質量として最も適切なものを次の①〜⑤のうちから一つ選べ。　10

① 15　　② 28　　③ 32　　④ 37　　⑤ 42

【問題5】炭素とケイ素は周期表の14族に属する典型元素である。次の（1）・（2）に答えよ。

（1）炭素とその化合物について**誤っているもの**を次の①～⑤のうちから一つ選べ。 ⬚11

   ① 二酸化炭素の水溶液は弱酸性を示す。

   ② 二酸化炭素の固体はドライアイスと呼ばれる。

   ③ 一酸化炭素は水に溶けやすく無色・無臭の気体である。

   ④ 黒鉛は電気をよく通し，電極に用いられる。

   ⑤ 炭素は4個の価電子を持ち，他の原子と共有結合をつくる。

（2）ケイ素とその化合物について**誤っているもの**を次の①～⑤のうちから一つ選べ。 ⬚12

   ① ケイ素は地殻中で酸素の次に多く存在する元素である。

   ② 高純度のケイ素の単体は太陽電池に用いられる。

   ③ ケイ素はダイヤモンドと同様の構造をもつ共有結晶である。

   ④ シリカゲルは乾燥剤，吸着剤として利用される。

   ⑤ 二酸化ケイ素は塩基性酸化物である。

【問題6】Ag^+, Cu^{2+}, Fe^{3+}, Zn^{2+}, Ca^{2+}の5種類の金属イオンを含む混合溶液がある。図に示す方法で各イオンの分離を行った。次の（1）～（4）に答えよ。

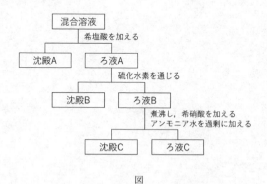

図

（1）沈殿Aとして分離できる金属イオンについて，最も適切なものを次の①～⑤のうちから一つ選べ。 ⬚13

   ① Ag^+　　　　　② Cu^{2+}　　　　　③ Fe^{3+}　　　　　④ Zn^{2+}　　　　　⑤ Ca^{2+}

（2）沈殿 B として分離できる金属イオンについて，最も適切なものを次の①～⑤のうちから一
　　 つ選べ。

14

　　① Ag⁺　　　　　② Cu²⁺　　　　　③ Fe³⁺　　　　　④ Zn²⁺　　　　　⑤ Ca²⁺

（3）沈殿 C の色として，最も適切なものを次の①～⑤のうちから一つ選べ。　　　14 15

　　① 無色　　　　　② 黒色　　　　　③ 白色　　　　　④ 赤褐色　　　　　⑤ 淡緑色

（4）ろ液 C に含まれる 2 種の金属イオンのうち，一方を沈殿として分離するのに必要な試薬は
　　 どれか。最も適切なものを次の①～⑤のうちから一つ選べ。

16

　　①　希塩酸　　　　　　　　　　　　　②　硫化水素

　　③　炭酸アンモニウム水溶液　　　　　④　過剰な水酸化ナトリウム水溶液

　　⑤　過剰なアンモニア水

【問題 7】図は有機化合物の元素分析装置である。次の（1）～（4）に答えよ。

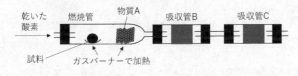

図

（1）燃焼管に入れる物質 A の役割として，最も適切なものを次の①～⑤のうちから一つ選べ。

17

　　① 乾燥剤　　　② 酸化剤　　　③ 還元剤　　　④ 凝固剤　　　⑤ 脱臭剤

（2）吸収管 B に充填する物質として，最も適切なものを次の①～⑤のうちから一つ選べ。

18

　　①　炭酸水素ナトリウム　　　　　　　②　塩化ナトリウム

　　③　塩化カリウム　　　　　　　　　　④　塩化カルシウム

　　⑤　ソーダ石灰

（3）吸収管 C に充填する物質として，最も適切なものを次の①～⑤のうちから一つ選べ。

19

① 炭酸水素ナトリウム　　　　　② 塩化ナトリウム

③ 塩化カリウム　　　　　　　　④ 塩化カルシウム

⑤ ソーダ石灰

（4）分子式が $C_xH_yO_2$ で表される試料 63 mg を完全燃焼したところ，二酸化炭素 132 mg と水 27 mg を生じた。x と y の組み合わせとして，最も適切なものを次の①〜⑤のうちから一つ選べ。　　　20

	x	y
①	2	2
②	2	4
③	4	4
④	4	8
⑤	8	8

【問題8】ベンゼン環をもつ化合物について，次の（1）・（2）に答えよ。

（1）次の文章の（　ア　）・（　イ　）に入る組み合わせとして，最も適切なものを次の①〜④のうちから一つ選べ。　　　21

　　ベンゼンにおける炭素原子間の距離は，エチレンの二重結合より（　ア　）。ベンゼン環の構造は非常に安定しており，（　イ　）を起こしにくいという特徴がある。

	（　ア　）	（　イ　）
①	長い	付加反応
②	長い	置換反応
③	短い	付加反応
④	短い	置換反応

（2）分子式 C_7H_8O で示される化合物には，ベンゼン環をもつ構造異性体がいくつあるか。最も適切なものを次の①〜⑤のうちから一つ選べ。　　　22

　　① 2　　　　　② 3　　　　　③ 4　　　　　④ 5　　　　　⑤ 6

【問題9】次の（1）～（3）の記述に該当する合成高分子化合物として，最も適切なものを次の①～
⑥のうちから一つずつ選べ。

（1）日本で開発された合成繊維で，適度な吸湿性を示し，摩擦や薬品に強くテント・魚網や作
業着に用いられる。 23

（2）生ゴムの主成分であり，数％の硫黄を加えて加熱すると架橋構造が生じて弾性が増加する。 24

（3）付加重合で合成され，密度の違いによって二種類に分類される。食品容器のふたや袋に利
用される。 25

① ポリエチレン　　　　　　　　　② ポリイソプレン

③ ナイロン 66　　　　　　　　　　④ ビニロン

⑤ メタクリル樹脂　　　　　　　　⑥ アルキド樹脂

生物

※　「物理基礎」「化学基礎」「生物基礎」から2科目選択，または「物理」「化学」「生物」から
　　1科目選択。

◀生物基礎▶

（2科目60分）

【問題1】次の文章を読み，下の問い（問1〜問4）に答えよ。

　　生物内では，物質の合成や分解など様々な化学反応が行われている。このような生物内における
化学反応全体を ⓐ代謝といい，その過程では化学反応に伴うエネルギーの受け渡しが行われる。
このエネルギーの受け渡しは ⓑATP という物質によって行われる。真核生物では，ⓒ葉緑体におい
て ⓓ光合成を行い，光エネルギーを化学エネルギーの形で ATP に蓄える。
　　一方，真核生物の ⓔ呼吸には ⓕミトコンドリアが関わっており，呼吸基質と呼ばれる有機物を分
解し，有機物中に蓄えられている化学エネルギーを ATP に受け渡す。生物は，この ATP の分解に
よって放出されるエネルギーを利用して生命活動を営んでいる。

問1　下線部ⓐに関する記述のうち，「異化反応」に該当するものとして，最も適切なものを次の
　　①〜⑤のうちから一つ選べ。　　　　　　　　　　　　　　　　　　　　　　| 1 |

　　① 生体内でエネルギーを吸収して進む代謝過程
　　② 生体内でアミノ酸からタンパク質が作られる代謝過程
　　③ 生体内でカルシウムやリンなどから骨が作られる代謝過程
　　④ 植物が光合成によりグルコースからデンプンを作る代謝過程
　　⑤ 植物が呼吸によりグルコースから水や二酸化炭素を作る代謝過程

問2　下線部ⓑに関する記述のうち，最も適切なものを次の①〜⑥のうちから一つ選べ。　| 2 |

　　① ATP の2つのリン酸が分解されたものが ADP になる。
　　② ATP の3つのリン酸が分解されたものが ADP になる。
　　③ ATP のアデニンとリン酸との結合を高エネルギーリン酸結合という。

④　ATP のアデノシンとリン酸との結合を高エネルギーリン酸結合という。

⑤　ATP はアデニンにリボースと 3 つのリン酸が結合した化合物である。

⑥　ATP はアデノシンにリボースと 3 つのリン酸が結合した化合物である。

問3　下線部ⓓとⓔの**両方に関係する**記述のうち，最も適切なものを次の①〜⑤のうちから一つ選べ。

3

①　両方とも水を合成する過程がある。

②　両方とも酸素を合成する過程がある。

③　両方とも ATP を合成する過程がある。

④　両方ともアルコールを合成する過程がある。

⑤　両方とも二酸化炭素を合成する過程がある。

問4　下線部ⓒとⓕについて，細胞内共生説において葉緑体およびミトコンドリアの起源と考えられている生物の組み合わせとして，最も適切なものを次の①〜⑥のうちから一つ選べ。

4

	葉緑体	ミトコンドリア
①	アメーバ	好気性原核生物
②	アメーバ	好気性真核生物
③	クロレラ	好気性原核生物
④	クロレラ	好気性真核生物
⑤	シアノバクテリア	好気性原核生物
⑥	シアノバクテリア	好気性真核生物

【問題2】次の文章を読み，下の問い（**問1〜問4**）に答えよ。

　　バクテリオファージ（ファージ）は細菌に感染して増殖する（　ア　）の一種であり，タンパク質の殻とその中に含まれるDNAからなる。ファージと大腸菌を用いて以下の実験1，実験2を行った。

≪実験1≫
　　DNAを物質A，タンパク質を物質Bで標識して区別できるようにした特殊なファージを作成し，T_2ファージとした。このT_2ファージを大腸菌の培養液に加えて大腸菌に感染させた。5分後に培養液を激しくかく拌して大腸菌に付着したT_2ファージを外した後，T_2ファージが沈殿しない程度の遠心条件で遠心分離操作をして大腸菌を沈殿させた。沈殿した大腸菌を調べたところ，大腸菌内に物質Aが検出されたが，物質Bは検出されなかった。また，遠心分離後の培養液の上澄みを調べたところ，物質A，物質Bのどちらも検出された。

≪実験2≫
　　実験1で遠心分離操作後に沈殿した大腸菌を新しい培養液中でかく拌し培養したところ，菌体内から多数の子ファージが出てきた。この子ファージの物質Aと物質Bを調べた。

問1　本文中の（　ア　）に当てはまる語句のうち，最も適切なものを次の①〜⑤のうちから一つ選べ。　　　　　　　　　　　　　　　　　　　　　　　　　　　5

　①　ウイルス　　②　寄生虫　　③　昆虫　　④　細菌　　⑤　プランクトン

問2　実験1,2の結果から言えることとして，最も適切なものを次の①〜⑤のうちから一つ選べ。　　　　　　　　　　　　　　　　　　　　　　　　　　　6

　①　ファージが感染すると大腸菌の増殖が止まる。
　②　ファージのタンパク質は，大腸菌の中で作られる。
　③　ファージが感染すると大腸菌のDNA量が増加する。
　④　ファージのタンパク質は，大腸菌が増えるために必須である。
　⑤　ファージは小さいので，そのまま大腸菌の内部に侵入することができる。

問3　実験2の下線部に関する記述のうち，最も適切なものを次の①〜④のうちから一つ選べ。　　　　　　　　　　　　　　　　　　　　　　　　　　　7

　①　子ファージからは物質Aのみ検出された。
　②　子ファージからは物質Bのみ検出された。
　③　子ファージからは物質Aと物質Bの両方が検出された。

④　子ファージからは物質 A と物質 B の両方とも検出されなかった。

問4　バクテリオファージを利用した実験により，遺伝子の本体を明らかにした人物の組み合わせのうち，最も適切なものを次の①〜⑤のうちから一つ選べ。　　　　　　　8

①　ウィルキンスとフランクリン

②　グリフィスとエイブリー

③　ハーシーとチェイス

④　メンデルとミーシャー

⑤　ワトソンとクリック

【問題3】次の文章を読み，下の問い（問1〜問5）に答えよ。

　人体は，3 つの防御機構により病原体の侵入を防いでいる。第 1 の防御機構は，外部環境から病原体の侵入を防いでいる物理的・化学的防御（バリア）である。病原体などがこのバリアを突破して体内に侵入すると　ⓐ食細胞と呼ばれる免疫細胞が病原体を取り込み，消化・分解して排除する。この仕組みが第 2 の防御機構である。第 1，第 2 の防御機構はいずれも非特異的防御機構であり，自然免疫と呼ばれる。これに対し第 3 の防御機構は，白血球の一種であるリンパ球が異物に対して特異的に働く防御機構であり，ⓑ適応免疫（獲得免疫）という。適応免疫はさらに ⓒ細胞性免疫と体液性免疫に分類される。ヒト免疫不全ウイルス（HIV）は適応免疫に不可欠な（　ア　）に感染し，これを破壊することで免疫機能を著しく低下させる。そのため，ⓓ健常者には病原性を発揮しない弱い病原体が，HIV 感染者には病原性を発揮し重篤な感染症を引き起こす。

問1　下線部ⓐに該当するものとして，最も適切なものを次の①〜⑤のうちから一つ選べ。　　　　　　　9

① B 細胞　　　　② T 細胞　　　　③ NK 細胞　　　　④ 形質細胞　　　　⑤ 樹状細胞

問2　下線部ⓑの仕組みを利用した感染予防策としてワクチン接種法がある。以下のグラフはワクチン接種により体内で産生される抗体の量的変化を継時的に示したものである。実線で示したグラフが 1 回目のワクチン接種による抗体量の変化を表している。このとき，同じワクチンを用いて 2 回目のワクチン接種を実施したときの抗体産生量の変化を表すグラフは，点線で示すグラフ A〜E のうちどれか。最も適切なものを次の①〜⑤のうちから一つ選べ。　　　　　　　10

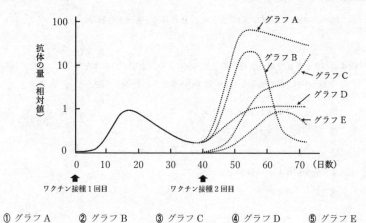

① グラフ A　　　② グラフ B　　　③ グラフ C　　　④ グラフ D　　　⑤ グラフ E

問3　下線部ⓒに関する記述のうち，最も適切なものを次の①～⑤のうちから一つ選べ。　11

① 形質細胞が産生する免疫グロブリンは主に細胞性免疫に関与している。

② キラーT細胞による感染細胞への攻撃は体液性免疫に分類される。

③ 好中球による病原体の排除は，体液性免疫に分類される。

④ 臓器移植後の拒絶反応は，体液性免疫に分類される。

⑤ ツベルクリン反応は，細胞性免疫に分類される。

問4　本文中の（　ア　）に該当するものとして，最も適切なものを次の①～⑤のうちから一つ選べ。
　　12

① キラーT細胞　　　　　　　　　② 形質細胞

③ 造血幹細胞　　　　　　　　　　④ NK細胞

⑤ ヘルパーT細胞

問5　下線部ⓓのような感染様式を何というか。最も適切なものを次の①～⑤のうちから一つ選べ。
　　13

① 接触感染　　　② 空気感染　　　③ 飛沫感染　　　④ 経口感染　　　⑤ 日和見感染

【問題4】 次の文章を読み，下の問い（問1〜問4）に答えよ。

　ある地域の植生を構成する植物と，そこに生息する動物や微生物を含むすべての生物の集まりの
ことをバイオームという。下図に示すように，バイオームの種類とその水平分布は，気候と大きく
関係している。また，気温は標高が 100 m 増すごとにおよそ 0.6℃低下するため，水平分布と同様
なバイオームの分布が，低地から高地にかけて見られる。

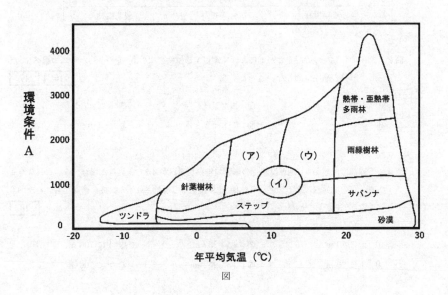

図

問1　図中の縦軸にとった環境条件Aは何か。最も適切なものを次の①〜⑥のうちから一つ選べ。

14

①　海抜高度　　　　　　　　　　　②　年降水量

③　年平均湿度　　　　　　　　　　④　年平均日射量

⑤　年平均紫外線量　　　　　　　　⑥　年平均日照時間

問2　図中の（　ア　）〜（　ウ　）に当てはまるバイオームの名称の組み合わせのうち，最も適切
　　なものを次の①〜⑥のうちから一つ選べ。

15

	（　ア　）	（　イ　）	（　ウ　）
①	硬葉樹林	照葉樹林	夏緑樹林
②	硬葉樹林	夏緑樹林	照葉樹林
③	照葉樹林	硬葉樹林	夏緑樹林
④	照葉樹林	夏緑樹林	硬葉樹林
⑤	夏緑樹林	硬葉樹林	照葉樹林
⑥	夏緑樹林	照葉樹林	硬葉樹林

問3　図中の（　ウ　）のバイオームにおいて優占する植物を次の①～⑥のうちから**二つ選べ**。ただ
し，解答の順序は問わないものとする。　　　　　　　　　　　　　 16 　 17

① シラビソ　　　　　　② スダジイ　　　　　　③ タブノキ

④ チーク　　　　　　　⑤ トドマツ　　　　　　⑥ ミズナラ

問4　下線部の記述から，地球温暖化の影響で年平均気温が 4.2℃上昇した場合，バイオームの垂
直分布の境界線は上下のどちらへ何 m 移動すると予想されるか。最も適切なものを次の①
～⑥のうちから一つ選べ。　　　　　　　　　　　　　　　　　　　　　　　　 18

① 上に 70 m　　　　　② 上に 252 m　　　　　③ 上に 700 m

④ 下に 70 m　　　　　⑤ 下に 252 m　　　　　⑥ 下に 700 m

◀生　　　物▶

(60 分)

【問題1】次の文章を読み，下の問い（問1〜問4）に答えよ。

　　生体物質の中で最も多く含まれるのは（　A　）であり，細胞の質量の 65〜70% を占める。次いで多いのが（　B　）であり，15〜18% を占める。細胞は細胞膜で外界と仕切られている。細胞膜を構成する (ア) 生体膜の脂質二重層には，性質によって (イ) そのままでも通過しやすい物質と通過しにくい物質に分けられる。そのままでは脂質二重層を通過しにくい特定の物質を細胞内外に輸送するしくみとして，受動輸送・(ウ) 能動輸送・小胞輸送などがある。

問1　（　A　），（　B　）に当てはまる物質の組み合わせとして，最も適切なものを次の①〜⑥のうちから一つ選べ。　　　　　　　　　　　　　　　　　　　　　　　　　　　　　 1

	（　A　）	（　B　）
①	水	脂質
②	水	タンパク質
③	タンパク質	水
④	タンパク質	脂質
⑤	脂質	タンパク質
⑥	脂質	水

問2　下線部（ア）について，生体膜を介した水分子の移動を調べるために，以下の実験を行った。

　　ヒトの赤血球を，濃度の異なる食塩水または蒸留水のいずれかの水溶液 (A)〜(C) とそれぞれ混和して 10 分間反応させたところ，赤血球は各水溶液中で以下のように変化した。

　(A) 膨張して溶血した。

　(B) 変わらなかった。

　(C) 収縮した。

　　水溶液 (A)〜(C) の組み合わせとして，最も適切なものを次の①〜⑥のうちから一つ選べ。

2

	(A)	(B)	(C)
①	10%食塩水	0.9%食塩水	蒸留水
②	10%食塩水	蒸留水	0.9%食塩水
③	0.9%食塩水	10%食塩水	蒸留水
④	0.9%食塩水	蒸留水	10%食塩水
⑤	蒸留水	10%食塩水	0.9%食塩水
⑥	蒸留水	0.9%食塩水	10%食塩水

問3　下線部（イ）について，最も適切なものを次の①〜⑤のうちから一つ選べ。　　　[3]

① カルシウムイオン　　　② アミノ酸　　　③ グルコース

④ 酸素　　　⑤ 水

問4　下線部（ウ）に関する記述として，最も適切なものを次の①〜⑤のうちから**二つ選べ**。ただし，解答の順序は問わない。　　　[4]　[5]

① ポンプが関与する。

② 細胞膜の変形を伴う。

③ チャネルが関与する。

④ 濃度勾配に従って物質を輸送する。

⑤ 細胞外のカリウムイオンを細胞内に取り入れる。

【問題２】PCR 法は，わずかな DNA をもとに，試験管内で DNA の特定の領域だけを大量に増幅する手法であり，遺伝子組み換えや塩基配列の解析などに用いられる。PCR 法に関して下の問い（**問１～問４**）に答えよ。

問１　増幅させたい DNA（鋳型 DNA）とプライマー以外に，PCR 法に必要なものの組み合わせとして，最も適切なものを次の①～⑥のうちから一つ選べ。　　　　　　　6

① DNA ポリメラーゼ　————　リン酸

② DNA ポリメラーゼ　————　ヌクレオチド

③ DNA ポリメラーゼ　————　補酵素

④ RNA ポリメラーゼ　————　リン酸

⑤ RNA ポリメラーゼ　————　ヌクレオチド

⑥ RNA ポリメラーゼ　————　補酵素

問２　PCR 法に用いられるポリメラーゼの性質の組み合わせとして，最も適切なものを次の①～⑥のうちから一つ選べ。　　　　　　　7

① 高温で活性を失う　————　塩基どうしを結合させる

② 高温で活性を失う　————　新生鎖を 5′ から 3′ 方向に伸長させる

③ 高温で活性を失う　————　37℃で最も効率よくはたらく

④ 高温でも活性を失わない　————　塩基どうしを結合させる

⑤ 高温でも活性を失わない　————　新生鎖を 5′ から 3′ 方向に伸長させる

⑥ 高温でも活性を失わない　————　37℃で最も効率よくはたらく

問３　PCR 法を用いて下図に示すある遺伝子の配列の一部を増幅したいと考えている。配列は，転写の際に鋳型とならない方の鎖の配列の左側が 5′ 末端側，右側が 3′ 末端側となる向きに記したものであり，実際の遺伝子配列はこの 5′，3′ 末端側にそれぞれさらに続いているものとする。図中の番号は転写開始点を 1 番としたときの塩基の番号であり，途中の配列は点線で示している。

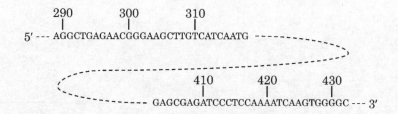

図

この部分の配列を PCR 法によって増幅するために，一組のプライマーを合成した。プライマーの塩基配列を，5′ 末端側が左側となるように表したものとして，最も適切なものを次の①〜⑤のうちから**二つ選べ**。ただし，解答の順序は問わない。　　　　 8 　 9

①　AGGCTGAGAACGGGAAGC

②　CGGGGTGAACTAAAACCT

③　CTCCAAAATCAAGTGGGGC

④　GCCCCACTTGATTTTGGAG

⑤　GCTTCCCGTTCTCAGCCT

問4　PCR 法を用いて 1 分子の二本鎖 DNA を元に増幅を行った場合に，上図と同じ長さの一本鎖 DNA が初めて 100 分子以上となるのは何サイクル後となるか。最も適切なものを次の①〜⑧のうちから一つ選べ。ただし，PCR 反応は理想的な条件で行われるものとする。

　　　　10

①　2 サイクル　　　　　　　　　　②　3 サイクル

③　4 サイクル　　　　　　　　　　④　5 サイクル

⑤　6 サイクル　　　　　　　　　　⑥　7 サイクル

⑦　8 サイクル　　　　　　　　　　⑧　9 サイクル

【問題３】次の文章を読み，下の問い（問１〜問４）に答えよ。

　　オーキシンは茎頂で合成され，茎の中心を通過しながら輸送される。この過程で細胞内に取り込まれたオーキシンはオーキシン輸送タンパク質（排出輸送体）を介して細胞外へと排出される。この (ア)オーキシン輸送タンパク質の局在性のため (イ)オーキシンの輸送には極性が生じる。オーキシンは茎の（　Ａ　）だけでなく，光屈性や (ウ)重力屈性にも関与している。

問１　（　Ａ　）に当てはまる語句として，最も適切なものを次の①〜⑤のうちから一つ選べ。　　　11

　① 発芽　　　　② 肥大　　　　③ 伸長　　　　④ 老化　　　　⑤ ストレス応答

問２　下線部（ア）に関して，オーキシン輸送タンパク質（排出輸送体）の多くは細胞膜にどのように配置されていると考えるのが妥当か。最も適切なものを図中の①〜⑤のうちから一つ選べ。　　　12

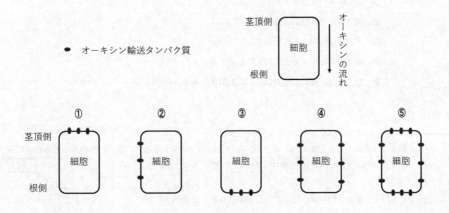

問３　下線部（イ）について，幼葉鞘から円筒状の切片を切り出し，片方の切片の切り口にオーキシンを含ませた寒天片 ▰▰▰ をつけ，もう一方の切り口にはオーキシンを含まない寒天片 ▭ をつけた。一定時間後，寒天片 ▭ へのオーキシン移動の有無をオーキシン検出テストによって調べた。なお，切り出した切片の幼葉鞘上の位置と方向は，図中Ａ・Ｂで示した。最も適切なものを次の①〜⑤のうちから一つ選べ。　　　13

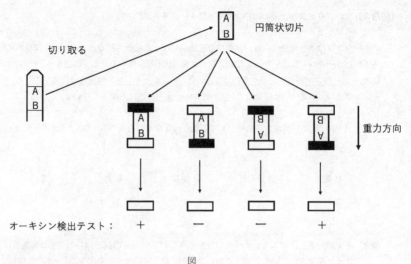

図

① 拡散によって移動する。

② 重力の方向に移動する。

③ 重力とは反対方向に移動する。

④ 幼葉鞘のどちらの方向にも移動できる。

⑤ 重力方向と移動の方向は互いに無関係である。

問4　下線部（ウ）について，茎と根からなる植物の芽生えを水平に置いた時の茎の重力屈性に関する記述として，最も適切なものを次の①～⑧のうちから一つ選べ。　　　　14

① 茎の下側（地面側）の伸長が促進され上に屈折する。

② 茎の下側（地面側）の伸長が促進され下に屈折する。

③ 茎の下側（地面側）の伸長が抑制され上に屈折する。

④ 茎の下側（地面側）の伸長が抑制され下に屈折する。

⑤ 茎の上側（空側）の伸長が促進され上に屈折する。

⑥ 茎の上側（空側）の伸長が促進され下に屈折する。

⑦ 茎の上側（空側）の伸長が抑制され上に屈折する。

⑧ 茎の上側（空側）の伸長が抑制され下に屈折する。

【問題４】次の文章を読み，下の問い（**問１～問４**）に答えよ。

　　ある一定の地域に生息する同種個体の集まりを個体群という。個体群を構成する個体の分布は，非生物的環境やその生物の個体間相互作用や種間関係を反映しており，(ア) 3 つの分布様式が存在する。また，個体群の大きさを単位生活空間辺りの個体数で示したものを個体群密度という。個体群密度の推定法には，区画法と (イ) 標識再捕法が存在する。個体群を構成する個体の数が増加して個体群密度が高くなることを個体群の成長といい，その変化過程を表すグラフを個体群の(ウ) 成長曲線という。

問１　下線部(ア)について，個体群の３つの分布様式の名称とその分布様式を示す生物の組み合わせとして，最も適切なものを次の①～⑥のうちから一つ選べ。　　　　　　　　　15

　　　① 集中分布 ──────── ススキ

　　　② 集中分布 ──────── タンポポ

　　　③ 一様分布 ──────── ヌー

　　　④ 一様分布 ──────── カツオドリ

　　　⑤ ランダム分布 ──────── イタドリ

　　　⑥ ランダム分布 ──────── アリ

問２　下線部(イ)について，個体群密度の測定に標識再捕法を用いる生物の組み合わせとして，最も適切なものを次の①～⑥のうちから一つ選べ。　　　　　　　　　16

　　　① フジツボ　・　ヒヌマイトトンボ

　　　② フジツボ　・　ヒメネズミ

　　　③ イタドリ　・　ヒメネズミ

　　　④ イタドリ　・　タンポポ

　　　⑤ フナ　・　タンポポ

　　　⑥ フナ　・　ヒヌマイトトンボ

問３　下線部(イ)について，標識再捕法を用いて下記のようにジャノメチョウの個体数の推定を行った。

　　1. 個体群の中からある数の個体を捕獲する。

　　2. それぞれにエナメルペイントで標識をつけてもとの個体群に戻す。

　　3. しばらく時間をおいて標識された個体が充分に混ざり合った後，再び 1. の時と同じ条

件で，ある数の個体を捕獲する。

4. 再び捕獲された個体のうち，標識がついた個体の割合をもとに，全体の個体数を推定する。

結果として，最初の捕獲では4匹のジャノメチョウが捕獲された。2回目の捕獲では6匹のジャノメチョウが捕獲され，そのうち2匹が標識されていた。この調査地におけるジャノメチョウの個体数として，最も適切なものを次の①〜⑦のうちから一つ選べ。　17

① 6　　　　　② 8　　　　　③ 10　　　　　④ 12

⑤ 22　　　　　⑥ 24　　　　　⑦ 48

問4 下線部(ウ)について，ショウジョウバエ雌雄一対を瓶の中で飼育した際の個体数の時間的変化を示した成長曲線として，最も適切なものを図中の①〜⑤のうちから一つ選べ。

18

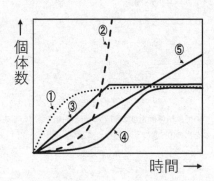

図

【問題5】次の文章を読み，下の問い（問1～問5）に答えよ。

　遺伝子頻度とは，集団内に含まれる個々の対立遺伝子の割合をいう。ハーディ・ワインベルグの法則によれば，ある集団の対立遺伝子 A，a の遺伝子頻度は世代を経ても変化しない。ただし，これには(ア)一定の条件が必要である。

　すべての生物は1つの祖先に由来し，遺伝物質として DNA を利用している。ある生物群における特定の遺伝子の塩基配列を比較すると種間で部分的な違いが認められる。この遺伝子が変化する速度の傾向については，重要な機能を持つ遺伝子が変化する速度は（　A　），遺伝子のイントロン領域では，塩基配列の変化する速度は（　B　）傾向が認められる。また，mRNA のコドンにおける3番目の塩基は，1番目と2番目の塩基に比べ変化する速度は（　C　）ことが多い。現在では，突然変異，自然選択，（　D　）をもとにして進化のしくみが説明されている。

問1　（　A　），（　B　），（　C　）に当てはまる語句として，最も適切なものを次の①～⑥のうちから一つ選べ。　　　　　　　　　　　　　　　　　　　　　19

	（ A ）	（ B ）	（ C ）
①	速い	遅い	遅い
②	遅い	遅い	速い
③	遅い	速い	遅い
④	速い	速い	遅い
⑤	遅い	速い	速い
⑥	速い	遅い	速い

問2　（　D　）に当てはまる語句として，最も適切なものを次の①～⑤のうちから一つ選べ。　　　　　　　　　　　　　　　　　　　　　20

① エピジェネティック

② 遺伝的浮動

③ 有害遺伝子の蓄積

④ 人口学的確率性

⑤ アリー効果

問3　下線部（ア）の条件について，適切なものを次の①～⑤のうちから二つ選べ。ただし，解答の順序は問わない。　　　21　　22

① 自然選択が働く。

② 十分大きな集団である。

③ 自由な交配で有性生殖をする。

④　突然変異が一定の割合で生じる。

⑤　集団からの移出や集団への移入がある。

問4　ある植物の種子を黄色にする優性遺伝子を A，緑色にする劣性遺伝子を a とする。この植物集団で自由な交配が行われた時の AA：Aa：aa の比率として，最も適切なものを次の①〜⑤のうちから一つ選べ。ただし，この植物集団ではハーディ・ワインベルグの法則が成立している。また，A，a の遺伝子頻度をそれぞれ p ，q とする（$p + q = 1$）。

23

① $p : pq : q$　　　　　　② $p^2 : p^2 q^2 : q^2$　　　　　③ $p^2 : 2pq : q^2$

④ $p^2 : 4pq : q^2$　　　　⑤ $p : 2pq : q$

問5　問4の植物集団において黄色と緑色の種子の出現比が黄色：緑色＝ 84：16 であった。この集団における優性遺伝子 A の頻度（x）と黄色の種子のうちで遺伝子型がヘテロの個体が占める割合，約（y）%について，最も適切なものを次の①〜⑥のうちから一つ選べ。

24

	（x）	（y）
①	0.4	48
②	0.4	57
③	0.4	62
④	0.6	48
⑤	0.6	57
⑥	0.6	62

国語

（六〇分）

問題I　後の問い（問I～問三）に答えよ。

問I　次のア～エの傍線部の漢字として最も適切なものを①～⑤のうちからそれぞれ一つずつ選べ。

ア　昨年の大雨はジンダイな被害をもたらした。 ‖1‖

①訊　②尋　③甚　④神　⑤塵

イ　彼は初対面の人でもオクメンもなく話をする。 ‖2‖

①億　②憶　③奥　④臆　⑤屋

ウ　困難に立ち向かった時、性格がケンチョに表れる。 ‖3‖

①兼　②賢　③謙　④顕　⑤軒

エ　患者様と向き合うときアイマイな表現は避ける。 ‖4‖

①逢　②曖　③藍　④挨　⑤哀

問二　次のア～エのことわざの空欄箇所に当てはまる漢字として最も適切なものを①～⑤のうちからそれぞれ一つずつ選べ。

ア　（　）に入らずんば虎子を得ず ‖5‖

①洞穴　②節穴　③虎穴　④穴居　⑤塵穴

イ ― 窮鼠（　　）を噛む　　　　　　　　　　　　　　　　　　　6

　　① 糞　　② 犬　　③ 指　　④ 猫　　⑤ 餌

ウ ― 烏合の（　　）　　　　　　　　　　　　　　　　　　　　7

　　① 民　　② 山　　③ 会　　④ 家　　⑤ 衆

エ ― （　　）から出た実　　　　　　　　　　　　　　　　　　8

　　① 房　　② 真　　③ 嘘　　④ 幹　　⑤ 誠

問三　次のア〜イの文章中には「一字」誤字がある。次の①〜⑤のうちから誤字のあるものをそれぞれ一つ選べ。

ア ― 9

　　① 既成概念にとらわれていては他社と争えるような新商品は生み出せない。
　　② ボランティアの懸命な捜索活動により、行方不明者は無事に救助された。
　　③ 誤字脱字の多い稚拙な文章だと、読むことも理解することも困難である。
　　④ 解剖学は身体の構造を肉眼で観察し、それを探求することから始まった。
　　⑤ 微生物が増殖するには栄養素の存在や温度の他に水の存在が不可欠である。

イ ― 10

　　① 老朽化した病棟を解体して、新たに病棟を建造するため上棟式が行われた。
　　② 哺乳類は脊椎動物と言われる背骨のある生物群に分類され、乳で子を育てる。
　　③ コロナ禍でウイルスが蔓延し、多くの国民は平穏な生活を渇望している。
　　④ 過去に倣うだけでなく、新たな役割を担うことがこれからは重要である。
　　⑤ 心臓は血液を全身に送り出し、循環させるポンプの働きを担っている。

問題二　次の文章を読んで、後の問い（問一〜問九）に答えよ。

　何の物音もなかった。私がどれほど、そうして横たわっていたか明らかでない。私はやはり自殺を考えていたか、考えていたが、憶えているか、明瞭でない。これについて私の逢着した一つの事件が、この間事件と関係のないあらゆる記憶を抹殺してしまっている。

　たしかなのは私が米兵が私の前に現われれば殺そうと考え、（ア）射とうと思ったことである。

　私が今ここで一人の米兵を射つか射たないかは、僚友の運命にも私自身の運命にも何の改変も加えはしない。ただ私に射たれた米兵の運命を変えるだけである。私は生涯の最後の時を人間の血でけがしたくないと思った。

　米兵が現われる。それはわれわれに銃を横にして立つ。彼はついに私がいつまでも射たないのにしびれを切らして射つ。私は倒れる。彼はこのふしぎな日本人のそばにかけよる。この情況はじゅうぶんあり得がちなものであるが、そのときも私の想像に浮かんだまま記しておく。私のこの最後の道徳的決意も、（イ）人に知られたいという望みを隠していた。

　私の決意は意外に早く試練の機会を得た。

　谷むこうの高みで一つの声がした。それに答えて別の声が、比島人（※フィリピンの人）らしいアクセントで「イエス、云々」といった。声は澄んだ林の空気をふるわせてひびいた。このわれわれが長らく遠く対峙していた暴力との最初の接触は、奇怪な新鮮さがあった。私はむくりと身をもたげた。

　声はそれきりしなかった。ただ叢を分けて歩く音だけが、ガサガサと鳴った。私はうながされるように前を見た。そこには、はたして一人の米兵が現われていた。

　（ウ）私ははたして射つ気がしなかった。

　それは三十歳ぐらいの背の高い米兵で、深い鉄かぶとの下で頬が赤かった。彼は銃をななめに前方に支え、全身を立てて、大股にゆっくりと、登山者の足どりで近づいて来た。

　私は異様な苦しさをおぼえた。私も兵士である。私は敏捷ではなかったけど、射撃は学生のとき実弾射撃で良い成績をとって以来、妙に自信を持っていた。いかに力を消耗しているとはいえ、私はこの私がさきに発見し、全身を露出した相手を逸することはない。私の右手はしぜんに動いて銃の安全装置をはずしていた。

　私はこの後たびたびこのときの私の行為について反省した。

　まず私は自分のヒューマニティにおどろいた。私は敵をにくんではいなかったが、しかしスタンダールの一人物がいうように「自分の生命がその手にある以上、その人を殺す権利がある」と思っていた。しかしながら戦場では望まずとも私を殺し得る無幸の人たちに、容赦なく私の暴力を用いるのもありであった。この決定的な瞬間に、私が目の前に現われた敵を射つまいとは、夢にも思っていなかった。

　このとき私に「殺されるよりは殺す」というニミズムを放棄させたのが、私がすでに自分の生命の

存続に希望を持っていなかったということにあるのは確かである。明らかに「殺されるよりは」という前提は私が確実に死ぬならば成立しない。

しかしこの無意識に私のうちに進行した論理は「殺すな」という道徳を積極的に説明しない。「死ぬから殺すな」という判断は「殺されるよりは殺す」という命題に支えられて、意味を持つにすぎず、それ自身少しも必然性がない。「自分が死ぬ」からふたたび導かれる道徳は「殺しても殺さなくてもよい」であり、かならずしも「殺すな」とはならない。

かくして私は先の「殺されるよりは殺す」という命題を検討して、そこに「避け得るなら殺すな」という道徳がふくまれているということを発見した。だから私は「殺されるよりは」という前提がつがえたとき、すぐ「殺すな」を選んだのである。このモスカ伯爵（※スタンダール『パルムの僧院』の登場人物）のマキァヴェリズムは、私の考えていたほどシニックではなかった。

こうして私は改めて「殺さず」という絶対的要請にぶつからざるを得ない。

私はここに人類愛のごときを観念的愛情を仮定する必要を感じない。その広さにくらべて私の精神は狭すぎ、その薄さから見れば私の心臓は温かすぎるを私は知っている。

むしろこのとき人間の血にたいする嫌悪をともなった私の感覚にてらして見れば、私はここに一種の動物的な反応しか見いだすことはできない。「他人を殺したくない」というわれわれの嫌悪は、おそらく「自分が殺されたくない」という願望の倒錯したものにほかならない。これはたとえば、自分が他人を殺すと想像して感じる嫌悪と、他人が他人を殺すと想像して感じる嫌悪が、ひとしいのを見ても明らかである。このもし自分が手をくだすという因子が、かならずしも決定的ではない。

しかしこの嫌悪は人間動物のその同類にたいする反応の一つであって、その全部ではない。この嫌悪が優位を占めたのは、一定の集団のなかではわれわれの生存が他人を殺さずにもたらされるような結果である。（ニ）「殺すなかれ」は人類の最初の立法としてに現われたが、それは各人の生存がその集団にとって有用だからである。集団の利害の衝突する戦場では、今日あらゆる宗教も殺すことを許している。

要するにこの嫌悪は平和時の感覚であり、私がこのときすでに兵士でなかったことを示す。それは私がこのときひとりだったからである。戦争とは集団をもってする暴力行為であり、各人の行為は集団の意識によって制約され鼓舞される。（ホ）もしこのとき僚友が一人でもともなにいたら、私は私自身の生命のいかんにかかわらず、猛子なく射っていたろう。

しかし決意についてはもう十分だろう。人類愛から発するにせよ、動物的反応によるにせよ、とにかくこのとき私が「射つまい」と考えたのは事実である。問題は私がそれを実現したか、しなかったにある。

最初私が米兵を見たとき、私はたしかに射とうと思わなかった。しかし彼があくまで私にむかって前進をつづけ、三間二間の前に迫って、ついに彼が私を認めたことを私が認めたとき、私はなお射たずにいられたろうか。

私はしぜんに銃の安全装置をはずし手の運動を思いだす。して見れば（ヘ）このとき私が確実に私の

決意を実現し得たのは、ひたすら他方で銃声がおこり、米兵が歩みをとめたという一事にかかっている。これは一つの偶然にすぎない。

私の決意にてらして見れば、このときの私の行為は完成されていない。したがってそれに関する私の反省も当然未完成なくものである。しかし私はいちおう私の決意がどこまで私の行為をみちびき得たかを、このときの私の心理に探してみたい。

私は精神分析学者のいわゆる「原情景」を組みたてて見ようとする。この間私の網膜にうつった米兵の姿は、たしかに私の心理の痕跡をとどめているものである。

私がはじめて米兵を認めたとき、彼はすでに前方の叢林から出て開いた草原に歩み入っていた。彼は正面を向き、私の横たわる位置よりは少し上に視線を固定させていた。

その顔の上部は深い鉄かぶとの下暗かった。私は、ただちに彼が非常に若いのを認めたが、今思いだすと彼の相貌は、その目の鍾あたりに一種のきびしさを持っている。

谷むこうの兵士が叫び、彼が答えた。彼は顔を右にまげ、つまり声の方に向けた。私が彼の頬の蕃薇色をつくづく見たのはこのときである。

この間私は銃を引きよせその安全装置をはずしたらしい。あるいは私はそのため手もとに目を落したのだろうか、が、銃の映像も同じく私の記憶にない。

この空白の後で銃声がひびき、多分私はそのほうを見たであろう（これは全く仮定である）。ふたたび前方を見たとき（これも仮定だ）米兵はすでにそのほうへ向いていた。この横顔から頬の赤さは記憶にない。ただその目のあたりに現われた一種の憂愁の表情だけである。

この憂愁の外観は決して何らかの悲しみを表わすものではなく、また私自身の悲しみの投影と見る必要もない。これが一種の「狙う」心の状態と一致するものであることを私は知っている。対象を認知しようとする努力と、ついに起す行為をはかる意識の結合が、しばしばこうした悲しみの外観を生みだす。運動家に認められる表情である。

彼はそのまま歩をだし、四、五歩歩いて私の視野の右手をおおう置き隠れた（前に書くのを忘れたが、私の右手山上畦地の方向は、勾配の加減でちょっとした高みとなり、伏した私の位置からは、茂った置しか見えなかった）。

最初彼の姿を見たとき、（*）私は射的気が起らなかった。これは確かである。時間的順序から見て私はこれがその前にしていた決意の結果だと思っていた。しかしこれはそれほど確かだろうか。少なくとも私の心理にはそれを保証する何者もない。

このとき果して私は引きつづき私の決意を反芻していたようである。しかしそれは漠然たる夢想の城を出ず、米兵が現われればそれに備えて、つねに射つまいと用意していたわけではない。谷むこうの声によって私はふいに呼びさまされた。そして新しく生まれた驚愕と期待とともに私の中で進行していた心の状態は、事前の夢想と関係がなくてもいいのである。

私は私の前に現われた米兵の露出した全身に危惧を感じ、その不用心にあきれた。この考えはすこぶる兵士的のものであり、短い訓練にもかかわらず、私がやはり戦う兵士の習慣を身につけていたこ

と示している。(ウ)この考えの裏は「いつか撃てる」である。

　しかし私は撃つまいと思わなかった。しかしそれはたして事前の決意の手緩のためだったろうか。もし私が戦闘意識にもえた精兵であったとして、はたしていの優勢な相手(私の認知しただけでも一対三である)をだから撃とうとしたであろうか。

　この瞬間の米兵の映像から私の記憶にのこした一種の「まぶしさ」、私の抑制が私の心から出たものではなく、その対象の結果であった証拠のように思われる。それは私を押しつぶそうとする膨大な暴力の一端であり、対するにきわめて慎重を要する相手であった。(エ)いのとき私の抑制がたんなる逡巡(※決断がつかないでぐずぐずためらうこと)にすぎなかったのではないかと私は疑っている。

大岡昇平『俘虜記』

(注)　読解の便宜を図るため、難語句には問題作成者の注を、当該語句の後ろに(※)で示した。

問一　傍線部(ア)「撃つまいと思った」とあるが、それはどういうことか。最も適切なものを次の①～⑤のうちから一つ選べ。　　　　　　　　11

① 学生時代の射撃訓練で遅滞なくかつ正確に相手を射殺する技術と心構えを身に着けていたので、逆に自分から率先しての殺人行為はするまいと誓っていたこと。

② 戦場にいる兵士全体の運命を左右することなく、ただ、私に撃たれた一人の兵士の運命を変えるだけなら、私は生涯最後のときを人間の血で汚したくないと思ったこと。

③ 比島の丘々に柔和な夢幻的な緑を与えている葦に似た雑草があたり一面に生え、あたかも戦争などないかの如く眼前に広がっている静寂が、無益な戦闘を回避させていること。

④ 学生時代からの信条「自他の生命・人格保証」で、無益な殺生は回避して万人の安心・安全を希求する人生を生きることを強く願っていること。

⑤ 陸軍から支給された銃は、学生の射撃練習用で、戦闘には不向きな代物であり、その扱い方によっては暴発する恐れも多分にあること。

問二　傍線部(イ)「人に知られたら」とあるが、それはどういうことか。最も適切なものを次の①～⑤のうちから一つ選べ。　　　　　　　　12

① 人間は死ぬときは一人なので、死を前にしての悪あがきは絶対に避けたいと思っていたが、やはり誰にも自分の思いを知られずに果てるのは避けたいこと。

② 私は生涯の最後の時を人間の血で汚したくないと思っていたにもかかわらず、その純粋な思

いを、人に知られず死んで行くのは願い下げにしたいと。

③　揺れ動く自分の思いをどう表現したらよいかわからず、崇高な行いは秘めておくべきだし、しかし崇高だからこそ万人に周知したいと、行きつ戻りつする思いのこと。

④　強い意志で眼前の敵を銃撃することを拒絶するのではなく、むしろその時の英雄的行為に酔いしれる自分を願望したということ。

⑤　溺れている人を助けたりする行為はそれがどんなに英雄的行為であったとしても、通常誇ったりするものではなく、秘めておくものであること。

問三　傍線部(ウ)「私はたして射つ気がしなかった」とあるが、それはどういうことか。最も適切なものを次の①〜⑤のうちから一つ選べ。　13

①　敵兵は不用心に進んで来るなど緊迫した状況になく、自分の身の安全もそれなりに確保されているというので射撃できる有利な立場にあること。

②　人生の最後において血で血を争う争闘を避けると誓ったので、心の内は平安であり、どのような状況が出来しようとも冷静な気持ちでいること。

③　敵兵が二十歳前の若者なら撃ち殺すのは避けると決めていたが、はたして眼前の敵があまりにも幼い感じなので改めて決意しなおしたこと。

④　あまりの渇きと空腹で体が動かない上に、戦闘するに敵兵の数が多すぎとしても撃退するのは不可と冷静に判断したこと。

⑤　敵兵の数や火器の量などの優劣を冷静に判断できる年齢・経験を重ねてきたことから、眼前の状況判断で無益な行動は避けたこと。

問四　傍線部(エ)「『殺すなかれ』は人類の最初の立法とともに現れたが、それは各人の生存がその集団にとって有用だからである」とあるが、それはどういうことか。五十字以内で論述せよ。

問五　傍線部(オ)「もしいのとき、僚友が一人でもとなりにいたら、私は私自身の生命のいかんにかかわらず、猶予なく射っていただろう」とあるが、それはどういうことか。最も適切なものを次の①〜⑤のうちから一つ選べ。　14

①　自他の生命を大切にする自分の日ごろの信条から、安直な殺戮行動は絶対に取らないその反対として「猶予なく射っていただろう」と考えたこと。

②　軍人として射撃をはじめとする戦闘訓練に精通をせられてきたことにより、周囲の環境に反対

的に体が動いてしまう行動であること。

③　陸軍射撃競技会で連続三回連隊長表彰を受けているということから、自分の胸前を披露する格好の機会なので、率先して戦闘に加わろうとしたこと。

④　生来の体面を重んじる性質が自分にはあるので、日ごろの言動や自分の立場・年齢からしても積極的な戦闘態勢に入らざるを得なかったこと。

⑤　個人としては「討たない」と誓っていても、僚友の前では立場上戦闘態勢に入らざるを得ず、それが戦場というものであること。

問六　傍線部（カ）「このとき私が確実に、私の決意を実現し得たのは、ひたすら他方に銃声がおこり、米兵が歩みさったという一事にかかっている」とあるが、それはどういうことか。最も適切なものを次の①〜⑤のうちから一つ選べ。　15

①　米軍の圧倒的火力にかすりもしないことを痛感した日本軍は、米軍の一挙手一投足に左右された行動に終始せざるを得なかったこと。

②　眼前の米兵が歩みさった事実から自分の生命が保証されたことで、「生涯の最後の時を人間の血でけがしたくない」という決意が蘇ったこと。

③　「生涯の最後の時を人間の血でけがしたくない」という思いの実現は、自分の意志からではなく、他動的・偶発的な事件で発生したこと。

④　優柔不断な私は、何事も自分の判断で決めることが出来ずにいたように、外的な要因でやっと自分の行動ができるという具合であること。

⑤　米軍の攻撃の仕方は、まず広域の無差別爆撃、その後機械化部隊による殲滅作戦と、兵隊が前線に出ることを避ける作戦をとったこと。

問七　傍線部（キ）「私は討つ気が起こらなかった」とあるが、それはどういうことか。最も適切なものを次の①〜⑤のうちから一つ選べ。　16

①　敵兵の幼い様子とその両親の悲しみ等を考慮すると、今リビアで射殺することはあまりにも多くの悲劇を生みかねないこと。

②　いかなる事態が生じようとも無益な殺生はしないという決意は変わらないので、その時々の状況変化で生じる「私」の心理変化は無視したこと。

③　若い敵兵を目の前にして以前も感じたことであるが、改めて無益な殺傷は行うまい、新たな悲劇は引き起こすまいと心に誓っていたこと。

④　満足な装備もなく、また安全性の保障もない歩兵銃やりゅう弾で、圧倒的な火力・兵力の敵の

兵と戦う意志は初めからなかったと。

⑤ 自分の「討たない」という決意は、不変の思想・信条からではなく、その場の状況変化の影響を受けての気持ちであると。

問八　傍線部(カ)「この考えの裏は『いつは討てる』である」とあるが、それはどういうことか。最も適切なものを次の①～⑤のうちから一つ選べ。 17

① 若い敵兵の不用心と短期間とはいえ戦闘訓練を受けてきたことから、「討つまい」と思う前に瞬時の判断で勝てると思ったこと。

② 頬に幼さを残した眼前の米兵はいかにも的確な対応を出来かねる印象で、私が補充兵で年を取っていることを勘案しても十分に対応できること。

③ 米兵はわずか三名であり、しかも当面の敵は眼前の一名で、内地での私の射撃訓練実績からしても十分対抗しえると判断できたこと。

④ 一般に日本軍の装備は米軍に比べると劣っていたが、その時目の前を通過する米兵の装備は貧弱で、また眼前の米兵の体格は私より劣って見えたこと。

⑤ 持っている銃は性能も悪く、その上安全性の劣る代物であったが、それでも戦闘経験の少なそうな若い米兵相手には十分すぎるほどであったこと。

問九　傍線部(キ)「このとき私の抑制がきかなる逡巡にすぎなかったのではないかと私は疑っている」とあるが、それはどういうことか。最も適切なものを次の①～⑤のうちから一つ選べ。 18

① 人生の最後に無益な殺生をしない、したがって眼前の米兵を撃ったり、山中に追い詰めたりすることは私の意志ではないこと。

② 無益な殺生はしないという私の決意は、私の人間性から発したものではなく、結局はその時の状況変化により左右されるものであること。

③ 米兵の通過を見過ごしたり、撃てる機会を逃したりしたのは、その時の状況変化からではなく、私の心の迷いから生じていること。

④ 米兵を撃たなかったのは若い兵士の命を奪ったりするまいという当初からの私の決意であるが、その思いに疑いを抱く自分がいること。

⑤ 思いとどまるというのは人間の性とはいえ、やはりあれこれと迷っているのは一人の皇軍兵士として不適格であると思っていること。

問題三 次の文章を読んで、後の問い（問一～問六）に答えよ。

よく「私は孤独なんです」とか「孤独に耐えられません」といった言葉を聞きますけれども、この「孤独」というものについて考えることは、「愛」を明らかにしていく上でも、とても大切な基礎になります。

「孤独」に似たもので、「孤立」という言葉があります。この二つを並べてみて、両者の違いについて考えてみましょう。

(ア)われわれが、われわれと同じ仲間というものにいつまでもしがみついて安心しているのは、おかしなことである。彼らは、われわれと同じに惨めであり、われわれと同じに無力なのである。彼らはわれわれを助けてはくれないだろう。死ぬときはひとりなのだ。

したがって、人はひとりであるかのようにしてやっていかなければならないのである。

（パスカル『パンセ』）

もちろん誰でが分かっていることですけれど、われわれは一人で生まれ、一人で死にゆく存在です。どんなに誰かと愛し合おうが仲が良かろうが、死ぬときは一人である。するとこの「孤独」というのは、何かそんなに困ったことなのだろうか。むしろ、人間がみんな背負っている当たり前の状況なのではないか、という見方が出来るでしょう。

そう考えてくると、「孤独でつらい」という話を聞いたときに、どうも、その人の中に「孤独であってはならない」という思い込みがあることが分かってきます。また、どうも世の中に「孤独」でない人が居るとも思い込んでいるらしい。しかも、「孤独」を「孤立」と混同しているのではないかとも思われます。

「孤独」に向き合おうとしない人たちには、二通りのタイプがあります。

一つは、見そかりたくないとしてしまう「孤独の否認者」たち。彼らは、「人は孤独ではない」「君は孤独なんかじゃない」といった口当たりの良いメッセージを自分にも周囲にも撒き散らしながら、他人にしがみつき、決して深淵をのぞきこまないように、日々、気を紛らすことに専念します。ですから、(イ)彼らはいつも誰かと群れずにはいられない。そして、頻繁にメールや電話で誰かとつながっていることを確認せずにはいられないのです。

もう一つは、「孤独」というものをチラッと見ただけで、何か恐ろしい無限の闇と思い込んでペシミズム（厭世主義）に陥るタイプです。見そかりたくないとしてしまった「孤独の否認者」よりは、入口だけでも見た分、ましと言えなくもないのかもしれませんが、このペシミズムが権勢をつくったり周囲に伝染した場合には結構やっかいなことになります。このタイプの人たちは、「孤独の否認者」たちを嘲笑し、自分たちが最も深く人間や「孤独」について知った者である、と自負していることが多いようです。この優越感こそが、彼らの存在価値に栄養を与えているのです。

その小さな誇りは、人を食ったような独特の雰囲気を醸し出します。彼らの「諦めの哲学」は、考えとして無抵抗な「孤独の否認者」たちを巻き込んでゆくことに最大の喜びを感じます。よく進学校

の女生徒のグループなど、太宰治の本などが愛読され「生まれてすみません」的〈ペシミズム〉が格好のよい思想としてもてはやされたり、リストカッティングが勲章になったりすることも起りているようです。

ニーチェは、この種の人間を「死の説教者」と呼び、厳しく批難しています。

　かれらのあいだにはこのような恐るべき者たちがいる。その者たちはおのれのうちに猛獣を住まわせて歩きまわり、快楽にふけるか、おのれの肉を引き裂くか──この選択以外には、なんの選択もない。しかもこういう者たちにとっては、おのれの肉を引き裂くことすら快楽にほかならぬ。

　かれら、この恐るべき者たちはまだ人間にさえなっていない。だから、ひとに生からの離脱を説教し、自分は生から立ち去るがよい。

　また、死の説教者のなかには、魂の結核患者がいる。かれらは生まれるやいなや、早くも死のなかに足を踏みこみ、倦怠と諦念の教義にあこがれるのだ。

　かれらは、つねに死人であろうとする。われわれはかれらのその意志を承認しようではないか。そして、これらの死の眠りをさまたげないように、これらの生きている棺をそこなわないように、気をつけようではないか。

　病者、老者、または死骸に出会うと、かれらはすぐに言う「生は否定された」と。
(2) しかし否定されたのは、ただかれら自身である。生存のただ一つの面をしか見ないかれらの目、それが否定されただけである。

（ニーチェ『ツァラトゥストラ』第一部「死の説教者」）

このような「死の説教者」に向かって、「孤独の否認者」が浅はかな楽観主義やされ事の道徳を説いているという光景があります。が、自傷行為に耽溺し「自殺志願者」であるような人に対して、いくら「命はかけがえのないものだ」「生きることは素晴らしい」「自殺は周囲を悲しませる大変な罪だ」などと説いても、彼らの屈折した優越感を増大させるとしかなりません。

それでは、このような「死の説教者」に対して一体われわれは何が出来るのでしょうか。

それは、「孤独」ということについての本物の認識を持つ人間が、自分自身のたどってきた経験に基づいて「あなたが最後の暗闇と思い込んでいる『孤独』には、まだその先がある。そこには、暗闇ではなく、別の風景が広がっているのだ」と告げることなのです。

それでは、その先の「孤独」の風景とはどんなものでしょうか。それは、意外にもりな風景です。

　一人でいるのは　賑やかだ

賑やかな賑やかな森だよ

夢がぱちぱち　はぜてくる

よからぬ思いも　湧いてくる

エーデルワイスも　毒の茸も

　一人でいるのは　賑やかだ

賑やかな賑やかな海だよ
水平線もかたむいて
荒れに荒れっちまう夜もある
なぎの日生まれる馬鹿貝もある

一人でいるのは賑やかだ
賑って負けおしみなんかじゃない

一人でいるとき淋しいやつが
二人寄ったら なお淋しい
おおぜい寄ったなら
だだだだだっと 堕落だな

恋人よ
まだどこにいるのかもわからない 君
一人でいるとき 一番賑やかなヤツで
あってくれ

(茨木のり子『おんなのことば』)

　さて、右の詩で「恋人よ」と呼びかけている最後の部分に目を向けてみましょう。「一人」について語っているはずの詩に、いきなり他者が登場します。それは「まだどこにいるのかもわからない 君」ですが、この未来なる「君」は、今は「どこにいるのかもわからない」けれど、将来必ず出会うはずの「恋人」なのです。この(X)恋人は、自分と同じような賑やかな「孤独」を持っている者であってくれ、と呼びかけられているのですが、当然、そういう相手でなければ恋は成立しないでしょう。この恋は未知のものではありますが、しかし単なる願望や希望の産物というよりも、ここには確信に満ちた他者の予感が感じ取れます。

　さて、この他者の予感を生み出しているものは、いったい何でしょうか。

万有引力とは
ひき合う孤独の力である

宇宙はひずんでいる
それ故みんなはもとめ合う
宇宙はどんどん膨んでゆく
それ故みんなは不安である

二十億光年の孤独に

僕は思わずくしゃみをした

（谷川俊太郎『二十億光年の孤独』）

「孤独」は自然にひき合う「万有引力」を持ち、また「万有引力」があるからこそ、人は「孤独」でいられるのだという密接な関係を、この詩はうまく言い当てています。「孤独」あるいはには必ず「愛」が生じる。（七）「孤独」の世界に、この「愛」によって賑やかさが与えられている。

それから、最も大切なことについて考えてみたいと思います。「愛」とは何かということです。このテーマは、人間について考えていく上で欠かせない重要なものですけれども、意外に「愛」を真正面から論じたものは少ないのではないかと思います。心理学や精神分析でもいろいろな現象を「愛」をキーワードに使って説明してきているのですが、その割には、基礎となるはずの「愛」の定義をきちんとしているものは少ないのです。

……幼児の時の愛は（私は愛されているゆえに愛する）という原則に従っている。成熟した愛は（私は愛するゆえに愛される）という原則に従っているのである。未成熟の愛は（私はあなたを必要とするゆえに愛する）といい、成熟した愛は（私はあなたを愛しているので、あなたを必要とするのだ）という原則に従っているのである。

（エーリッヒ・フロム『愛するということ』）

そこで私は、次のように「愛」と「欲望」を定義してみたいと思います。

愛とは、相手（対象）が相手らしく幸せになることを喜ぶ気持ちである。

欲望とは、相手（対象）がこちらの思う通りになることを強要する気持ちである。

「欲望」は、フロムの言う「幼児の未熟な愛」に、「愛」の方は「成熟した愛」に相当すると思います。もっと詳しく言いますと、「愛」は、無償であり、見返りを期待することがないものです。一方の「欲望」は、たとえわずかであっても give & take という、駆け引き的要素が含まれている。そこには、相手を操作しようとする意図が込められており、コントロール志向であると言うことも出来るでしょう。また、「愛」が「心」由来であるのに対して、「欲望」は「頭」に由来するものだと言うことも出来ます。つまり「欲望」は、「偽の心」の産物なのです。

そう考えますと、（ハ）人間が「禁断の木の実」を食べたということは、すなわち人間が「欲望」というものを持ってしまったことなのだとも言えるわけです。

泉谷閑示『「普通がいい」という病』

問1　傍線部(一)「われわれが、われわれと同じ仲間というものにこだわることで安心しているのは、おかしなことである」とあるが、それはどういうことか。最も適切なものを次の①～⑤のうち

から一つ選べ。 19

① 人間は一人一人孤独であるので、その孤独な人間が一緒にいてもそれなりのコミュニケーションが図られない限り分かり合えることはないと。

② 芸能人のファンが全国各地で「〇〇の集い」的な集合離散を繰り返しているが、それは文字通りの集まりでしかなく、意思の疎通は全く見られないと。

③ 仮にも会合と銘打つからには互いの意思疎通があってしかるべきだが、多くの場合一方的に思いを述べるだけで終わっていると。

④ テレビのワイドショー的な番組では、司会者もコメンテーターも予定調和的な会話に終始して、何ら建設的な交歓の場になっていないと。

⑤ あらゆる場面でその集団の発展が見られるのは、様々な意見の交流が不可欠であるが、多くの場合、お仲間の集まりでしかないと。

問二 傍線部(サ)「彼らはいつも誰かと群れずにはいられない」とあるが、それはどういうことか。最も適当なものを次の①〜⑤のうちから一つ選べ。 20

① 現代人は政治的・社会的な規制を強く受けて日常生活を送らざるを得ず、またそうすることで安穏な人生を送れると思い込まされているということ。

② 人間は渡り鳥などと同様に、群れを成して生活する習性をもっているが、どんなに生物的進化を遂げようとも、原形質は放棄しえないということ。

③ 職場の旅行で観光地へ行く途中、交通渋滞でノロノロの連続だったので行先変更を提案したところ、「遊んでいるから行くんだ」と即答があったこと。

④ 人間は孤独を好むかと思えば逆に群れることも大いに好きで、有名観光地やレストランに行列を成してまで行こうとすること。

⑤ 多くの現代人は自分というものがないので、集団に埋没してただ騒ぎ暮らしたいのでしかもその不安から脱却できないでいること。

問三 傍線部(シ)「しかし否定されたのは、ただかれら自身である」とあるが、それはどういうことか。最も適当なものを次の①〜⑤のうちから一つ選べ。 21

① 狭い視点でしかものを見ない、考えない閉ざされた世界からは、幅広い思考や自由な発想は生まれようがなく、自分以外の存在を認めないこと。

② 自分以外の存在を否定するものは、人間が社会的成員の一部である以上、結局のところそれは成員全体の否定であり、自分の否定でもあるということ。

③ 自己否定的な人生観は、それが個人の城を出ない限り自由であるが、集団の発想に成り代わるとき、多大の罪科を及ぼすこと。

④ 「〜するなかれ」とは多くの宗教の説くところであるが、その教えで禁じられている事項を実行することは結局自分自身の存在を否定してしまうこと。

⑤ 太宰治はその著作の中で「生まれてきてすみません」という思いを展開しているが、自己の人生に執着した人間観は作家に自滅の人生をしか選択させなかったこと。

問四　傍線部(ス)「『恋人』は、自分と同じような賑やかな『孤独』を持っている者であってくれ」とあるが、それはどういうことか。最も適切なものを次の①〜⑤のうちから一つ選べ。　**22**

① 人が自分と同じように孤独の意味をしっかり把握して生きていれば、一人の人間として確固とした結びつきができ、互いを理解し合えること。

② 恋人とするにふさわしい相手は静寂な環境を保持できる財力と庶民層をリスペクトアウトできる社会的地位を得ているのが望ましいこと。

③ 多彩な趣味を持ち、音楽やスポーツにも長け、いつも冷静沈着な言動で相手を満足させることが出来る人物であってくれということ。

④ 寡黙ではあるがここ一番というときに周囲を楽しませるべくユーモア性を兼ね備えた人物が、これからの時代は何より望まれること。

⑤ 交際するにふさわしい相手は、男であれば不言実行で、ちょうど江戸城無血開城に導いた西郷隆盛のようであってくれということ。

問五　傍線部(セ)「『孤独』の世界は、この『愛』によって賑やかさが与えられている」とあるが、それはどういうことか。最も適切なものを次の①〜⑤のうちから一つ選べ。　**23**

① 親身になって接してくれる家人や友人がいること、人は孤独から解放され、心中に賑やかさがもたらされること。

② 「愛とは、相手（対象）が相手らしく幸せになることを喜ぶ気持ちである」とあるように、孤独な人間が相手の愛によってお互いに理解し合えるようになること。

③ 人間はグループを結成することで孤立から解放されるが、恋人同士ならなおさらお互いの気持ちを理解し合い、最良の関係になれること。

④ 孤高の人間はなかなか人から理解されないが、いったん理解され始めると急速に良好な関係が構築され始めること。

⑤　人間同士のコミュニケーションを促進するには、カーニバル等大音量の音楽で出来得る限り活気のある空間を作り出す必要があること。

問六　傍線部(ツ)「人間が「禁断の木の実」を食べたということは、すなわち人間が「欲望」というものを持ってしまったことなのだとも言えるわけです」とあるが、それはどういうことか。最も適切なものを次の①〜⑤のうちから一つ選べ。　　　　　　　　　　　24

①　今日、人間の際限のない欲望の発散は戦争や食料争奪等になって顕現しているが、それらは人間がマイナスの生き方を身に着けてしまったことから来ていること。

②　人間は種々の知識を獲得することで多くの有益な情報を収集することが出来たが、それは同時に人間性の喪失にもつながったこと。

③　アダムとイブの話は旧約聖書創世記神話の一つで、人間の進歩と裏腹に人間の心根の退化が進んだことで現在の世界的混乱が生じたこと。

④　人間の浅はかな考えで作り上げたこの世界は、文字通り浅薄な人間の充満で、胴欲、残忍な行為に満ち溢れた救いようがない世界となってしまったこと。

⑤　人間の存在意義は、本来あらゆる動植物の安穏な生存を保証する役割を担っていることにあったが、知恵の実＝悪の心の発現を許してしまったこと。

解答編

英語

1 解答　問 1．① 問 2．④ 問 3．① 問 4．① 問 5．③
問 6．① 問 7．② 問 8．③ 問 9．① 問 10．①
問 11．① 問 12．④

2 解答　問 1．13—④ 14—① 問 2．15—⑤ 16—③
問 3．17—④ 18—①

3 解答　≪ナノパッチ≫

問 1．② 問 2．② 問 3．④ 問 4．③ 問 5．① 問 6．④
問 7．1—③ 2—③ 3—④ 4—④ 5—② 6—①
問 8．〈解答例〉 There are several measures we can take personally to prevent the novel coronavirus from spreading. First, we must wear face masks when we meet others or are in public. The virus is in the air we breathe, and so talking in a loud voice should also be avoided. Second, social distancing is another important factor that protects us from infection. We may pass the virus from person to person through close contact with each other. Finally, we should wash our hands every time we come home in order not to bring the virus into our houses.（80〜100 ワード）

■数学■

1 解答 ≪平方根を含む計算≫

1・2. 32　3・4. 16　5. 5　6・7. 10
8〜11. 1024　12. 6　13・14. 16　15. 5　16・17. 10
18〜21. 1875

2 解答 ≪2次関数の軸，最大・最小，x 軸との共有点≫

問1. ④　問2. ③　問3. ②

3 解答 ≪2つの内角の和，三平方の定理，三角比の基本性質≫

問1. ④　問2. ①　問3. ⑤　問4. ②　問5. ⑤

4 解答 ≪重複順列，重複組合せ，3人が取り出す玉の色の組に関する確率≫

問1. ③　問2. ③　問3. ①　問4. ②

5 解答 ≪整数に関する命題の真偽と証明≫

問1. ④

問2. n が5の倍数でないとき，n は整数 m を用いて
$n = 5m \pm 1,\ 5m \pm 2$ と表せる。

（i）　$n = 5m \pm 1$ のとき

$$n^2 - 1 = (5m \pm 1)^2 - 1 = 25m^2 \pm 10m = 5(5m^2 \pm 2m)$$

よって，$n^2 - 1$ は5の倍数である。

（ii）　$n = 5m \pm 2$ のとき

$$n^2 + 1 = (5m \pm 2)^2 + 1 = 25m^2 \pm 20m + 5 = 5(5m^2 \pm 4m + 1)$$

よって，n^2+1 は 5 の倍数である。

以上(i)，(ii)より，n が 5 の倍数でないとき，n^2-1 または n^2+1 は 5 の倍数である。　　　　　　　　　　　　　　　　　　　　　　（証明終）

■■■物理■■■

◀物 理 基 礎▶

1 解答 ≪斜面上の物体の仕事とエネルギー≫

1 —④　2 —①　3 —③　4 —③

2 解答 ≪抵抗の合成≫

5 —③　6 —③　7 —①

3 解答 ≪弦の振動≫

8 —②　9 —④　10—⑤

◀物　　理▶

1　解答　≪斜方投射≫

1 —③　2 —②　3 —①

2　(設問省略)

3　解答　≪小問集合≫

7 —⑥　8 —①　9 —③　10—⑤　11—③

4　解答　≪荷電粒子の円運動≫

12—①　13—②

5　解答　≪理想気体の状態変化≫

14—②　15—④

化学

◀化 学 基 礎▶

1 **解答** ≪小問集合≫

1 —③　2 —①　3 —③　4 —④　5 —④　6 —⑤　7 —③　8 —①
9 —②　10—④

◀化　　　学▶

1 解答 《周期表》

1 —⑧　2 —⑦　3 —③

2 解答 《熱化学方程式》

4 —④　5 —③

3 解答 《気体の状態方程式》

6 —①　7 —③　8 —②

4 解答 《固体の溶解度》

9 —②　10—④

5 解答 《炭素とケイ素の性質》

11—③　12—⑤

6 解答 《金属イオンの沈殿反応》

13—①　14—②　15—④　16—②

7 解答 《有機化合物の元素分析》

17—②　18—④　19—⑤　20—③

8 　解答　≪ベンゼン，芳香族化合物の異性体≫

21―①　22―④

9 　解答　≪合成高分子化合物≫

23―④　24―②　25―①

■■■生物■■

◀生物基礎▶

1　解答　≪呼吸の反応，光合成の反応≫

1 —⑤　　2 —⑤　　3 —③　　4 —⑤

2　解答　≪ハーシーとチェイスの実験≫

5 —①　　6 —②　　7 —①　　8 —③

3　解答　≪免疫のしくみ，一次応答と二次応答，エイズ≫

9 —⑤　　10—①　　11—⑤　　12—⑤　　13—⑤

4　解答　≪バイオームと気候，垂直分布≫

14—②　　15—⑤　　16・17—②・③（順不同）　　18—③

◀生　　物▶

1 解答 ≪生体物質，細胞膜における輸送≫

1 —② 　2 —⑥ 　3 —④ 　4・5 —①・⑤（順不同）

2 解答 ≪PCR 法≫

6 —② 　7 —⑤ 　8・9 —①・④（順不同）　10—⑤

3 解答 ≪オーキシンの輸送とはたらき≫

11—③ 　12—③ 　13—⑤ 　14—①

4 解答 ≪個体の分布，標識再捕法，密度効果≫

15—④ 　16—⑥ 　17—④ 　18—④

5 解答 ≪遺伝子の機能的制約，ハーディ・ワインベルグの法則≫

19—⑤ 　20—② 　21・22—②・③（順不同）　23—③ 　24—⑤

国語

一 **解答** 問一　ア―③　イ―④　ウ―④　エ―②

問二　ア―③　イ―④　ウ―⑤　エ―③

問三　ア―②　イ―②

二 **出典**　大岡昇平『俘虜記』(新潮文庫)

解答 問一　②

問二　③

問三　①

問四　殺人をすると集団の生産性が落ちるので、集団を維持するには「殺さないこと」が最善の方法だということ。(五十字以内)

問五　⑤

問六　③

問七　⑤

問八　③

問九　②

三 **出典**　泉谷閑示『「普通がいい」という病』〈第6講　愛と欲望〉(講談社現代新書)

解答 問一　①

問二　⑤

問三　②

問四　①

問五　②

問六　①

教学社 刊行一覧

2025年版　大学赤本シリーズ

国公立大学（都道府県順）

374大学556点　全都道府県を網羅

全国の書店で取り扱っています。店頭にない場合は，お取り寄せができます。

1　北海道大学(文系-前期日程)
2　北海道大学(理系-前期日程)　医
3　北海道大学(後期日程)
4　旭川医科大学(医学部(医学科))　医
5　小樽商科大学
6　帯広畜産大学
7　北海道教育大学
8　室蘭工業大学／北見工業大学
9　釧路公立大学
10　公立千歳科学技術大学
11　公立はこだて未来大学　総推
12　札幌医科大学(医学部)　医
13　弘前大学　医
14　岩手大学
15　岩手県立大学・盛岡短期大学部・宮古短期大学部
16　東北大学(文系-前期日程)
17　東北大学(理系-前期日程)　医
18　東北大学(後期日程)
19　宮城教育大学
20　宮城大学
21　秋田大学　医
22　秋田県立大学
23　国際教養大学　総推
24　山形大学　医
25　福島大学
26　会津大学
27　福島県立医科大学(医・保健科学部)　医
28　茨城大学(文系)
29　茨城大学(理系)
30　筑波大学(推薦入試)　医　総推
31　筑波大学(文系-前期日程)
32　筑波大学(理系-前期日程)　医
33　筑波大学(後期日程)
34　宇都宮大学
35　群馬大学　医
36　群馬県立女子大学
37　高崎経済大学
38　前橋工科大学
39　埼玉大学(文系)
40　埼玉大学(理系)
41　千葉大学(文系-前期日程)
42　千葉大学(理系-前期日程)　医
43　千葉大学(後期日程)　医
44　東京大学(文科)　DL
45　東京大学(理科)　DL　医
46　お茶の水女子大学
47　電気通信大学
48　東京外国語大学　DL
49　東京海洋大学
50　東京科学大学(旧 東京工業大学)
51　東京科学大学(旧 東京医科歯科大学)　医
52　東京学芸大学
53　東京藝術大学
54　東京農工大学
55　一橋大学(前期日程)
56　一橋大学(後期日程)
57　東京都立大学(文系)
58　東京都立大学(理系)
59　横浜国立大学(文系)
60　横浜国立大学(理系)
61　横浜市立大学(国際教養・国際商・理・データサイエンス・医(看護)学部)

62　横浜市立大学(医学部(医学科))　医
63　新潟大学(人文・教育(文系)・法・経済科・医(看護)・創生学部)
64　新潟大学(教育(理系)・理・医(看護を除く)・歯・工・農学部)
65　新潟県立大学
66　富山大学(文系)
67　富山大学(理系)　医
68　富山県立大学
69　金沢大学(文系)
70　金沢大学(理系)　医
71　福井大学(教育・医(看護)・工・国際地域学部)
72　福井大学(医学部(医学科))　医
73　福井県立大学
74　山梨大学(教育・医(看護)・工・生命環境学部)
75　山梨大学(医学部(医学科))　医
76　都留文科大学
77　信州大学(文系-前期日程)
78　信州大学(理系-前期日程)　医
79　信州大学(後期日程)
80　公立諏訪東京理科大学　総推
81　岐阜大学(前期日程)　医
82　岐阜大学(後期日程)
83　岐阜薬科大学
84　静岡大学(前期日程)
85　静岡大学(後期日程)
86　浜松医科大学(医学部(医学科))　医
87　静岡県立大学
88　静岡文化芸術大学
89　名古屋大学(文系)
90　名古屋大学(理系)　医
91　愛知教育大学
92　名古屋工業大学
93　愛知県立大学
94　名古屋市立大学(経済・人文社会・芸術工・看護・総合生命理・データサイエンス学部)
95　名古屋市立大学(医学部(医学科))　医
96　名古屋市立大学(薬学部)
97　三重大学(人文・教育・医(看護)学部)
98　三重大学(医(医)・工・生物資源学部)　医
99　滋賀大学
100　滋賀医科大学(医学部(医学科))　医
101　滋賀県立大学
102　京都大学(文系)
103　京都大学(理系)　医
104　京都教育大学
105　京都工芸繊維大学
106　京都府立大学
107　京都府立医科大学(医学部(医学科))　医
108　大阪大学(文系)　DL
109　大阪大学(理系)　医
110　大阪教育大学
111　大阪公立大学(現代システム科学域(文系)・文・法・経済・商・看護・生活科(居住環境・人間福祉)学部-前期日程)
112　大阪公立大学(現代システム科学域(理系)・理・工・農・獣医・医・生活科(食栄養)学部-前期日程)　医
113　大阪公立大学(中期日程)
114　大阪公立大学(後期日程)
115　神戸大学(文系-前期日程)
116　神戸大学(理系-前期日程)　医

117　神戸大学(後期日程)
118　神戸市外国語大学　DL
119　兵庫県立大学(国際商経・社会情報科・看護学部)
120　兵庫県立大学(工・理・環境人間学部)
121　奈良教育大学／奈良県立大学
122　奈良女子大学
123　奈良県立医科大学(医学部(医学科))　医
124　和歌山大学
125　和歌山県立医科大学(医・薬学部)　医
126　鳥取大学　医
127　公立鳥取環境大学
128　島根大学　医
129　岡山大学(文系)
130　岡山大学(理系)　医
131　岡山県立大学
132　広島大学(文系-前期日程)
133　広島大学(理系-前期日程)　医
134　広島大学(後期日程)
135　尾道市立大学　総推
136　県立広島大学
137　広島市立大学
138　福山市立大学　総推
139　山口大学(人文・教育(文系)・経済・医(看護)・国際総合科学部)
140　山口大学(教育(理系)・理・医(看護を除く)・工・農・共同獣医学部)　医
141　山陽小野田市立山口東京理科大学　総推
142　下関市立大学／山口県立大学
143　周南公立大学　新　総推
144　徳島大学　医
145　香川大学　医
146　愛媛大学　医
147　高知大学　医
148　高知工科大学
149　九州大学(文系-前期日程)
150　九州大学(理系-前期日程)　医
151　九州大学(後期日程)
152　九州工業大学
153　福岡教育大学
154　北九州市立大学
155　九州歯科大学
156　福岡県立大学／福岡女子大学
157　佐賀大学　医
158　長崎大学(多文化社会・教育(文系)・経済・医(保健)・環境科(文系)学部)
159　長崎大学(教育(理系)・医(医)・歯・薬・情報データ科・工・環境科(理系)・水産学部)　医
160　長崎県立大学　総推
161　熊本大学(文・教育・法・医(看護)学部・情報融合学環(文系型))
162　熊本大学(理・医(看護を除く)・薬・工学部・情報融合学環(理系型))　医
163　熊本県立大学
164　大分大学(教育・経済・医(看護)・理工・福祉健康科学部)
165　大分大学(医学部(医・先進医療科学科))　医
166　宮崎大学(教育・医(看護)・工・農・地域資源創成学部)
167　宮崎大学(医学部(医学科))　医
168　鹿児島大学(文系)
169　鹿児島大学(理系)　医
170　琉球大学　医

2025年版　大学赤本シリーズ

国公立大学 その他

私立大学①

2025年版　大学赤本シリーズ

私立大学③

医 医学部医学科を含む
総推 総合型選抜または学校推薦型選抜を含む
DL リスニング音声配信　新 2024年 新刊・復刊

掲載している入試の種類や試験科目、収載年数などはそれぞれ異なります。詳細については、それぞれの本の目次や赤本ウェブサイトでご確認ください。

akahon.net

[赤本 |] [検索]

難関校過去問シリーズ

出題形式別・分野別に収録した

「入試問題事典」

20大学 73点

定価2,310〜2,640円(本体2,100〜2,400円)

先輩合格者はこう使った!
「難関校過去問シリーズの使い方」

61年,全部載せ!
要約演習で,総合力を鍛える

東大の英語 要約問題 UNLIMITED

DL リスニング音声配信
新 2024年 新刊
改 2024年 改訂

共通テスト対策関連書籍

共通テスト対策 も 赤本で

❶ 過去問演習

2025年版

全**12**点

共通テスト 赤本シリーズ

A5判／定価1,320円
（本体1,200円）

▌英国数には新課程対応オリジナル実戦模試 掲載！
▌公表された新課程試作問題はすべて掲載！
▌くわしい対策講座で得点力UP
▌英語はリスニングを10回分掲載！赤本の音声サイトで本番さながらの対策！

- ●英語 リーディング／ リスニング DL
- ●数学I, A／Ⅱ, B, C
- ●国語
- ●歴史総合, 日本史探究
- ●歴史総合, 世界史探究
- ●地理総合, 地理探究
- ●公共, 倫理
- ●公共, 政治・経済
- ●物理
- ●化学
- ●生物
- ●物理基礎／化学基礎／ 生物基礎／地学基礎

DL 音声無料配信

❷ 自己分析

赤本ノートシリーズ **過去問演習の効果を最大化**

▶共通テスト対策には

共通テスト 赤本シリーズ

新課程攻略 問題集

全**26**点 に対応!!

赤本ノートプラス
（共通テスト用）

赤本ルーズリーフプラス
（共通テスト用）

▶二次・私大対策には

大学赤本シリーズ

全**556**点に対応!!

赤本ノートプラス
（二次・私大用）

❸ 重点対策

共通テスト 赤本プラス

新課程攻略問題集

基礎固め＆苦手克服のための分野別対策問題集!!
厳選された問題でかしこく対策

- ●英語リーディング
- ●英語リスニング DL
- ●数学I, A
- ●数学Ⅱ, B, C
- ●国語（現代文）
- ●国語（古文, 漢文）
- ●歴史総合, 日本史探究
- ●歴史総合, 世界史探究
- ●地理総合, 地理探究
- ●公共, 政治・経済
- ●物理
- ●化学
- ●生物
- ●情報I

DL 音声無料配信

全**14**点 好評発売中！

A5判／定価1,320円（本体1,200円）

手軽なサイズの実戦的参考書

目からウロコの コツが満載！

直前期にも！

満点のコツ シリーズ

赤本 ポケット

いつも受験生のそばに──赤本

大学入試シリーズ＋α
入試対策も共通テスト対策も赤本で

入試対策

赤本プラス

赤本 PLUS+ 本

赤本プラスとは、過去問演習の効果を最大にするためのシリーズです。「赤本」であぶり出された弱点を、赤本プラスで克服しましょう。

大学入試 すぐわかる英文法 DL
大学入試 ひと目でわかる英文読解
大学入試 絶対できる英語リスニング DL
大学入試 すぐ書ける自由英作文
大学入試 ぐんぐん読める
　　英語長文(BASIC) DL
大学入試 ぐんぐん読める
　　英語長文(STANDARD) DL
大学入試 ぐんぐん読める
　　英語長文(ADVANCED) DL
大学入試 正しく書ける英作文
大学入試 最短でマスターする
　　数学I・II・III・A・B・C
大学入試 突破力を鍛える最難関の数学
大学入試 知らなきゃ解けない
　　古文常識・和歌
大学入試 ちゃんと身につく物理
大学入試 もっと身につく
　　物理問題集(①力学・波動)
大学入試 もっと身につく
　　物理問題集(②熱力学・電磁気・原子)

入試対策

英検®
赤本シリーズ

英検®(実用英語技能検定)の対策書。
過去問集と参考書で万全の対策ができます。

▶過去問集（2024年度版）
英検®準1級過去問集 DL
英検®2級過去問集 DL
英検®準2級過去問集 DL
英検®3級過去問集 DL

▶参考書
竹岡の英検®準1級マスター DL
竹岡の英検®2級マスター CD DL
竹岡の英検®準2級マスター CD DL
竹岡の英検®3級マスター CD DL

入試対策

赤本プレミアム

東大数学 どう解くのか?? 東京大学 過去問を網羅するための66題

赤本の教学社だからこそ作れた、過去問ベストセレクション

東大数学プレミアム
東大現代文プレミアム
京大数学プレミアム[改訂版]
京大古典プレミアム

入試対策

赤本メディカル
シリーズ

医歯薬系の英単語

過去問を徹底的に研究し、独自の出題傾向をもつメディカル系の入試に役立つ内容を精選した実戦的なシリーズです。

[国公立大] 医学部の英語[3訂版]
私立医大の英語[長文読解編][3訂版]
私立医大の英語[文法・語法編][改訂版]
医学部の実戦小論文[3訂版]
医歯薬系の英単語[4訂版]
医系小論文 最頻出論点20[4訂版]
医学部の面接[4訂版]

入試対策

体系シリーズ

体系 物理

国公立大二次・難関私大突破へ、自学自習に適したハイレベル問題集。

体系英語長文　　体系世界史
体系英作文　　　体系物理[第7版]
体系現代文

入試対策

単行本

TEAP 攻略問題集　小論文の書き方　赤本合格レシピ

▶英語
Q&A即決英語勉強法
TEAP攻略問題集[新装版] DL 新
東大の英単語[新装版]
早慶上智の英単語[改訂版]

▶国語・小論文
著者に注目! 現代文問題集
ブレない小論文の書き方 樋口式ワークノート

▶レシピ集
奥薗壽子の赤本合格レシピ

入試対策　共通テスト対策

赤本手帳

赤本手帳　赤本手帳　赤本手帳

赤本手帳(2025年度受験用) プラムレッド
赤本手帳(2025年度受験用) インディゴブルー
赤本手帳(2025年度受験用) ナチュラルホワイト

入試対策

風呂で覚える
シリーズ

風呂で覚える 英単語

水をはじく特殊な紙を使用。いつでもどこでも読めるから、ちょっとした時間を有効に使える!

風呂で覚える英単語[4訂新装版]
風呂で覚える英熟語[改訂新装版]
風呂で覚える古文単語[改訂新装版]
風呂で覚える古文文法[改訂新装版]
風呂で覚える漢文[改訂新装版]
風呂で覚える日本史(年代)[改訂新装版]
風呂で覚える世界史(年代)[改訂新装版]
風呂で覚える倫理[改訂版]
風呂で覚える百人一首[改訂版]

共通テスト対策

満点のコツ
シリーズ

満点のコツ　満点のコツ

共通テストで満点を狙うための実戦的参考書。
重要度の高いリスニング対策は「カリスマ講師」竹岡広信が一回読みにも対応できるコツを伝授!

共通テスト英語(リスニング)
　　満点のコツ[改訂版] DL 新
共通テスト古文 満点のコツ[改訂版] 新
共通テスト漢文 満点のコツ[改訂版] 新
共通テスト生物基礎
　　満点のコツ[改訂版] 新

入試対策　共通テスト対策

赤本ポケット
シリーズ

赤本ポケット

▶共通テスト対策
共通テスト日本史(文化史)

▶系統別進路ガイド
デザイン系学科をめざすあなたへ

CD リスニングCDつき　DL 音声無料配信
新 2024年新刊・改訂

大学赤本シリーズ ——————

赤本 ウェブサイト

過去問の代名詞として、70年以上の伝統と実績。

新刊案内・特集ページも充実!
受験生の「知りたい」に答える

akahon.net でチェック!

志望大学の赤本の刊行状況を確認できる!

「赤本取扱い書店検索」で赤本を置いている
書店を見つけられる!

赤本チャンネル & 赤本ブログ

▶ **赤本チャンネル**

YouTubeや
TikTokで受験対策!

人気講師の大学別講座や
共通テスト対策など、
受験に役立つ動画 を公開中!

YouTube

TikTok

✏ **赤本ブログ**

受験のメンタルケア、合格者の声など、
受験に役立つ記事 が充実。

詳しくは
こちら

2025年版　大学赤本シリーズ　No. 250

群馬パース大学

編　集　教学社編集部
発行者　上原　寿明
発行所　教学社
　　　　〒606-0031
　　　　京都市左京区岩倉南桑原町56

2024年7月30日　第1刷発行
ISBN978-4-325-26307-4
定価は裏表紙に表示しています

電話　075-721-6500
振替　01020-1-15695
印　刷　加藤文明社

- ●乱丁・落丁等につきましてはお取替えいたします。
- ●本書に関する最新の情報（訂正を含む）は，赤本ウェブサイトhttp://akahon.net/の書籍の詳細ページでご確認いただけます。
- ●本書は当社編集部の責任のもと独自に作成したものです。本書の内容についてのお問い合わせは，赤本ウェブサイトの「お問い合わせ」より，必要事項をご記入の上ご連絡ください。電話でのお問い合わせは受け付けておりません。なお，受験指導など，本書掲載内容以外の事柄に関しては，お答えしかねます。また，ご質問の内容によってはお時間をいただく場合がありますので，あらかじめご了承ください。
- ●本書の無断複製は著作権法上の例外を除き禁じられています。本書を代行業者等の第三者に依頼してスキャンやデジタル化することは，たとえ個人や家庭内の利用でも著作権法違反です。
- ●本シリーズ掲載の入試問題等について，万一，掲載許可手続等に遺漏や不備があると思われるものがございましたら，当社編集部までお知らせください。